# A NEGOCIAÇÃO COLETIVA E A EFETIVIDADE DO DIREITO FUNDAMENTAL À IGUALDADE

**IZABEL CHRISTINA BAPTISTA QUEIRÓZ RAMOS**

*Procuradora do Trabalho, lotada no Ministério Público do Trabalho da 21ª Região, no Rio Grande do Norte.
Mestre em Direito Constitucional pela Universidade Federal do RN.*

# A NEGOCIAÇÃO COLETIVA E A EFETIVIDADE DO DIREITO FUNDAMENTAL À IGUALDADE

**EDITORA LTDA.**

© Todos os direitos reservados

Rua Jaguaribe, 571
CEP 01224-001
São Paulo, SP — Brasil
Fone (11) 2167-1101
www.ltr.com.br

Setembro, 2015

versão impressa — LTr 5257.8 — ISBN 978-85-361-8542-2
versão digital — LTr 8770.1 — ISBN 978-85-361-8531-6

---

Dados Internacionais de Catalogação na Publicação (CIP)
(Câmara Brasileira do Livro, SP, Brasil)

Ramos, Izabel Christina Baptista Queiróz

A negociação coletiva e a efetividade do direito fundamental à igualdade / Izabel Christina Baptista Queiróz Ramos — São Paulo : LTr, 2015.

Bibliografia.

1. Ambiente de trabalho 2. Convenções coletivas de trabalho — Brasil 3. Direito fundamental 4. Igualdade 5. Negociações coletivas — Brasil I. Título.

15-05496                                         CDU-34:331.1(81)

Índice para catálogo sistemático:

1. Brasil : Negociações coletivas do trabalho : Direito do trabalho     34:331(81)

*A Deus, sempre presente em minha vida.*

*Aos meus pais, Joaquim e Mariazinha, conforto e apoio constantes.*

*Aos meus três homens queridos: Lima, Rafael e Renan, esposo e filhos, alegria, amor e companheirismo de todos os dias, minha tão sonhada família.*

*À minha enteada Raissa, exemplo de maturidade, responsabilidade, disciplina e determinação.*

# Sumário

PREFÁCIO .................................................................................... 9

NOTA DA AUTORA ........................................................................ 11

**Capítulo 1**
INTRODUÇÃO ............................................................................. 15

**Capítulo 2**
O DIREITO FUNDAMENTAL À IGUALDADE E NÃO DISCRIMINAÇÃO NAS RELAÇÕES DE TRABALHO E SUA PROTEÇÃO ...................... 19
2.1 A igualdade e sua relação com a dignidade da pessoa humana .. 19
2.2 Da igualdade formal e substancial ............................................... 26
2.3 Proteção internacional da igualdade ............................................ 33
    2.3.1 Sistema de proteção da ONU .............................................. 37
    2.3.2 Sistema regional de proteção — OEA ................................. 45
    2.3.3 Sistema da Organização Internacional do Trabalho — OIT ... 48
2.4 Normas internas e a proteção da igualdade e não discriminação .. 52
    2.4.1 Tratado internacional e Direito Interno: validade e hierarquia ... 52
    2.4.2 Neoconstitucionalismo e a concretização do princípio da não discriminação no âmbito das relações de trabalho ..... 58
    2.4.3 Constituição Federal de 1988 .............................................. 62
    2.4.4 Normas infraconstitucionais e a discriminação no trabalho ... 65

**Capítulo 3**
RELAÇÕES COLETIVAS E A CRIAÇÃO DE NORMAS JURÍDICAS.... 71
3.1 Conceito e princípios do direito coletivo ......................................... 71
3.2 Negociação coletiva ......................................................................... 85
    3.2.1. Princípios e funções .......................................................... 94
3.3 Conteúdo das convenções e acordos coletivos de trabalho ......... 99
    3.3.1 Conteúdo dos instrumentos coletivos e responsabilidade social ...................................................................................... 105
    3.3.2 Instrumentos para exigir o cumprimento das normas coletivas ....................................................................................... 108
3.4 Liberdade sindical x negociação coletiva ....................................... 111

**Capítulo 4**
CONTEÚDO ANTIDISCRIMINATÓRIO DAS NORMAS AUTÔNOMAS ESPECÍFICAS E SUA REPERCUSSÃO SOCIAL ................................ 117
4.1. Casos concretos de normas autônomas existentes ..................... 127

CONCLUSÕES ............................................................................................ 139

REFERÊNCIAS BIBLIOGRÁFICAS .......................................................... 147

# Prefácio

Um dos grandes temas em discussão, tanto no Direito como na Filosofia Política, diz respeito à mais justa forma de distribuir os direitos entre os integrantes da sociedade.

A esse respeito, no mundo democrático, é cada vez maior a aceitação da ideia de que, para que isso ocorra, é preciso agregar ao ideal político da liberdade outro, tão importante quanto: a igualdade.

É que, além das liberdades fundamentais, que são necessárias para que a pessoa possa dar curso às ações tendentes ao cumprimento de seu plano de vida, qualquer que ele seja, é preciso que o indivíduo tenha um tratamento igualitário em determinados espaços de avaliação, como diria Armatya Sen.

É simples entender isso. De que adianta ser livre se a pessoa não é tratada como igual, não tem acesso às mesmas oportunidades, e não goza de um mínimo de condições materiais para exercitar o direito de decidir o seu destino?

Por isso a ênfase que se vem dando atualmente ao princípio da igualdade, sendo bases seguras para essa discussão, na Filosofia Política, a iniciativa pioneira de John Rawls, em *Uma teoria da justiça* e, mais recentemente, os estudos de Ronald Dworkin, em *A virtude soberana*, e do já mencionado Armatya Sen, em *Desigualdade reexaminada*.

No Direito, por sua vez, há uma produção significativa, podendo ser citado como exemplo o livro de Yara Maria Pereira Gurgel, orientadora da dissertação de mestrado da autora do estudo que ora prefacio, e que foi publicado em 2008 pela LTr Editora, sob o título *Direitos humanos, princípio da igualdade e não discriminação*: sua aplicação às relações de trabalho.

O livro da autora, Izabel Christina Baptista Queiróz Ramos, é parte importante nessa produção, pois alia uma discussão que é, originariamente, dos Direitos Humanos e do Direito Constitucional, a um instituto do Direito Sindical, a negociação coletiva, considerada o principal meio de solução dos conflitos coletivos de trabalho, por possibilitar a composição das controvérsias surgidas do interior das relações coletivas por meio de um diálogo direto entre os conflitantes.

Para isso, faz ela uma substanciosa exposição teórica de todos os princípios, instituições e institutos envolvidos, mas vai além, analisando casos concretos de atuação dos sujeitos coletivos na busca de maior igualdade entre as pessoas que compõem o grupo que vive do trabalho.

Faz isso observando as convenções e os acordos coletivos de trabalho depositados no Ministério do Trabalho e Emprego, e mostrando cláusulas que buscam regulamentar, de forma autônoma, a igualdade e a não discriminação entre as pessoas.

É um estudo que prima pelo ineditismo e deve preencher uma lacuna ainda existente em nossa produção jurídico-científica.

A respeito da autora, conheço Izabel Ramos há alguns anos, e sempre fui admirador de sua seriedade e de sua competência no exercício do trabalho. Procuradora do Trabalho, lotada primeiro na Procuradoria Regional do Trabalho da 8ª Região, onde também atuei, e, agora, lotada na 21ª Região, ela é referência por uma atuação segura e eficaz na defesa da ordem jurídica que regula as relações de trabalho.

Fui também membro da banca examinadora de sua dissertação de mestrado, que dá origem a este livro e foi defendida com sucesso, dando mostras de sua capacidade, também do ponto de vista acadêmico.

Por isso, além da satisfação de prefaciar seu primeiro livro, tenho absoluta certeza, neste momento, do ato de recomendar a sua leitura.

Belém/PA, fevereiro de 2015.

*José Claudio Monteiro de Brito Filho*

Doutor em Direito das relações Sociais pela PUC/SP
Professor Titular da Universidade da Amazônia
Professor do Programa de Pós-Graduação em Direito da Universidade Federal do Pará
Titular da Cadeira 26 da Academia Brasileira de Direito do Trabalho

# Nota da Autora

O conteúdo deste livro é proveniente de dissertação de mestrado defendida na Universidade Federal do Rio Grande do Norte (UFRN), na data de 28.7.2014, aprovada com distinção pela Banca Examinadora composta dos seguintes membros: Yara Maria Pereira Gurgel (orientadora); José Cláudio Monteiro de Brito Filho (membro externo) e Bento Herculano Duarte Neto (membro interno).

Quando apresentado em forma de dissertação, o presente trabalho foi intitulado *A negociação coletiva como instrumento para efetividade do direito fundamental à igualdade.*

No entanto, concordando com as ponderações formuladas pela Banca examinadora, algumas alterações foram feitas, com inclusão de doutrina e acréscimos na parte da pesquisa prática, além da opção em modificar o próprio título do estudo, para torná-lo menos extenso sem perder a identidade com o conteúdo.

O livro, embora fruto do trabalho intelectual de sua autora, contou com importante ajuda de diversas pessoas e instituições, citadas abaixo, mesmo arriscando esquecer alguém, pelo que, desde logo, peço desculpas.

Agradeço, inicialmente, aos professores que compuseram a banca de defesa do mestrado na UFRN, Doutores Yara Maria Pereira Gurgel, José Claudio Monteiro de Brito Filho e Bento Herculano Duarte Neto, pelas sugestões e críticas construtivas e, principalmente, pela presença que muito me honrou.

Agradecimento especial à orientadora do meu trabalho, Professora Yara Maria Pereira Gurgel, por toda paciência, dedicação e incentivo para que finalizasse a pesquisa, fazendo-me apreciar, cada vez mais, o estudo dos direitos humanos e das normas internacionais, bem como sua personalidade positiva e autêntica. Doutora Yara, obrigada pela escolha do meu trabalho para orientação.

Aos meus colegas do Ministério Público do Trabalho em Natal, que ficaram mais sobrecarregados com a minha ausência, pelo período do afastamento para escrever a dissertação e, especialmente, ao Procurador-Chefe Francisco Marcelo de Almeida Andrade e ao Procurador Regional do Trabalho José de Lima

Ramos Pereira, que, apesar dos inúmeros afazeres que já possuíam, ficaram promovendo o andamento aos inquéritos civis e ações judiciais que tramitavam sob a minha titularidade.

Ao Ministério Público do Trabalho, instituição à qual pertenço, em especial aos membros do Conselho Superior, que possibilitaram o meu licenciamento durante 90 (noventa) dias, sem o qual não seria possível terminar a dissertação.

Não poderia deixar de registrar a ajuda e colaboração do colega Procurador do Trabalho José Diniz de Moraes, pelo empréstimo de alguns livros clássicos de sua biblioteca particular, e da bibliotecária Eveline Knychala Jambo, na localização de material bibliográfico.

À Izadora, pela ajuda na pesquisa das cláusulas convencionadas.

Devo agradecer, também, à Nininha, pelo apoio e ajuda nos cuidados com Rafael e Renan, sem os quais, certamente, não poderia ter terminado a dissertação dentro do prazo regulamentar da UFRN.

*A igualdade, em contraste com tudo o que se relaciona com a mera existência, não nos é dada, mas resulta da organização humana, porquanto é orientada pelo princípio da justiça. Não nascemos iguais; tornamo-nos iguais como membros de um grupo por força da nossa decisão de nos garantirmos direitos reciprocamente iguais.*

(HANNAH ARENDT, *As origens do totalitarismo*, São Paulo: Companhia das Letras, 1989. p. 335.)

CAPÍTULO 1
# Introdução

A emergência de proteção da dignidade do homem trabalhador no plano jurídico e político é um dos frutos maduros da sociedade técnica e preconceituosa de massa em que vivemos, retratada em frequentes estatísticas e situações fáticas a demonstrar a existência de grupos sociais ainda excluídos ou em franca desvantagem em comparação com outros, no acesso à saúde, à educação e, no que mais interessa ao presente estudo, na obtenção e manutenção de um trabalho decente e terem respeitados seus direitos mais básicos.

A situação descrita acontece usualmente com os afrodescendentes, mulheres, pessoas com deficiência, os trabalhadores de pouca renda e com baixa escolaridade, entre outros, que veem, todos os dias, direitos mínimos seus serem ignorados e desrespeitados, como se fossem seres humanos de menor importância, e alguns nem mesmo têm conhecimento e expectativas de ver respeitados esses direitos, uma vez que estão bem distantes de sua realidade.

Dentro dessa perspectiva, o presente trabalho propõe-se a avaliar a negociação coletiva como mais um instrumento passível de contribuir para a concretização da igualdade de tratamento dos trabalhadores, analisando para isso, inicialmente, o princípio da igualdade e sua proteção nacional e internacional e, em seguida, a negociação coletiva no Brasil com sua importância e intercorrências e como vem se posicionando a jurisprudência a respeito do assunto.

No capítulo 2, inicia-se o trabalho com a reflexão sobre igualdade e dignidade da pessoa humana, tratando da relação entre os dois conceitos, para, em seguida, expor sobre a distinção entre igualdade formal e o direito a ser diferente, passando para a proteção internacional (com os sistemas da ONU, OEA e OIT), constitucional e infraconstitucional da igualdade, referindo-nos sobre a necessária realização fática dessas normas escritas.

A desigualdade no trabalho, uma das mais odiosas formas de negação da democracia social e, por conseguinte, de tudo aquilo que foi preconizado na Declaração Universal dos Direitos Humanos de 1948 que, em seus 30 artigos, propõe como ideal comum a ser atingido por todos os povos e todas as nações, o objetivo de que, cada indivíduo e cada Órgão da sociedade, esforcem-se por meio do ensino e da educação para promover o respeito aos direitos e liberdades, dentre eles, o direito de trabalhar e viver sem ser alvo de humilhações, violência, agressões, desrespeito e perseguições.

Após a Declaração Universal, integrante do Sistema Global de Proteção, muitos outros acordos internacionais firmados pelo Estado brasileiro sob a forma de Tratados, Convenções, Pactos e Protocolos, vieram para proteger o tratamento isonômico no trabalho e o respeito a dignidade inerente a todos os seres humanos, garantindo os direitos civis e políticos e assegurando a progressiva concretização dos econômicos, sociais e culturais.

Nesse sentido, também disciplinou a Organização Internacional do Trabalho (OIT), com a adoção, em 1958, da Convenção n. 111 e, como complemento, da Recomendação n. 111, relativas à discriminação em matéria de emprego e ocupação, onde ficou determinada a obrigação de todo Estado-membro em formular e levar a cabo uma política nacional que promova, por métodos adequados às condições e às práticas nacionais, a igualdade de oportunidades e de trato em matéria de emprego e ocupação, com o objetivo de eliminar qualquer discriminação a este respeito (art. 2º da Conv.). Convenção esta que foi ratificada pelo Brasil em 1965, e adotada pelo Dec. Legislativo n. 62.150, de 19.01.68.

Ainda atualmente, mesmo com o vigor das conquistas jurídicas, fortemente positivadas no texto constitucional e em outros instrumentos normativos elencados no capítulo, trata-se de tarefa difícil manter o discurso da irrenunciabilidade a direitos fundamentais pelo trabalhador, exigindo, mais do que leis e debate jurídico, um incansável retorno à reflexão político-filosófica sobre o valor social do trabalho e o lugar ocupado pelo trabalhador na sociedade capitalista, com todos os riscos de coisificação do homem. O direito posto abre espaços para legitimar a redução do sujeito apenas ao exercício da liberdade contratual, com constante prejuízo às condições de livre desenvolvimento de sua personalidade e aos direitos humanos fundamentais.

A tomada de consciência generalizada acerca da necessidade de se respeitar a diversidade entre as pessoas, garantida constitucionalmente, decorre da gravidade das agressões que o individualismo desenfreado produziu e vem produzindo na convivência social, com repercussões inevitáveis nas relações de trabalho.

A experiência cotidiana demonstra que, apesar dos princípios e regras gerais e abstratas previstos na Constituição Federal, ainda existem situações de discriminação no âmbito das relações de trabalho, recorrentes cotidianamente, que não são solucionadas de forma eficaz pelos órgãos competentes, ou até mesmo sequer chegam ao conhecimento de quem possa dar-lhes um tratamento repressivo, como nos casos de assédio moral com índole discriminatória.

Procedendo-se ao desenvolvimento do capítulo, denota-se que muitas são as normas protetivas do direito fundamental à igualdade, algumas mais específicas e, em sua maioria, mais genéricas, sendo válida qualquer contribuição para torná-las reais no âmbito das relações de trabalho.

Com o surgimento do Neoconstitucionalismo, voltado à realização efetiva dos direitos fundamentais, trazidos nas constituições modernas como metas, há uma busca incessante pela concretização das normas como gênero, incluindo, como espécies, as regras e os princípios, ainda com muito insucesso na seara fática, trazendo a necessidade de se utilizar todo e qualquer instrumento posto à disposição do homem para tal finalidade, onde se incluem, obviamente, as convenções e acordos coletivos de trabalho.

No capítulo 3, é feita uma avaliação em torno das normas coletivas negociadas e das prerrogativas sindicais, passando-se por conceituação, principiologia e funções do Direito Coletivo do Trabalho e das Negociações Coletivas para, em seguida, examinar o conteúdo possível das convenções e acordos coletivos e sua relação com a responsabilidade social das empresas e com a liberdade sindical.

A despeito do ordenamento jurídico existente, exsurgem no mundo do trabalho as convenções e acordos coletivos — que possuem força de lei entre as partes signatárias —, como importante instrumento de especificação das normas gerais que regem a isonomia, trazendo, assim, sua concretização e alcance de situações antes deixadas ao desamparo, como, por exemplo, casos de assédio moral e sexual, as chamadas "listas discriminatórias", entre outros, que reclamam tratamento específico, por categoria, para serem mais bem compreendidos e combatidos pelos empregados.

Nesse cenário, estão as entidades sindicais com a prerrogativa de defesa dos interesses e direitos individuais e coletivos de todos os integrantes das categorias que representam, podendo, para isso, estabelecer normas autônomas e flexíveis em sede de convenções e acordos coletivos de trabalho, que valem como lei entre os convenentes, e são reconhecidas constitucionalmente, resultando na fonte peculiar do direito do trabalho e do direito sindical.

E por possuírem conteúdo normativo entre os convenentes é que podem os instrumentos coletivos de trabalho possuir a função de suprir lacunas específicas existentes na legislação nacional, que muitas vezes servem de entraves e argumentos para que os direitos humanos violados não sejam reconhecidos em demandas judiciais.

Observou-se, ainda, anteriormente à pesquisa, que, apesar da enorme força que possuem as normas coletivas, estas não estariam cumprindo seu papel de forma satisfatória, pois, na maioria das vezes, repetiriam dispositivos legais e constitucionais ao invés de criar disposições específicas para atender as necessidades de cada categoria profissional a ser beneficiada, exigindo-se uma atitude mais comprometida dos próprios dirigentes sindicais e de todos os integrantes das categorias profissionais, para que venham a contribuir na concretização dos preceitos nacionais e internacionais assecuratórios da igualdade e não discriminação.

Consoante o terceiro e último Relatório Global da Organização Internacional do Trabalho, lançado em 2011, sobre igualdade no trabalho, a discriminação deve ser abordada em nível nacional, onde os governos precisam agir, e são necessárias intervenções políticas, legislativas e administrativas, além do diálogo social para assegurar a igualdade no trabalho. É também necessária ação nos locais de trabalho, com o envolvimento direto dos parceiros sociais. Muitos empregadores têm, com sucesso, tirado partido da diversidade para promover simultaneamente a produtividade e a inovação, e as políticas de recursos humanos estão, cada vez mais, a considerar as questões de não discriminação[1].

No capítulo 4, será avaliada a repercussão social de utilização das cláusulas que combatem a discriminação em normas coletivas autônomas, indicando sua necessidade, conforme pesquisas feitas pela OIT e outras entidades, que incentivam a prática em busca do trabalho decente. E, no mesmo capítulo, serão analisados exemplos de normas já existentes e em vigor em diversos setores econômicos e posição da jurisprudência local sobre o caso dos empregados Garis, cuja ementa foi transcrita no início do capítulo.

Na referida decisão judicial tomada como paradigma, não houve reconhecimento do direito fundamental básico dos empregados garis em possuírem locais apropriados para realização de suas necessidades fisiológicas durante a jornada de trabalho, sob o argumento de inexistência de norma regulamentadora que obrigue a empresa a fornecer banheiros aos empregados nessas situações.

Assim também, muitos obreiros sofrem vitimados por assédio moral no trabalho, especialmente mulheres e pessoas com deficiência, acabando por pedirem demissão ou até cometerem suicídio (caso dos bancários, citado no capítulo 4, item 4.1), sem que existam normas específicas que os protejam expressamente, ainda que princípios e normas constitucionais amparem a punição aos agressores, nem sempre ocorre a interpretação e aplicação do direito de forma sistemática, extraindo de seus princípios a máxima efetividade detentora de todos os elementos para o preenchimento das lacunas e adequação das regras ao tempo atual e a situações especiais de cada categoria profissional.

Por fim, no capítulo 5, é apresentada a conclusão da pesquisa, de forma numerada, indicando a evolução do princípio da igualdade nas relações de trabalho, sua proteção por parte das normas estatais e a importância social--trabalhista de se fazer presente nos acordos e convenções coletivas de trabalho, como possuidores de conteúdo normativo específico, fruto da autonomia privada coletiva e produtoras de resultados concretos significativos no que pertine à maior diversidade em ambientes laborais, além da capacitação e inclusão social, pelo trabalho, de grupos vulneráveis.

---

(1) Disponível em: <http://www.ilo.org/wcmsp5/groups/public/@ed_norm/@relconf/documents/meeting document/wcms_155394.pdf>.

## Capítulo 2
# O direito fundamental à igualdade e não discriminação nas relações de trabalho e sua proteção

Na seara da construção da igualdade, não podemos deixar sem registro os vários diplomas legais existentes, não apenas em nível nacional, como a própria Constituição Federal/88, mas também, no plano internacional, com os diversos tratados internacionais de direitos humanos, inseridos nos sistemas global, especial, regional e, mais pertinente com o presente estudo, o da OIT — Organização Internacional do Trabalho.

Contudo, a experiência demonstra que, mesmo com todo o aparato normativo circundante do direito à igualdade, às vezes genérico e, em outros casos, específico (como, por exemplo, o do trabalhador com HIV/AIDS), ainda há muito espaço para complementação da legislação, em busca de sua real efetivação e valorização do ser humano com todas as suas potencialidades e limitações. É o direito à diferença.

O ambiente de trabalho reúne condições propícias ao desenvolvimento da consciência para o tratamento humanitário e solidário, por isso está apto a modificar condutas com vistas ao fomento do respeito ao próximo e disseminação do conhecimento sobre as normas legais em vigor em nosso país quanto à proteção da igualdade e não discriminação.

No presente capítulo analisaremos as principais normas nacionais e internacionais sobre o tema proposto, fazendo um paralelo com a importância do diálogo social e da coletivização do trabalhador para sua concretização, não apenas nas relações de trabalho, mas em todo o meio social, onde as condições vividas na empresa geram reflexos na vida social do trabalhador.

## 2.1  A IGUALDADE E SUA RELAÇÃO COM A DIGNIDADE DA PESSOA HUMANA

Constitui elemento essencial para a completa compreensão dos direitos humanos a reflexão acerca da dignidade da pessoa humana e seu significado, bem como sobre o respeito à igualdade da condição humana, sendo esta última, em seus sentidos sócio-político e existencial.

A dignidade é aquilo que iguala todos os homens, pois apesar das diferenças existentes em cada um, todos possuem essa mesma qualidade, que deve ser protegida e respeitada como um mínimo invulnerável, sendo esta o núcleo essencial da existência dos direitos humanos.

O homem, desde os primórdios da humanidade, vem passando por profundas transformações sempre em busca de sua socialização. Desde a antiguidade até os tempos de globalização, o ser humano vem tendo seus direitos naturais reconhecidos gradativamente. Ávido em ser tratado além de uma mera coisa, o homem procurou imprimir princípios garantidores de seu intento, em algumas horas lutando pela igualdade de tratamento, noutras, fazendo com que sua existência pudesse desenvolver-se da forma mais digna possível, nem que fossem necessárias revoltas, lutas e revoluções. Esses movimentos sociais ensejaram a positivação dos direitos humanos de forma globalizada, tais como a igualdade, além de outros direitos decorrentes do princípio da dignidade da pessoa, inclusive em cartas internacionais como, por exemplo, a Declaração Universal dos Direitos Humanos da ONU de 1948, além de muitas Constituições Federais, como a Brasileira de 1988 e a Portuguesa de 1976, tendo iniciado com a Lei Fundamental Alemã de 1949.

Vale ressaltar a importância da dignidade como valor espiritual e moral inerente à pessoa, é a projeção desta no Direito, tanto que o legislador constituinte de 1988 a trouxe, pela primeira vez na nossa história, na condição de princípio fundamental, previsto no artigo 1º, inciso III.[2]

A dignidade da pessoa humana é exatamente uma qualidade intrínseca a todos os seres humanos, que os iguala e os posiciona como sujeitos de direito contra o Estado e os particulares, resultando em um conjunto de direitos e deveres fundamentais que conferem segurança à pessoa, tanto contra qualquer ato de efeito degradante ou desumano como lhe assegurem as condições existenciais mínimas para viver, fomentando sua participação ativa e corresponsável nos rumos da própria existência e da vida em comunhão com os demais, passando a representar função primordial dos poderes constituídos para a proteção da vida e do bem estar desses sujeitos, com a finalidade última de garantir-lhes a dignidade.

A dignidade da pessoa humana é a própria razão de ser dos direitos humanos, que encontram nela seu fundamento primordial, já que o direito é uma criação humana, tal como afirmado por Fábio Konder Comparato[3].

---

(2) Art. 1º A República Federativa do Brasil, formada pela união indissolúvel dos Estados e Municípios e do Distrito Federal, constitui-se em Estado Democrático de Direito e tem como fundamentos: III- a dignidade da pessoa humana.

(3) "Se o direito é uma criação humana, o seu valor deriva, justamente, daquele que o criou. O que significa que esse fundamento não é outro, senão o próprio homem, considerado em sua dignidade substancial de pessoa, diante da qual as especificações individuais e grupais são sempre secundárias". (COMPARATO, Fábio Konder. Fundamentos dos direitos humanos. *Revista Jurídica Consulex*, Brasília, ano IV, v. I, n. 48. p. 52-61, 2001).

A vida e a dignidade da pessoa constituem núcleo essencial dos direitos humanos, formando um pressuposto lógico e ético de todos aqueles direitos em espécie, estabelecidos em disposições constitucionais e internacionais que, contudo, se não tiverem efetividade, não evitarão que haja situações condenáveis de exclusão e exploração do homem pelo homem, impedindo a paz e a justiça sociais.[4]

Diante da previsão da dignidade da pessoa humana como princípio fundamental, o legislador constituinte de 1988 colocou-a no ápice da hermenêutica constitucional, catalogando, ainda, uma gama de direitos e garantias entre fundamentais, de forma não taxativa (os quais a igualdade se situa como primícia), uma vez, baseados no intuito maior de respeitar a dignidade, passando o Estado a existir em função da pessoa humana e não o contrário, uma vez que o ser humano constitui a finalidade precípua, e não meio da atividade estatal[5].

Na mesma direção, podemos citar também o magistério de J. J. Gomes Canotilho[6] que, ao analisar a República Portuguesa, cujo núcleo essencial é a dignidade da pessoa humana — como também o é a Brasileira —, afirmou, após considerar os acontecimentos históricos de destruição do ser humano, como por exemplo, na escravatura, na segunda guerra mundial, com o nazismo e a matança dos judeus, entre outros, que o significado da dignidade da pessoa humana como alicerce da República é a valorização do indivíduo que passa a ser o limite e a finalidade dos poderes políticos constituídos, criados para zelar por seu bem estar, e não o contrário, requerendo a conformação do Estado em função do homem, de onde advêm os fundamentos da vedação da pena de morte e da prisão perpétua.

Também Hannah Arendt, ao afirmar ser a Declaração dos Direitos do Homem, do século XVIII, um marco decisivo na história, por representar que,

---

(4) Sobre o assunto, expressou Fábio Konder Comparato: "Tenho por auto-evidente — para usar da expressão famosa da Declaração de Independência dos Estados Unidos — que o núcleo essencial dos direitos humanos reside na vida e na dignidade da pessoa. É esse o pressuposto lógico e ético de todos esses direitos em espécie. Sem o reconhecimento efetivo do direito à vida e ao respeito da dignidade da pessoa humana, por mais completas e bem formuladas que sejam as declarações constitucionais ou internacionais, haverá sempre uma falha grave nas fundações do edifício social; haverá sempre homens não reconhecidos como tais por outros homens; o mundo continuará a ser a arena do extermínio potencial e o campo da exploração legal de uns pelos outros". (COMPARATO, Fábio Konder. *Para viver a democracia*. São Paulo: Brasiliense, 1989. p. 56).

(5) SARLET, Ingo Wolfgang. *Dignidade da pessoa humana e direitos fundamentais na Constituição Federal de 1988*. Porto Alegre: Livraria do Advogado, 2011. p. 80.

(6) "Perante as experiências históricas da aniquilação do ser humano (inquisição, escravatura, nazismo, stalinismo, polpotismo, genocídios étnicos) a dignidade da pessoa humana como base da República significa, sem transcendências ou metafísicas, o reconhecimento do "homo noumenom", ou seja, do indivíduo como limite e fundamento do domínio político da República. Neste sentido, a República é uma organização política que serve o homem, não é o homem que serve os aparelhos político-organizatórios. A compreensão da dignidade da pessoa humana associada à idéia de "homo noumenom" justificará a conformação constitucional da República Portuguesa onde é proibida a pena de morte (art. 24º) e a prisão perpétua (art. 30º/1)." (CANOTILHO, J. J. Gomes. *Direito constitucional e teoria da Constituição*. Coimbra: Almedina, 1998. p. 219).

a partir daquele momento, o homem é que seria a fonte da lei, e não mais o comando divino ou os costumes da época[7].

Diante de tal normatização da dignidade da pessoa humana, que vincula o Estado e os particulares, luta-se hodiernamente pela sua real efetividade, na busca de uma sociedade consciente de que as leis estão postas para serem cumpridas, ainda que o preconceito e a falta de tolerância com as diferenças físicas e biológicas entre os seres humanos, enraizadas há muito no costume dos povos, venham funcionando como empecilhos à eficácia e inviolabilidade do princípio da dignidade da pessoa humana[8].

Assim também, a Constituição Federal de 1988, seguindo a orientação mundial, pela primeira vez na história estabelece como fundamento da República Federativa do Brasil a dignidade da pessoa humana (art. 1º, III), consagrando uma dupla concepção para este princípio fundamental, prevendo, primeiramente, um direito individual protetivo, seja em relação ao próprio Estado, seja em relação aos demais indivíduos e, em segundo lugar, estabelece verdadeiro dever fundamental de tratamento igualitário dos próprios semelhantes, configurando--se pela exigência do indivíduo em respeitar a dignidade de seu semelhante tal qual a Constituição Federal exige que respeitem a sua. Considerando o nosso ordenamento jurídico, a dignidade da pessoa humana é norma ápice da hermenêutica jurídica, juntamente com os demais princípios fundamentais, uma vez que o aplicador do direito deve curvar-se sempre às normas-princípio.

Desta forma, cumpre-nos concluir, pela dupla função da dignidade, qual seria de responsabilidade e limite dos poderes públicos e de toda sociedade em geral, de forma simultânea (é princípio e também regra jurídica, resultando, ainda, conforme Ingo Wolfgang Sarlet[9], em uma dúplice dimensão, a de salvaguarda, pois não pode ser perdida, alienada ou violada), e de tarefa estatal, que deve dirigir suas ações tanto para preservar quanto para promover a dignidade.

---

(7) ARENDT, Hannah. *As origens do totalitarismo*. São Paulo: Companhia das Letras, 1989. p. 324.

(8) Sobre o tema da efetividade dos direitos do homem, afirmou NORBERTO BOBBIO: "Com efeito, o problema que temos diante de nós não é filosófico, mas jurídico e, num sentido mais amplo, político. Não se trata de saber quais e quantos são esses direitos, qual é sua natureza e seu fundamento, se são direitos naturais ou históricos, absolutos ou relativos, mas sim qual é o modo mais seguro para garantí-los, para impedir que, apesar das solenes declarações, eles sejam continuamente violados". (*A era dos direitos*. Trad. Carlos Nelson Coutinho. Rio de Janeiro: Campus, 1992. p. 25.).

(9) "É justamente neste sentido que assume particular relevância a constatação de que a dignidade da pessoa humana é simultaneamente limite e tarefa dos poderes estatais e, no nosso sentir, da comunidade em geral, de todos e de cada um, condição dúplice esta que também aponta para uma paralela e conexa dimensão defensiva e prestacional da dignidade, que voltará a ser referida oportunamente. Recolhendo aqui a lição de Podlech, poder-se-á afirmar que, na condição de limite da atividade dos poderes públicos, a dignidade necessariamente é algo que pertence a cada um e que não pode ser perdido ou alienado, porquanto, deixando de existir, não haveria mais limite a ser respeitado (este sendo considerado o elemento fixo e imutável da dignidade). Como tarefa (prestação) imposta ao Estado, a dignidade da pessoa reclama que este guie as suas ações tanto no sentido de preservar a dignidade existente, quanto objetivando a promoção da dignidade, especialmente criando condições que possibilitem o pleno exercício e fruição da dignidade, sendo portanto dependente (a dignidade) da ordem comunitária, já que é de se perquirir até que ponto é possível ao indivíduo realizar, ele próprio, parcial ou totalmente, suas necessidades existenciais básicas ou se necessita, para tanto, do concurso do Estado ou da comunidade."(SARLET, Ingo Wolfgang. *Dignidade da pessoa humana e direitos fundamentais na Constituição Federal de 1988.* Porto Alegre: Livraria do Advogado, 2011. p. 58).

Aliás, é importante considerar o caráter intersubjetivo da dignidade, ou seja, o fato de que o homem somente vê respeitada sua qualidade intrínseca quando, na comunidade em que vive, onde todos são iguais em dignidade, alguns observam tal qualidade nos outros, no seio do relacionamento social, contribuindo ativamente para o reconhecimento e proteção da gama de direitos fundados na dignidade, não dependendo apenas da autonomia privada.

Neste quesito, os direitos humanos, como a própria dignidade da pessoa humana, a despeito de existirem por si sós, uma vez que se trata de valor próprio inerente a cada pessoa, apenas fazem sentido se forem observados e respeitados entre os sujeitos das relações sociais. Por esse motivo, também são necessárias suas previsões e proteção na ordem jurídica, que deve buscar o tratamento isonômico de todos por parte do Poder Público e da sociedade em geral, visto que todos possuem a mesma dignidade[10].

Sendo assim, a dignidade da pessoa, em um significado moral e jurídico, encontra-se vinculada à harmonia das relações humanas, de forma tal que a sua inviolabilidade advém exatamente das relações intersubjetivas caracterizadas pela recíproca consideração e respeito.

Não é de se admirar que a dignidade sirva de fundamento principal da existência dos direitos humanos, na medida em que é um atributo específico do homem enquanto Ser, dotado de razão e sentimentos, não se fazendo presente nos demais seres vivos, que agem por meio de instintos e sem qualquer movimento intelectivo.

Os direitos humanos vêm exatamente para proteger o homem enquanto Ser, dotado de razão e sentimentos, incluindo a todos de forma igualitária, visto que todo homem é possuidor de dignidade, que deve ser amparada e promovida tanto pelo Estado quanto pelos seus semelhantes.

Ressalte-se ainda que aqui não estamos nos referindo ao sentido moral da dignidade, ou seja, a concepção de que são as próprias pessoas que tornam suas vidas dignas ou não, pois este também não foi o intuito do legislador, que buscou indicar ser um dos fins do Estado propiciar as condições para que as pessoas vivam dignamente.

Tanto o é que, mesmo em relação aos criminosos, praticantes de atos indignos, a nossa Carta Política veda, expressamente, as penas de morte; de caráter perpétuo; de trabalhos forçados; de banimento e cruéis, além de assegurar aos presos o direito à integridade física e moral, sempre com vistas

---

(10) "Em verdade — e tal aspecto consideramos deve ser destacado — a dignidade da pessoa humana (assim como os próprios direitos fundamentais), sem prejuízo de sua dimensão ontológica e, de certa forma, justamente em razão de se tratar do valor próprio de cada uma e de todas as pessoas, apenas faz sentido no âmbito da intersubjetividade e é também por esta razão que se impõe o seu reconhecimento e proteção pela ordem jurídica, que deve zelar para que todos recebam igual (já que todos são iguais em dignidade) consideração e respeito por parte do Estado e da comunidade.". (SARLET, Ingo Wolfgang. *Dignidade da pessoa humana e direitos fundamentais na Constituição Federal de 1988*. Porto Alegre: Livraria do Advogado, 2011. p. 66).

ao respeito de suas dignidades insertas na qualidade de seres humanos (art. 5º, incisos XLVII e XLVIII), apesar de quaisquer atrocidades praticadas.[11]

Contudo, deve-se consignar que, apesar de toda a proteção que nos dias de hoje envolve a dignidade humana e os direitos dela decorrentes, há casos em que a mesma encontra limites, aplicando-se o princípio da relatividade ou convivência das liberdades públicas, na medida em que os direitos humanos não podem ser utilizados como um escudo protetivo da prática de atividades ilícitas, nem como argumento para afastamento ou diminuição da responsabilidade civil ou penal por atos criminosos, sob pena de desrespeito ao Estado de Direito.

O conceito de dignidade, nas últimas décadas, tem tomado uma amplitude tão grande que levou Luís Roberto Barroso a criticar o uso indiscriminado da argumentação sobre a dignidade da pessoa humana, banalizando-a para resolver qualquer litígio, por mais simples que seja, afirmando que sua natureza jurídica é de um princípio com sede constitucional e faz parte do conteúdo dos direitos fundamentais, servindo de base normativa para estes.[12]

Diante disso, é possível haver conflito entre dois ou mais direitos ou garantias fundamentais, quando, então, o intérprete deve se utilizar do princípio da concordância prática ou da harmonização, para coordenar os bens jurídicos em conflito, evitando o sacrifício total de alguns em relação aos outros, aplicando-se a proporcionalidade para diminuir o âmbito de alcance de cada qual (contradição dos princípios), sempre em busca do verdadeiro significado da norma e da harmonia do texto constitucional com suas finalidades precípuas.

Destacamos, ainda, que a própria Carta Constitucional de 1988, fundada no princípio da dignidade humana, prevê a limitação do direito fundamental em alguns casos como, exemplificando, o art. 5º, incisos XI e XII[13], concluindo-se assim que não há espaço, em nosso ordenamento jurídico, para que, sob o pálio da proteção aos direitos humanos, tolere-se criminosos sem punição, assim como, também, não se vem admitindo omissões estatais na promoção dos direitos

---

(11) Sobre esta questão, Yara Maria Pereira Gurgel pronunciou: "A condição humana é o único requisito para se ter direito à dignidade: não está condicionada à moral, comportamentos ou crença religiosa. Mesmo aqueles que cometem as maiores atrocidades possuem dignidade. Todos os seres humanos têm o direito de serem tratados dignamente. Daí porque a comunidade internacional em favor dos Direitos Humanos repudia a tortura, os castigos e o trabalho escravo como instrumentos de sanção, por mais cruel que seja o sujeito." (*Direitos humanos, princípio da igualdade e não discriminação*. Sua aplicação às relações de trabalho. São Paulo: LTr, 2010. p. 31).

(12) BARROSO, Luís Roberto. *O novo Direito Constitucional brasileiro*. Belo Horizonte: Fórum, 2013. p. 43.

(13) Art. 5º Todos são iguais perante a lei, sem distinção de qualquer natureza, garantindo-se aos brasileiros e aos estrangeiros residentes no País a inviolabilidade do direito à vida, à liberdade, à igualdade, à segurança e à propriedade, nos termos seguintes: XI — a casa é asilo inviolável do indivíduo, ninguém nela podendo penetrar sem consentimento do morador, salvo em caso de flagrante delito ou desastre, ou para prestar socorro, ou, durante o dia, por determinação judicial; XII — é inviolável o sigilo da correspondência e das comunicações telegráficas, de dados e das comunicações telefônicas, salvo, no último caso, por ordem judicial, nas hipóteses e na forma que a lei estabelecer para fins de investigação criminal ou instrução processual penal.

humanos, sob o amparo das argumentações de falta de orçamento e do princípio da separação de poderes.

Juntamente com este princípio máximo encontra-se o da igualdade, como seu primeiro fundamento jurídico, ou seja, no direito que todo ser humano tem de não sofrer discriminação frente aos demais, de ter o direito, à diferença; situação que não se contenta apenas com a igualdade na lei e perante a lei (formal), mas requer tratamento desigual quando este for necessário para valorizar as potencialidades das pessoas em busca de uma igualdade real, material, substancial.

Aliás, o próprio texto normativo precursor da ideia de respeito aos direitos humanos, a Declaração Universal de 1948 da ONU, após considerar que o reconhecimento da dignidade inerente a todos os membros da família humana e de seus direitos iguais e inalienáveis é o fundamento da liberdade, da justiça e da paz no mundo, abre seu artigo 1º com a seguinte afirmação:

*Todas as pessoas nascem livres e iguais em dignidade e direitos. São dotados de razão e consciência e devem agir em relação uns aos outros com espírito de fraternidade.*

Sobre tal assertiva constante da Declaração Universal dos Direitos Humanos (DUDH), no sentido que todos os seres humanos nasceriam iguais em direitos, esta se mostra utópica quando se verifica que a isonomia não integra naturalmente a condição humana, pois precisa ser construída pela ação conjunta dos homens quando da estruturação da comunidade política, tornando-se inseparável a relação entre o direito individual do cidadão de autodeterminação, com os demais membros da sociedade, pelo exercício de seus direitos políticos, e o direito da própria comunidade na construção convencional da igualdade[14].

Com efeito, para que os direitos humanos sejam exercidos em sua plenitude, é imprescindível a garantia da cidadania como um princípio, não apenas como fato ou meio, pois o ser humano deve sempre estar amparado em um estatuto político para que não perca sua qualidade essencial de ser tratado pelos outros como um semelhante[15].

Desse modo, a regra é o tratamento igualitário a todos, tolerando-se as diferenças peculiares a cada ser humano. Todavia, pode ser aplicada a desequiparação nos casos em que seja verificada a correlação lógica entre o fator individual desequiparador e a diferença de tratamento que se tenciona aplicar (razoabilidade/proporcionalidade), bem como que o fim perseguido com a medida esteja compatível com os valores constitucionais, eis que significará aplicação da justiça social, como, exemplificativamente, nos casos de reserva de vagas para pessoas com deficiência, medida que visa uma melhor distribuição de oportunidades e de renda.

O que se deve ter em mente sempre é que o ordenamento jurídico veda a discriminação aleatória e arbitrária, devendo a razoabilidade funcionar como

---

(14) LAFER, Celso. *A reconstrução dos direitos humanos*. São Paulo: Companhia das Letras, 1988. p. 150-151.

(15) *Ibidem*, p. 151.

mecanismo de controle da discricionariedade legislativa e administrativa, levando-se sempre em conta que o fim visado seja legítimo e necessário.

## 2.2 DA IGUALDADE FORMAL E SUBSTANCIAL

A aplicação do princípio da isonomia, também previsto no texto constitucional brasileiro (art. 5º, *caput*), bem como em normas internacionais, esbarra na realidade de que, apesar de todos os seres humanos serem iguais em dignidade, como visto anteriormente, cada pessoa é um ente único, diferente dos demais e insubstituível no mundo.

Contudo, não se pode valorizar mais um do que o outro com fundamento em suas desigualdades, pois todos têm direito à diferença e esta deve ser tolerada e valorizada, ao mesmo tempo, para que se garanta tratamento igualitário. Aqui reside o grande desafio da humanidade, para que sejam evitados atos discriminatórios arbitrários há anos arraigados na cultura de todos os povos.

Diante desse fato, Flávia Piovesan destaca três vertentes no que pertine à concepção de igualdade: a) a igualdade formal, traduzida na expressão "todos são iguais perante a lei" (que, em tempos atrás, foi eficaz para a extinção de privilégios); b) a igualdade material, condizente ao ideal de justiça social e distributiva (direcionada pelo critério socioeconômico); e c) a igualdade material direcionada ao ideal de justiça enquanto reconhecimento de identidades (critérios de gênero, orientação sexual, idade, raça, etnia e demais critérios)[16].

Assim, verifica-se que, para a autora, com o que concordamos, a justiça possui caráter bidimensional, requer redistribuição (de renda) somada a reconhecimento (respeito às diferenças), uma vez que os dois são essenciais para que seja combatida a discriminação e efetivada a igualdade material; e acrescenta que os dois termos devem se relacionar e interagir mutuamente, na medida em que a discriminação gera pobreza e esta, por sua vez, implica discriminação[17].

No Brasil, assim como em toda a América Latina, a mentalidade da desigualdade, como a cultura de que alguns homens seriam superiores a outros, remonta à existência da escravidão, mantida por longos anos da história, quando os povos indígenas e os contingentes populacionais africanos foram legalmente reduzidos à condição de escravos. Além disso, houve também a influência do oficialismo na formação da cultura social, quando se entendia que o poder emanava do alto sob a forma de decretos soberanos.

---

(16) PIOVESAN, Flávia. Igualdade, diferença e direitos humanos: perspectiva global e regional. *In:* SARMENTO, Daniel; IKAWA, Daniela; PIOVESAN, Flávia (Coords.). *Igualdade, diferença e direitos humanos.* Rio de Janeiro: Lumen Juris, 2008. p. 47-76.

(17) PIOVESAN, Flávia. *Direitos Humanos e o Direito Constitucional internacional.* São Paulo: Saraiva, 2012. p. 258.

E, em agravo à nossa situação, fomos o último país ocidental a abolir oficialmente a escravidão (1888), estando inserida fortemente em nossa cultura a concepção de que o escravo é um objeto, que as pessoas valem pelas suas posses e relações de amizade e parentesco, o que leva a um profundo desprezo pelo valor da vida humana.

Vale ressaltar também o fato de termos uma das piores distribuições de renda do mundo, pois a maior parte da riqueza do País encontra-se nas mãos de poucos privilegiados, enquanto a grande maioria da população divide a menor parte.

Diante disso, a mentalidade brasileira não tem a consciência do que seja a igualdade, sendo que apenas nestes últimos anos é que se vem gradativamente propagando a ideia de isonomia em nossa coletividade, passando as pessoas a valerem por seus atributos pessoais e profissionais e não apenas patrimoniais.

Contudo, em que consiste a igualdade? Como dito anteriormente, todas as pessoas são diferentes, não nascem iguais, cada qual possui suas peculiaridades, características naturais que são únicas, porém, como membros de uma mesma coletividade, são garantidos a todos direitos iguais. Assim, a igualdade advém da lei, sendo esta que torna os homens iguais em direitos e obrigações, tratando--se de uma igualdade na lei e perante a lei. A igualdade real é construída pelo legislador, diferentemente da dignidade, que existe naturalmente em todos os seres humanos[18].

Hannah Arendt, analisando a situação dos apátridas, constata ser a vida política fundada na suposta possibilidade de produção da igualdade por meio da organização, pois o homem pode agir e alterar o mundo em que vive, construindo-o juntamente com seus iguais e somente com seus iguais, uma vez que sempre haverá, contudo, situações de desigualdade que o homem não poderá eliminar[19].

Da mesma forma, Cesarino Júnior e Marly A. Cardone, amparando-se em Araújo Castro afirmam a relatividade da expressão "todos são iguais perante a lei", reconhecendo que a igualdade absoluta é impossível. Os homens só têm os mesmos direitos em idênticas condições e, diante disso, o direito à igualdade não faz oposição a uma proteção legal diferenciada, em observância às desigualdades naturais. O direito pode abrandar as diferenças sociais e promover a harmonia social, sopesando os interesses e a sorte das classes. O direito deixa de ser considerado sob uma perspectiva individualista e passa a se coletivizar, como instrumento de justiça social, solidariedade humana e felicidade coletiva, por

---

(18) "É também claro que o enunciado da igualdade não pode exigir a igualdade de todas as características naturais e de todas as condições fáticas nas quais o indivíduo se encontre. Diferenças em relação à saúde, à inteligência e à beleza podem ser talvez um pouco relativizadas, mas sua eliminação se depara com limites naturais. A isso se soma o fato de que a igualização de todos, em todos os aspectos, faria com que todos quisessem fazer sempre a mesma coisa. Mas, se todos fazem a mesma coisa, somente é possível atingir um nível intelectual, cultural e econômico muito limitado." (ALEXY, Robert. *Teoria dos Direitos Fundamentais*. 2. ed. São Paulo: Malheiros, 2011. p. 397).

(19) ARENDT, Hannah. *As origens do totalitarismo*. São Paulo: Companhia das Letras, 1989. p. 335.

isso a tendência das constituições modernas em amparar as classes menos favorecidas, com normas de caráter social e econômico[20].

Diz-se que se exige tratamento isonômico na lei porque o princípio é dirigido ao legislador e ao executivo que, ao formularem as normas, não podem estabelecer diferenças arbitrárias, individuais e sem razão de ser, pois como lembra Robert Alexy[21], não há que se exigir que todos sejam iguais em todos os aspectos e sempre tratados exatamente da mesma forma, referindo-se à fórmula aristotélica como ponto de partida, ou seja: "O igual deve ser tratado igualmente, o desigual, desigualmente".

No entanto, Robert Alexy[22] apesar de não discordar do enunciado geral de igualdade acima citado, aponta alguns problemas em relação à sua aplicação, tanto pelo legislador quanto pelo judiciário, sendo a valoração da igualdade ou da desigualdade um dos principais. Afirma que a igualdade material traz consigo a questão da valoração correta, envolvendo juízos subjetivos de valor no âmbito do enunciado geral, que devem ter verificada sua fundamentação racional, bem como surge a questão de que, no sistema jurídico, a quem competiria decidir de forma vinculante sobre esses juízos de valor: ao criador das leis ou ao juiz constitucional?

Em seguida, ressalta o mesmo autor que o Tribunal Constitucional Federal alemão utiliza-se do conceito de arbitrariedade para resolver a dúvida sobre a valoração da igualdade ou da desigualdade praticadas[23]. Em sentido semelhante, o Supremo Tribunal Federal tem se posicionado, sempre exigindo critérios de razoabilidade[24] para aplicação de preferências.

A igualdade perante a lei ocorre na aplicação desta, é dirigida ao intérprete, normalmente uma autoridade pública, quando devem ser reconhecidos os direitos a todas as pessoas de maneira igualitária, desde que se encontrem na situação descrita na norma geral ou especial.

A não observância dessa igualdade formal — na lei e perante a lei — vem a gerar a discriminação negativa, aquela completamente vedada pelo *caput* do

---

(20) CESARINO JÚNIOR, A. F.; CARDONE, Marly A. *Direito Social*. 2. ed. São Paulo: LTr, 1993. v. I, p. 33.

(21) ALEXY, Robert. *Teoria dos Direitos Fundamentais*. 2. ed. São Paulo: Malheiros, 2011. p. 397.

(22) *Ibidem*, p. 399-400.

(23) A jurisprudência do tribunal sobre igualdade tem como fio condutor o seguinte enunciado: "O enunciado da igualdade é violado se não é possível encontrar um fundamento razoável, que decorra da natureza das coisas, ou uma razão objetivamente evidente para a diferenciação ou para o tratamento igual feitos pela lei; em resumo, se a disposição examinada tiver que ser classificada como arbitrária". (*Ibidem*, p. 403).

(24) Concurso público da Polícia Militar. Teste de esforço físico por faixa etária: exigência desarrazoada, no caso. Ofensa aos princípios da igualdade e legalidade. O STF entende que a restrição da admissão a cargos públicos a partir da idade somente se justifica se previsto em lei e quando situações concretas exigem um limite razoável, tendo em conta o grau de esforço a ser desenvolvido pelo ocupante do cargo ou função. No caso, se mostra desarrazoada a exigência de teste de esforço físico com critérios diferenciados em razão da faixa etária. (RE 523.737-AgR, Rel. Min. Ellen Gracie, julgamento em 22-6-2010, Segunda Turma, DJE de 6.8.2010).

art. 5º(25), da CF/88, quando se exclui alguém da obtenção ou fruição de um direito subjetivo sem motivo que justifique a exclusão, como, por exemplo: gênero; raça; opção sexual; aparência física, entre outros.

Aliás, sobre esta direção dúplice da isonomia (na lei e perante a lei), torna-se válido registrar que o alcance do princípio não se restringe a nivelar os cidadãos diante da norma legal posta, mas que a própria lei não pode ser editada em desconformidade com a isonomia. O preceito supremo da igualdade é norma voltada quer para o aplicador da lei quer para o próprio legislador. Deveras, não apenas perante a norma posta se nivelam os indivíduos, mas a própria edição dela se sujeita ao dever de dispensar tratamento equânime às pessoas, o que também tem sido entendimento dominante do Tribunal Constitucional Federal alemão, como noticia Robert Alexy(26).

O princípio da igualdade também opera um postulado limitador da atividade do particular, que não poderá agir de forma discriminatória ou preconceituosa, excluindo pessoas por percebê-las inferiores às outras sem qualquer razão justificadora, trata-se da tríplice finalidade limitadora, uma vez que insculpe limitações ao legislador, ao intérprete e ao particular, fundamento para a eficácia vertical e horizontal dos direitos fundamentais, respectivamente.

De fato, a humanidade é plural, o que faz parte de sua essência, trazendo, portanto, esse duplo aspecto da igualdade e da diferença, e esta última não pode significar desvantagem para a fruição dos direitos subjetivos, o que poderia justificar a produção de tratamentos diferenciados, desde que devidamente amparados e aplicáveis a todos os que se encontrarem na mesma situação.

Boaventura de Sousa Santos(27), afirma: "as pessoas e os grupos sociais têm o direito a ser iguais quando a diferença os inferioriza e o direito a ser diferentes quando a igualdade os descaracteriza". Por isso faz-se necessária uma igualdade que reconheça as diferenças e uma diferença que não impulsione ou reproduza as desigualdades.

Denota-se da afirmação que a igualdade está representada por duas maneiras que não se excluem, mas, contrariamente, completam-se: a formal (1ª parte da assertiva) e a material, ou substancial (2ª parte da assertiva).

Apesar da dignidade comum a todos os homens, que os iguala e torna todos merecedores de respeito pelos Poderes Públicos e particulares, cada qual possui características pessoais e diferenciais, que os revela como seres únicos e insubstituíveis.

---

(25) Art. 5º Todos são iguais perante a lei, sem distinção de qualquer natureza, garantindo-se aos brasileiros e aos estrangeiros residentes no País a inviolabilidade do direito à vida, à liberdade, à igualdade, à segurança e à propriedade, nos termos seguintes:

(26) ALEXY, Robert. *Teoria dos Direitos Fundamentais*. 2. ed. São Paulo: Malheiros, 2011. p. 395.

(27) Boaventura de Sousa Santos *apud* Maria Celina Bodin de Moraes. *Constituição, Direitos Fundamentais e Direito Privado. O conceito de dignidade humana:* substrato axiológico e conteúdo normativo. Porto Alegre: Livraria do Advogado, 2010. Boaventura de Sousa Santos *apud* Flávia Piovesan. *Direitos Humanos e o Direito Constitucional internacional*. São Paulo: Saraiva, 2012. p. 259.

Com efeito, é exatamente em função de certas características pessoais de cada ser humano que, em alguns casos, há a relativização da dignidade da pessoa humana, com a aceitação de tratamentos diferenciados, com prejuízo de algum direito individual, porém, desde que sejam cumpridos certos requisitos, enumerados doutrinariamente.

Verifica-se que, em certos casos, o tratamento diferenciado é justificável em função da finalidade a ser necessariamente alcançada com aquela discriminação, pois o que se veda é a diferenciação arbitrária e absurda.

E neste ponto reside a aplicação da proporcionalidade quando estamos tratando de isonomia para controlar a discricionariedade legislativa e administrativa, visto que na realidade material cada ser humano possui suas particularidades que o diferenciam dos demais. Como referido anteriormente há casos em que se justifica a preterição de uns em favor de outros, porém sem caprichos ou abusos.

E para que tal atitude seja legítima é necessário que seja razoável, que haja adequação entre o fim perseguido e o instrumento empregado; a medida seja exigível e necessária, inexistindo outra alternativa para chegar ao mesmo resultado com menor ônus a um direito individual, e que haja proporcionalidade em sentido estrito, que o ganho com a medida seja superior ao que se perde.

Seguramente, verifica-se que somente a clássica lição de Aristóteles não seria suficiente para se concluir sobre a validade ou não de uma norma que estabeleça discriminações com fundamento em determinado fator desequiparador, sendo necessário considerar a presença de certas circunstâncias e critérios que levem a legitimar o afastamento do tratamento equânime em algumas hipóteses, exatamente como disposto por Robert Alexy, na referência citada, havendo sempre um ônus argumentativo para o tratamento desigual.

Celso Antonio Bandeira de Melo[28], argumentando com os ensinamentos de Kelsen, conclui ser inconcebível que a igualdade dos sujeitos na ordenação jurídica garantida pela Constituição significasse que estes deveriam ser tratados de maneira idêntica nas normas e em particular nas leis expedidas com base na Constituição. A igualdade assim entendida seria absurda ao impor a todos os indivíduos os mesmos deveres ou lhes conferir exatamente os mesmos direitos sem fazer distinção alguma como, por exemplo, entre crianças e adultos, indivíduos mentalmente sadios e alienados, entre outras situações.

Depreende-se assim que a violação ou não da isonomia constitucional não está apenas no objeto diferenciador utilizado (sexo, raça, idade etc.), devendo-se analisar, principalmente, o nexo lógico existente entre o fator utilizado como elemento diferenciador e o regime jurídico díspare que se tenciona aplicar, ou seja, há situações em que se proceder a tratamentos diferenciados para homens e mulheres, jovens e idosos, entre outros casos, possa significar critério razoável e justo, o que redunda na discriminação positiva.

---

(28) MELO, Celso Antonio Bandeira de. *Conteúdo jurídico do princípio da igualdade*. São Paulo: Malheiros, 2003. p. 11.

Ao se referir sobre a concretização do princípio da dignidade da pessoa humana, Maria Celina Bodin de Moraes lembra que houve um período em que o princípio da igualdade contentava-se com a ideia de que "todos são iguais perante a lei", sendo o direito do trabalho o primeiro grande ramo jurídico a subverter esta regra ao direcionar ao obreiro direitos que viriam a desrespeitar o próprio princípio da hierarquia das normas, com o desenvolvimento da ideia de que, na relação de trabalho, a norma aplicável é a mais benéfica ao trabalhador[29].

De fato, o Direito laboral, desde sua criação que se deu no Brasil com maior vigor após a revolução de 1930[30], funda-se no princípio protetor que estabelece alguns instrumentos ao trabalhador como compensação pela sua hipossuficiência na relação contratual, onde somente é possuidor da força de trabalho, sendo da empresa os meios de produção e o poder econômico. Tal proteção especial foi conferida por lei com o intuito de compensar a desigualdade econômica e a vulnerabilidade do trabalhador.

A discriminação positiva tem como finalidade a busca da igualdade material (ou substancial) quando, por meio de ações afirmativas legalmente e/ou contratualmente estabelecidas, passa-se a beneficiar algum dos grupos vulneráveis que tenham que conviver com situações de desvantagem em relação aos outros seres humanos como, por exemplo, as pessoas com deficiência. É a atuação da justiça social e distributiva.

Na realidade, a diferença passa a ser utilizada para a promoção de direitos e não para aniquilação dos mesmos, construindo-se uma igualdade considerando o sujeito de direito. Tal atitude teve início com a Constituição de 1988, que trouxe dispositivos específicos voltados, por exemplo, às mulheres e às pessoas com deficiência.

Evolui, assim, o conceito de isonomia, que não mais permanece de forma passiva, punindo tratamentos excludentes e diferenciados de forma pontual, mas parte para uma situação de atividade ou, como afirmam Flávia Piovesan, Luciana Piovesan e Priscila Kei Sato[31], desponta no mundo social o sujeito de direito concreto, com especificidades e particularidades, e historicamente situado, substituindo o ser abstrato, genérico, destituído de cor, sexo, idade, classe social, entre outros critérios. Por isso identificar-se não mais o indivíduo genérica e abstratamente, mas sim o ente especificado em categorias relativas ao gênero, idade, etnia, raça, etc.

---

(29) MORAES, Maria Celina Bodin de. O conceito de dignidade humana: substrato axiológico e conteúdo normativo. In: SARLET, Ingo Wolfgang (Org.). *Constituição, Direitos Fundamentais e Direito Privado*. Porto Alegre: Livraria do Advogado, 2010. p. 139.

(30) Conforme nos ensina CESARINO JÚNIOR, A. F.; CARDONE, Marly A.: "A Legislação Social no Brasil começou decididamente após a Revolução de 1930. O Governo Provisório, sob a chefia de Getúlio Vargas, criou o Ministério do Trabalho, Indústria e Comércio, que principiou realmente a elaboração de nossas leis sociais". (*Direito Social*. 2. ed. São Paulo: LTr, 1993. v. I, p. 77).

(31) PIOVESAN, Flávia. *Temas de Direitos Humanos*. 6. ed. São Paulo: Saraiva, 2013.

É válido também ressaltar o caminho que vem sendo trilhado pela jurisprudência pátria, conforme bem exemplificam as seguintes ementas:

> STJ Súmula n. 377 — 22/04/2009 — DJe 05.05.2009 Portador de Visão Monocular — Vagas Reservadas aos Deficientes. O portador de visão monocular tem direito de concorrer, em concurso público, às vagas reservadas aos deficientes.
>
> Não ofende a qualquer princípio jurídico ou postulado de igualdade o ato judicial que autoriza o candidato, com pequena disfunção motora, a executar a prova de datilografia em máquina elétrica (STJ — 6ª T. — RMS n. 5.121 — 0/BA — Rel. Min. William Patterson, Diário da Justiça, Seção I, 15 abr. 1996. Ementário STJ, n. 15/516).

Além desses requisitos para se evitar que a discriminação seja arbitrária e fortuita, ou seja, que a peculiaridade diferencial utilizada tenha uma vinculação lógica com a desigualdade de tratamento que se queira aplicar, por fim deve-se ainda verificar se há concordância com os valores constitucionais.

Esta concordância encontra-se presente quando a correlação racional entre o fator de discrímem que serviu de supedâneo para tratamentos diferenciados, esteja amparada constitucionalmente, fundada em bem jurídico valioso na Carta Constitucional.

Valendo-nos de exemplo quanto a este último requisito referido, temos que, não estariam calcadas no princípio igualitário, desequiparações que se fizessem entre grandes grupos empresariais e empresas de porte médio, privilegiando os primeiros em detrimento das segundas, sob a justificativa de maior produtividade das grandes empresas com fomento ao desenvolvimento econômico realizado com menores desperdícios. Percebe-se aí, descumprimento dos valores constitucionais contidos no art. 173, § 4º, reprimidor de situações propiciatórias do domínio de mercados e da eliminação da livre concorrência, afastando-se da justiça social (art. 170, *caput*).

Assim, também, não se conceberia que uma escola favorecesse a admissão de alunos procedentes de determinada região e dificultasse aos provenientes de outras, para assegurar maior eficiência, já que os primeiros possuem desempenho superior aos demais. Tal atitude afrontaria o art. 19, III, da CF/88, que veda a distinção entre brasileiros, representando, portanto, sacrifício de direitos individuais insustentável para se tolerar o tratamento desigual.

Desse modo, não é qualquer fundamento racional que está apto a autorizar a desequiparação, sendo mister que esteja dentro dos interesses e valores jurídicos elevados à categoria constitucional, sob pena de resultar em discriminação odiosa e incompatível com o princípio igualitário.

Assim, também é necessário para as sociedades contemporâneas, que, ao lado da igualdade formal, seja promovida, por quem possa legislar e aplicar as leis, uma igualdade substancial, real, que considere as características pessoais de determinados sujeitos de direito, para compensar-lhes as desvantagens existentes quando concorrem com outros seres humanos, ou seja, as diferenças devem ser observadas e respeitadas, para que se possa exercer um verdadeiro direito à diferença[32].

## 2.3 PROTEÇÃO INTERNACIONAL DA IGUALDADE

Cabe, nesta oportunidade, uma vez que vamos falar do direito internacional, fazermos uma breve explanação sobre as distinções das expressões direitos humanos e/ou direitos fundamentais, muitas vezes utilizadas como sinônimos, mas que, na verdade, possuem âmbitos de positivação diferentes, apesar de termos em conta que os direitos fundamentais também são, em geral, atribuídos a pessoa humana.

A expressão "direitos fundamentais" se aplica aos direitos reconhecidos e normatizados na esfera do direito constitucional existente em determinado Estado, no âmbito interno, portanto, enquanto a nomenclatura "direitos humanos" tem relação com os tratados de direito internacional que preveem posições jurídicas de caráter universal, para todas as pessoas e em todos os lugares, independente da ordem jurídica constitucional a que estejam vinculadas. Assim, a noção de direitos humanos é mais ampla que a dos direitos fundamentais, sendo a que vamos nos ocupar neste item, para analisar a proteção internacional do princípio e regra da igualdade.

A preocupação com a positivação dos direitos humanos no âmbito da comunidade internacional, surgiu, com maior vigor, após a segunda grande guerra, finda em 1945, em razão da prática de inúmeras atrocidades e absurdo desrespeito aos direitos naturais do ser humano, como foi o caso do genocídio dos judeus e dos exilados políticos, que fugiram de seus países e passaram a viver em isolamento, sem ter garantidos seus direitos mínimos, por exemplo.

Em face de tais constatações, surgiram diversos tratados estabelecendo normas gerais e específicas para garantia dos direitos decorrentes da condição humana e, com maior razão ainda, em relação aos postulados da igualdade, na medida em que esta não é um fato presente no universo, como é, por exemplo, a dignidade, mas sim um construído, ou seja, a comunidade política precisa se organizar e convencionar que, apesar das características pessoais de cada ser, como visto no item anterior, estas diferenças não podem servir para inferiorização ou exclusão do exercício dos direitos de todas as dimensões[33].

---

(32) Em manifestação sobre o tema da igualdade, afirmou Flávia Piovesan: "O direito à igualdade material, o direito à diferença e o direito ao reconhecimento de identidades integram a essência dos direitos humanos, em sua dupla vocação em prol da afirmação da dignidade humana e da prevenção do sofrimento humano. A garantia da igualdade, da diferença e do reconhecimento de identidades é condição e pressuposto para o direito à autodeterminação, bem como para o direito ao pleno desenvolvimento das potencialidades humanas, transitando-se da igualdade abstrata e geral para um conceito plural de dignidades concretas". (PIOVESAN, Flávia. *Direitos Humanos e o Direito Constitucional internacional*. São Paulo: Saraiva, 2012. p. 259).

(33) "Hannah Arendt fundamenta o seu ponto de vista sobre os direitos humanos como invenção que exige a cidadania através de uma distinção ontológica que diferencia a esfera do privado da esfera do público. Para ela, a condição básica da ação e do discurso, em contraste com o labor e o trabalho, é o mundo comum da pluralidade humana. Esta tem uma característica ontológica dupla: a igualdade e a diferença.

Assim é que, como primeiro documento internacional a amparar o enunciado geral de igualdade, de forma eficaz, foi elaborada a Declaração Universal dos Direitos Humanos da ONU, assinada em Paris, em 10 de dezembro de 1948, tendo sido aprovada com 48 votos a favor, nenhum contra, e oito abstenções. Em seguida, no ano de 1966, foram criados os Pactos Internacionais, um sobre Direitos Civis e Políticos e outro sobre Direitos Econômicos, Sociais e Culturais, todos fazendo parte do sistema de proteção global do ser humano.

Houve, entre 1947 a 1966, no âmbito das Nações Unidas, uma fase chamada abstencionista, na medida em que a Declaração de 1948 possui natureza jurídica de uma proclamatória de normas, sem força cogente e, portanto, sem controle sobre a execução real de suas normas. Mais adiante, a partir de 1967, com a edição dos dois grandes pactos de 1966 (dos Direitos Civis e Políticos e dos Direitos Econômicos, Sociais e Culturais), teve início a etapa de natureza intervencionista com a preocupação de efetividade dos direitos humanos e, com eles, surgiu o de igualdade, acompanhada da previsão e realização de um controle internacional por parte dos organismos internacionais sobre as práticas locais dos estados-partes, para certificar o cumprimento das obrigações convencionais por eles contraídas.

Não foram poucas as resistências dos Estados quanto a essa intervenção e relativização de suas soberanias, tanto que a entrada em vigor dos Pactos internacionais somente ocorreu dez anos depois, em 1976, quando obtiveram o número de ratificações necessárias.

Por outro lado, o trabalho dos organismos internacionais em controlar o respeito aos direitos humanos e às normas ratificadas consiste em um trabalho de fiscalização e aposição em relatórios periódicos das situações encontradas, não havendo, verdadeiramente, um "direito de ingerência" como denominado por José Augusto Lindgren Alves[34]. No entanto, de acordo com decisões do Tribunal Internacional de Justiça, como nos dá notícia José Carlos Vieira de Andrade, o conteúdo da DUDH, apesar de não possuir força vinculativa, adquiriu, para vários autores, entre os quais Jorge Miranda, o valor de costume internacional ou de princípios gerais de direito comuns às nações civilizadas, considerando-se alguns de seus preceitos como norma cogente[35].

---

Se os homens não fossem iguais não poderiam entender-se. Por outro lado, se não fossem diferentes não precisariam nem da palavra, nem da ação para se fazerem entender. Ruídos seriam suficientes para comunicação de necessidades idênticas e imediatas. É com base nesta dupla característica da pluralidade humana que ela insere a *diferença* na esfera do privado e a *igualdade* na esfera do público". (grifo do autor) (LAFER, Celso. *A reconstrução dos Direitos Humanos*. Um diálogo com o pensamento de Hannah Arendt. Companhia das Letras: São Paulo, 1988. p. 151).

(34) LINDGREN, José Augusto. *Direitos Humanos como tema global*. São Paulo: Perspectiva, 2011. "Não há, pois, ameaças a soberania nacional, tal como definida por Jean Bodin desde o século XVI, no sistema de proteção dos direitos humanos das Nações Unidas. Ele tem caráter complementar e subsidiário, reconhecendo aos Estados a incumbência pela verdadeira proteção. O Brasil democrático coopera de maneira transparente com os relatores da Comissão de Direitos Humanos, por decisão soberana e consciente. Sabemos que seus objetivos são também os nossos. E numa sociedade livre não há alternativa ao diálogo e à transparência."

(35) ANDRADE, José Carlos Vieira de. *Os Direitos Fundamentais na Constituição Portuguesa de 1976*. 3. ed. Coimbra: Almedina, 2006. p. 31.

Esse entendimento também é defendido por Fábio Konder Comparato, após afirmar que peca por excesso de formalismo entender-se a DUDH como recomendação, pois, atualmente, o respeito aos direitos humanos é obrigação básica de todos os poderes instituídos, sejam oficiais ou não, independentemente de estarem declarados em constituições, leis ou tratados internacionais, por envolver a proteção da dignidade humana[36].

E continua o mesmo autor ao afirmar que os direitos integrantes da Declaração de 1948 condizem, em sua totalidade, ao que o costume e os princípios jurídicos internacionais concebem, atualmente, como normas imperativas de direito internacional geral (*jus cogens*) e, por fim, lembra que a própria Corte Internacional de Justiça tem perfilhado tal entendimento, exemplificando com caso julgado em 1980, quando a conduta de reter funcionários de embaixada norte-americana como reféns foi considerada atentatória aos princípios fundamentais enunciados na Declaração Universal dos Direitos Humanos, por violar a liberdade e submeter os seres humanos a constrangimentos físicos[37].

Parte da doutrina[38] ainda considera a natureza não vinculativa das disposições da Declaração Universal, visto que não assumiu a forma de um tratado de direito internacional, apesar da Convenção de Viena sobre o Direito dos Tratados de 1969 ter fixado que uma norma de direito internacional seria imperativa (*jus cogens*) quando é aceita e reconhecida pela comunidade internacional dos Estados como um todo, como norma da qual nenhuma derrogação é permitida e que só pode ser modificada por norma ulterior de Direito Internacional geral da mesma natureza, onde, a nosso ver, incluem-se as disposições da DUDH[39].

Diante disso, neste ponto estaria a natureza jurídica vinculante da DUDH, ainda reforçada pelo fato de que seus preceitos têm servido como fundamento para interpretação e aplicação do Direito interno dos Estados, inclusive em nosso País, conforme exemplifica a decisão proferida no RE 667534 DF-STF[40], além

---

(36) COMPARATO, Fábio Konder. *A afirmação histórica dos Direitos Humanos*. 6. ed. São Paulo: Saraiva, 2008. p. 227.

(37) *Ibidem*, p. 227-228.

(38) Conforme noticia MIRANDA, Jorge. *Manual de Direito Constitucional*. Coimbra: Coimbra Ed., 1988. v. 4, p. 203.

(39) Art. 53. Tratado em Conflito com uma Norma Imperativa de Direito Internacional Geral (*jus cogens*) — É nulo um tratado que, no momento de sua conclusão, conflite com uma norma imperativa de Direito Internacional geral. Para os fins da presente Convenção, uma norma imperativa de Direito Internacional geral é uma norma aceita e reconhecida pela comunidade internacional dos Estados como um todo, como norma da qual nenhuma derrogação é permitida e que só pode ser modificada por norma ulterior de Direito Internacional geral da mesma natureza. (Convenção de Viena sobre o Direito dos Tratados, ratificada pelo Brasil pelo Decreto n. 7.030/09).

(40) "(...) Os fatos, por si só, permitem concluir pela responsabilidade da União quanto à ilegitimidade do procedimento e motivo que levaram o esposo e pai dos Autores à prisão. A conduta dos agentes da União contraria diretamente o art. 9º da Declaração Universal dos Direitos Humanos, da qual o Brasil é signatário: (…) A reforma de tal entendimento demanda reexame dos fatos da causa, o que é vedado, em recurso especial, a teor do disposto na Súmula n. 7/STJ. (…) Ante o exposto, nego provimento ao agravo de instrumento (...)". (Relatora Min. Carmem Lúcia, julgamento em 18/03/2012, DJe-064 DIVULG 28.3.2012 PUBLIC 29.3.2012).

de ter influenciado as constituições elaboradas posteriormente, significando um padrão de conduta mínimo para todos os Estados que, quando desobedecido, gera uma desaprovação por parte da comunidade internacional, como também concluiu Flávia Piovesan[41].

Note-se, a título de exemplificar a resistência estatal ao controle do cumprimento dos direitos humanos, que o Estado brasileiro, no momento da adesão à Convenção Americana apresentou declaração interpretativa quanto aos artigos 43 e 48, *d*), da Convenção[42], não concordando com as visitas e inspeções *in loco* da Comissão Interamericana de Direitos Humanos de forma automática, sem a prévia concordância do Estado brasileiro, sendo o único dentre os vinte e cinco Estados que ratificaram a Convenção a mostrar restrições à plena vigência dos dispositivos citados.

Com essa nova era, surgem os seguintes mecanismos de controle (alguns criados pela Comissão de Direitos Humanos da ONU): o controle confidencial de situações e do direito individual de petição; o controle ostensivo de situações através de grupos especiais de peritos, de representante especial, de relatores especiais; o de controle temático — por exemplo, violência contra a mulher — por relatores individuais ou grupos de trabalho. Há, também, os órgãos de monitoramento dos Pactos e Convenções e o controle não autorizado pelo sistema interestatal, como o que é feito por organizações não governamentais e ativistas (Anistia Internacional, a *Human Rights Watch*, a Comissão Internacional de Juristas), além do controle por parte de países como os relatórios elaborados pelo Departamento de Estado dos EUA e os preparados pelo Parlamento Europeu.

Após a Declaração Universal de 1948, houve a ratificação pelo Brasil, da Convenção sobre a Eliminação de todas as formas de Discriminação contra a Mulher, em 1º de fevereiro de 1984 e, em 1989, da Convenção contra a Tortura e Outros Tratamentos Cruéis, Desumanos ou Degradantes, seguindo-se, a partir disso, a ratificação de muitos outros[43].

---

(41) "Ademais, a natureza jurídica vinculante da Declaração Universal é reforçada pelo fato de — na qualidade de um dos mais influentes instrumentos jurídicos e políticos do século XX — ter-se transformado, ao longo dos mais de cinquenta anos de sua adoção, em direito costumeiro internacional e princípio geral do Direito Internacional.". (PIOVESAN, Flávia. *Direitos Humanos e o Direito Constitucional Internacional*. 13. ed. São Paulo: Saraiva, 2012. p. 214).

(42) Disponível em: <http://www.cidh.oas.org/basicos/portugues/d.Convencao_Americana_Ratif..htm>.

(43) Entre os quais citamos: Convenção sobre os Direitos da Criança, em 24 de setembro de 1990; Pacto Internacional dos Direitos Civis e Políticos, em 24 de janeiro de 1992; Pacto Internacional dos Direitos Econômicos, Sociais e Culturais, também em 24 de janeiro de 1992; Convenção Americana de Direitos Humanos (Pacto de San José da Costa Rica), em 25 de setembro de 1992; Convenção Sobre a Eliminação de Todas as Formas de Discriminação contra a Mulher (CEDAW), sem reservas, em 22 de junho de 1994; Convenção Interamericana para Prevenir, Punir e Erradicar a Violência contra a Mulher (Convenção de Belém do Pará), em 27 de novembro de 1995; Convenção Interamericana para Eliminação de Todas as Formas de Discriminação contra Pessoas Portadoras de Deficiência, em 15 de agosto de 2001; Estatuto de Roma, que cria o Tribunal Penal Internacional, em 20 de junho de 2002; Convenção sobre os Direitos das Pessoas com Deficiência e seu Protocolo Facultativo, em 1º de agosto de 2008; Convenção Internacional para a Proteção de todas as Pessoas contra o Desaparecimento Forçado, em 29 de novembro de 2010.

Além disso, é válido ainda ressaltar, por possuir maior pertinência com nosso tema, que a Organização Internacional do Trabalho (OIT) foi criada antes da própria DUDH, em 1919, após o fim da Primeira Guerra Mundial, quando foi aprovado o Tratado de Versalhes. A OIT possui várias Convenções Internacionais, que a partir de sua ratificação passam a ter força normativa dentro dos Estados--membros, possuindo as principais normas internacionais aplicadas nos casos de discriminação no trabalho, como será melhor explicitado adiante, no item 2.3.3.

### 2.3.1 Sistema de proteção da ONU

A Declaração Internacional dos Direitos Humanos, logo em seu preâmbulo, justifica suas normas na necessidade de reconhecimento a todos os seres humanos de direitos iguais e inalienáveis como fundamento da liberdade, da justiça e da paz no mundo, e continua, em seguida, para afirmar a crença que os povos das Nações Unidas possuem nos direitos humanos fundamentais, na dignidade, no valor da pessoa humana e na igualdade de direitos dos homens e das mulheres, para promoção do progresso social.

Verifica-se, assim, que o documento histórico da ONU em análise, provocado pelas barbáries ocorridas ao longo da Segunda Guerra Mundial, e retomando os ideais da Revolução Francesa, elaborou normas gerais recomendatórias sobre direitos humanos, incluindo os valores supremos da igualdade, da liberdade e da fraternidade entre os homens, que foram, gradativamente, por todo o século XX, integrando as Constituições internas dos Estados-membros, incluindo a brasileira de 1988 e, também, Convenções e Tratados Internacionais, passando, assim, a possuírem força obrigatória dentro de cada País.

No artigo I da DUDH é reconhecido que "todas as pessoas nascem livres e iguais em dignidade e direitos", o que corresponde, assim, como visto anteriormente, à mesma dignidade que existe intrinsecamente em todos os seres humanos, como valor inerente da pessoa humana, e à igualdade de direitos, apesar da existência de características pessoais, de ordem biológica e cultural, diferentes, como vem descrito nos artigos subsequentes. E continua o dispositivo recomendando que as pessoas devem agir em relação umas a outras com espírito de fraternidade, consignando os ideais franceses de 1789, esta feita em escala universal.

Vale aqui citar Fábio Konder Comparato, ao referir que, nesse artigo, a DUDH "proclama os três princípios axiológicos fundamentais em matéria de direitos humanos: a liberdade, a igualdade e a fraternidade"[44].

A obrigação universal de tratamento igualitário também está consagrada nos artigos II (previsão de não discriminação para gozo dos direitos e liberdades humanas); VII (previsão da igualdade formal, e se refere diretamente a discriminação); X (igualdade no acesso a justiça) e XVI (igualdade de direitos no

---

(44) COMPARATO, Fábio Konder. *A afirmação histórica dos Direitos Humanos*. 6. ed. São Paulo: Saraiva, 2008. p. 228.

casamento entre o homem e a mulher)[45]. Além desses dispositivos, ao longo de toda a DUDH há a redação constante "toda pessoa", demonstrando, que todo o documento baseia-se sempre no princípio igualitário.

O grande golpe contra a dignidade humana consiste em tratar o outro (uma pessoa ou um grupo) como um ser humano inferior, sob a justificativa da diversidade de etnia, gênero, costumes ou situação patrimonial, inclusive pelo fato de que certas diferenças humanas não são deficiências, mas, contrariamente, causas de potencialidades pessoais a merecer proteção e estímulo.

No que pertine ao ponto que mais nos interessa no presente estudo, qual seja, o direito de todos a um trabalho decente e ao significado dos sindicatos no exercício desses direitos, a Declaração de 1948 separa os artigos XXIII e XXIV para estabelecer planos gerais nas relações de trabalho, ao garantir que todas as pessoas têm direito ao trabalho, à livre escolha de emprego, a condições justas e favoráveis de trabalho e à proteção contra o desemprego, bem como direito a igual remuneração por igual trabalho, sem qualquer distinção. É garantida, também, uma remuneração justa e satisfatória pelo trabalho realizado, que assegure ao obreiro, assim como à sua família, uma existência compatível com a dignidade humana, e a que se acrescentarão, se necessário, outros meios de proteção social, além de estar expresso o direito a organizar sindicatos e neles ingressar para proteção de seus interesses (art. XXIII), e o direito a repouso e lazer, inclusive, a limitação razoável das horas de trabalho e férias periódicas remuneradas (art. XXIV).

O presente documento internacional, ao falar em trabalhador de forma genérica, engloba tanto os da iniciativa privada quanto do setor público.

Conforme Ingo Wolfgang Sarlet[46], consoante tais recomendações, verifica-se uma clara preocupação da DUDH em proteger o trabalhador contra práticas abusivas e degradantes. E acrescenta o autor, que o mesmo teor estabelecido nas normas citadas foi mantido no conteúdo do Pacto Internacional dos Direitos Econômicos, Sociais e Culturais (PIDESC) de 1966, bem como na Declaração Americana de Direitos e Deveres do Homem (1948) e no Protocolo de "San Salvador", adicional a esta última, além de outros diplomas, como a Carta dos Direitos Fundamentais da União Europeia, por exemplo.

---

(45) Toda pessoa tem capacidade para gozar os direitos e as liberdades estabelecidos nesta Declaração, sem distinção de qualquer espécie, seja de raça, cor, sexo, língua, religião, opinião política ou de outra natureza, origem nacional ou social, riqueza, nascimento, ou qualquer outra condição (II). Todos são iguais perante a lei e têm direito, sem qualquer distinção, a igual proteção da lei. Todos têm direito a igual proteção contra qualquer discriminação que viole a presente Declaração e contra qualquer incitamento a tal discriminação (VII). Toda pessoa tem direito, em plena igualdade, a uma audiência justa e pública por parte de um tribunal independente e imparcial, para decidir de seus direitos e deveres ou do fundamento de qualquer acusação criminal contra ele (X). Os homens e mulheres de maior idade, sem qualquer restrição de raça, nacionalidade ou religião, têm o direito de contrair matrimônio e fundar uma família. Gozam de iguais direitos em relação ao casamento, sua duração e sua dissolução (XVI).

(46) SARLET, Ingo Wolfgang; MARINONI, Luiz Guilherme; MITIDIERO, Daniel. *Curso de Direito Constitucional*. São Paulo: Revista dos Tribunais, 2012. p. 602.

Diante do direito internacional apreciado, denota-se que muitos dos direitos reconhecidos ao trabalhador, no caso do Brasil, estavam determinados desde a Consolidação das Leis do Trabalho (CLT), em vigor a partir de 10 de novembro de 1943 (Dec.-lei n. 5.452), como o direito a igual remuneração por igual trabalho (art. 461); à organização de sindicatos para defesa de interesses (arts. 511/625), bem como limitação da jornada (art. 58) e férias anuais remuneradas (art. 129).

Além dos destaques feitos sobre a DUDH, é válido também citarmos que a mesma fez opção expressa pela democracia como único regime político compatível com o respeito aos direitos humanos, conforme texto do artigo XXI. Por outro lado, o art. XXIX, trouxe o embrião da eficácia horizontal dos direitos humanos fundamentais, tão em voga nos últimos tempos, ao estabelecer que todo homem também tem deveres na comunidade em que vive, cabendo--lhe reconhecer e respeitar os direitos e liberdades de outrem e de cumprir as exigências da moral, da ordem pública e do bem estar social.

Seguindo-se à Declaração Universal, ainda dentro do sistema de proteção da ONU, e como segunda etapa do trabalho que seria desenvolvido pela Comissão de Direitos Humanos, qual seja a elaboração de um documento mais vinculante, surgiram o Pacto Internacional sobre Direitos Civis e Políticos e o Pacto Internacional sobre Direitos Econômicos, Sociais e Culturais, sendo anexados Protocolos Facultativos a cada um, atribuindo ao Comitê de Direitos Humanos lá criado, competência para receber e processar denúncias individuais de violação de direitos humanos, contra qualquer dos Estados-Partes, além do controle por meio de relatórios.

Os dois Pactos foram ratificados pelo Brasil com o Decreto Legislativo n. 226, de 12 de dezembro de 1991, e promulgados pelo Decreto n. 592, de 6 de dezembro de 1992 e serviram, basicamente, para "incorporar os dispositivos da Declaração Universal sob a forma de preceitos juridicamente obrigatórios e vinculantes"[47], como observou Flávia Piovesan.

Os direitos humanos consagrados na Declaração foram divididos em dois Tratados separados por motivos diplomáticos, pois os países ocidentais queriam o reconhecimento somente das liberdades individuais clássicas, que protegem o indivíduo contra interferências injustas dos Estados na vida privada, enquanto que os países comunistas e os africanos davam maior importância aos direitos sociais e econômicos, que visam políticas públicas de apoio às classes necessitadas.

Ficou, ainda, prevista a atuação fiscalizadora do Comitê de Direitos Humanos e do Comitê de Direitos Econômicos, Sociais e Culturais, porém sem poderes, para formular uma condenação do Estado responsável pela violação desses direitos, pois o descumprimento da decisão do Comitê não gera qualquer efeito, visto que não exerce as funções jurisdicionais, salvo no plano político, mediante

---

(47) PIOVESAN, Flávia. *Direitos Humanos e o Direito Constitucional Internacional*. 13. ed. São Paulo: Saraiva, 2012. p. 242.

o chamado *power of embarrassment,* ou seja, o constrangimento político e moral que uma referência negativa no Relatório anual do Órgão fiscalizador pode resultar.

Ainda que possuam grande quantidade de metas, os acordos internacionais assinados pelos Estados funcionam como instrumento de pressão, a fim de que os governos alcancem resultados concretos nos setores em que assumiram o compromisso internacional, e sua devida aplicação pode mudar o cotidiano de todos nós, conforme opinião expressada por Nadine Gasman, representante da ONU Mulheres no Brasil, em 08 de março de 2014.[48]

É válido ressaltarmos também sobre a previsão inédita no direito internacional, trazida nos Protocolos Facultativos dos dois Pactos, no sentido de admitir petições individuais formuladas pelas próprias vítimas de violações de direitos garantidos pelo Pacto. Todavia, para que o sistema de denúncias se aplique é necessário que o denunciante esteja sob a jurisdição de um Estado que tenha ratificado tanto o Pacto quanto o seu Protocolo Facultativo. O Brasil, por exemplo, ratificou o Protocolo Facultativo relativo ao Pacto Internacional dos Direitos Civis e Políticos, em 25 de setembro de 2009, e até maio de 2011, o referido Protocolo contava com a adesão de 113 Estados-partes.

Quanto aos Direitos Econômicos, Sociais e Culturais, declarou-se que estes seriam realizados progressivamente, de acordo com os recursos disponíveis em cada Estado, uma vez que envolvem programas de ação estatal, enquanto os direitos civis e políticos possuem autoaplicabilidade, devendo ser assegurados desde logo pelo Estado, sem desculpas ou delongas.

Sobre o assunto, observa Flávia Piovesan que, pelos termos transcritos nos dois Pactos, o dos Direitos Civis e Políticos determina direitos dirigidos aos indivíduos, e o segundo, dos Direitos Econômicos, Sociais e Culturais, prevê deveres endereçados aos Estados. E conclui a autora afirmando: "Enquanto o primeiro Pacto determina que 'todos têm direito a...' ou 'ninguém poderá...', o segundo Pacto usa a fórmula 'os Estados-partes reconhecem o direito de cada um a...'".[49]

O Protocolo Facultativo em relação ao PIDESC entrou em vigor internacionalmente em 05 de maio de 2013, três meses após a décima ratificação, porém o Brasil ainda não o ratificou.

Cumpre-nos ainda salientar que, apesar da separação dos direitos humanos em dois tratados, como se houvesse uma separação dos direitos humanos em duas classes, a ONU confirmou a concepção unitária dos mesmos, visto que em 1968, na Conferência Mundial de Teerã e, mais recentemente, na Declaração e Programa de Ação[50] adotada pela Conferência de Viena, de 1993,

---

(48) Disponível em: <http://www1.folha.uol.com.br/mundo/2014/03/1422376-opiniao-dia-da-mulher-nao-e-momento-para-reforcar-estereotipos.shtml>.

(49) PIOVESAN, Flávia. Direitos Humanos e o Direito Constitucional Internacional. 13. ed. São Paulo: Saraiva, 2012. p. 243.

(50) "5. Todos os direitos humanos são universais, indivisíveis, interdependentes e inter-relacionados. A comunidade internacional deve tratar os direitos humanos globalmente de forma justa e equitativa, em pé de igualdade e com a mesma ênfase. As particularidades nacionais e regionais devem ser levadas

com o reconhecimento da sua indivisibilidade e interdependência, afirmando a impossibilidade da realização dos direitos civis e políticos sem o gozo dos direitos econômicos, sociais e culturais.

Na mesma direção, também, no preâmbulo dos dois Pactos, há referência a que

> em conformidade com a Declaração Universal dos Direitos do Homem, o ideal do ser humano livre, no gozo das liberdades civis e políticas e liberto do temor e da miséria, não pode ser realizado a menos que se criem as condições que permitam a cada um gozar de seus direitos civis e políticos, assim como de seus direitos econômicos, sociais e culturais.

A indivisibilidade e interdependência dos direitos humanos é reconhecida da mesma forma pelo Estado Brasileiro, em documentos oficiais encaminhados às Nações Unidas[51], como o relatório de monitoramento 2008-2010 do cumprimento da CDPD, e no Plano Nacional de Direitos Humanos, em sua terceira versão[52].

Sob a ótica do princípio da igualdade e sua proteção, serão aqui abordados os dispositivos dos Pactos, sem esgotar todos os direitos e princípios estabelecidos para não fugir à temática do presente estudo.

Ressalte-se, inicialmente, quanto ao Pacto Internacional dos Direitos Econômicos, Sociais e Culturais (PIDESC), que este se mostra como o principal instrumento jurídico internacional de defesa, implementação e garantia dos direitos de segunda dimensão e fundamenta-se, consoante é expresso em seu preâmbulo, nos princípios da dignidade da pessoa humana e da igualdade e não discriminação.

Os arts. 2º e 3º do Pacto Internacional dos Direitos Civis e Políticos, cujas disposições também são repetidas nos mesmos artigos do Pacto dos Direitos Econômicos, Sociais e Culturais, tratam do compromisso dos Estados-partes em tratar os seres humanos com isonomia em razão da igual dignidade inerente a todos. Dispõem, entre outros pontos, sobre o direito à diferença, ao referirem que características pessoais peculiares a cada um não podem servir de motivos para tratamento excludente da garantia dos direitos humanos.

E neste quesito, Yara Maria Pereira Gurgel[53], ao se referir à efetividade dos direitos de segunda dimensão, que trazem obrigações mediatas e imediatas

---

em consideração, assim como os diversos contextos históricos, culturais e religiosos, mas é dever dos Estados promover e proteger todos os direitos humanos e liberdades fundamentais, independentemente de seus sistemas políticos, econômicos e culturais."

(51) Disponível em: <http://portal.mj.gov.br/sedh/corde/relatorio.pdf>.

(52) "33. A terceira versão do Programa Nacional de Direitos Humanos — PNDH-3 representou mais um passo no processo histórico de consolidação das orientações para concretizar a promoção dos Direitos Humanos no Brasil. Entre seus avanços mais robustos, destaca-se a transversalidade e inter-ministerialidade de suas diretrizes, de seus objetivos estratégicos e de suas ações programáticas, na perspectiva da universalidade, indivisibilidade e interdependência dos direitos. O debate público, em escala nacional, para elaboração do PNDH-3 coincidiu com os 60 anos da Declaração Universal dos Direitos Humanos e com a realização da 11ª Conferência Nacional dos Direitos Humanos" (11ª CNDH), p. 07.

(53) GURGEL, Yara Maria Pereira. *Direitos Humanos, princípio da igualdade e não discriminação*. Sua aplicação às relações de trabalho. São Paulo: LTr, 2010. p. 84-85.

para seu cumprimento, muitos dependendo de políticas públicas estatais para se fazerem reais, afirma que, no pertinente ao princípio da igualdade e não discriminação, não há progressividade, devendo ser implementado desde o momento da vigência da norma, sendo que sua aplicação material está vinculada à realização dos direitos de segunda dimensão.

A previsão internacional envolve ainda a segurança de tratamento igualitário entre o homem e a mulher em relação a todos os direitos enunciados no Pacto, interessando-nos aqui especialmente, quando no PIDESC é determinado que "em particular, as mulheres deverão ter a garantia de condições de trabalho não inferiores às dos homens e receber a mesma remuneração que ele por trabalho igual;" (art. 7º, alínea *a*), subalínea *i*, do Pacto). Contudo, apesar do enunciado internacional vinculador do nosso país, já integrantes da legislação interna, esta ainda é uma situação corriqueiramente encontrada nas relações de trabalho, e que deve continuar sendo combatida por todas as frentes possíveis e com a contribuição de todos os atores sociais.

Lembra Fábio Konder Comparato[54] que a discriminação antifeminina é também fruto da reiterada denegação do direito à diferença, ou seja, a recusa de algumas pessoas em respeitar as características biológicas e os valores culturais presentes no universo feminino e que, nas duas situações, essa discriminação arbitrária normalmente baseia-se em tradições culturais sem justificação ética, tornando-se ainda mais perigosas quando são aceitas e defendidas pelas próprias mulheres, como se fossem maneiras de proteger suas peculiaridades, e pelos homens, que sempre as tratam como submissas.

Vale a pena ressaltar, logo neste momento, que o Brasil é signatário, desde 1984, da Convenção da ONU sobre a Eliminação de todas as formas de Discriminação contra a Mulher (CEDAW), adotada em 1979, que define a discriminação contra a mulher como toda distinção, exclusão ou restrição baseada no sexo e que tenha por objeto ou resultado prejudicar ou anular o reconhecimento, gozo ou exercício pela mulher, independentemente de seu estado civil, dos direitos humanos e liberdades fundamentais na seara política, econômica, social, cultural e civil ou em qualquer outro campo (Art. 1º da CEDAW).

Especificamente quanto ao emprego, o artigo 11 da CEDAW determina diversas obrigações aos Estados signatários, dentre as quais se destacam a garantia do direito a igualdade salarial em relação aos homens, por um trabalho de igual valor, proteção da maternidade, ascensão profissional, capacitação, entre outras que devem ser promovidas nos respectivos territórios[55].

---

(54) COMPARATO, Fábio Konder. *A afirmação histórica dos Direitos Humanos*. 6. ed. São Paulo: Saraiva, 2008. p. 290.

(55) Artigo 11 — 1. Os Estados-partes adotarão todas as medidas apropriadas para eliminar a discriminação contra a mulher na esfera do emprego a fim de assegurar, em condições de igualdade entre homens e mulheres, os mesmos direitos, em particular: a) o direito ao trabalho como direito inalienável de todo ser humano; b) o direito às mesmas oportunidades de emprego, inclusive a aplicação dos mesmos critérios de seleção em questões de emprego; c) o direito de escolher livremente profissão e emprego, o direito à promoção e à estabilidade no emprego e a todos os benefícios e outras condições de serviço, e o direito ao

O controle do cumprimento da referida Convenção era somente por meio de relatórios dos países signatários, que são encaminhados e avaliados pelo Comitê sobre a Eliminação de todas as Formas de Discriminação contra a Mulher criado pela mesma norma internacional. Em 1999, foi então adotado o Protocolo Facultativo à Convenção, ampliando a competência do Comitê para receber e examinar petições individuais, podendo, ainda, realizar investigações no local do dano, este documento foi ratificado pelo Brasil em 2002.

Da mesma maneira, no sentido de proteção da igualdade, desta feita de forma mais ampla, o mesmo art. 7º, alínea *a*), subalínea *c*, do PIDESC, prescreveu que as condições de trabalho reconhecidas pelos Estados-partes devem assegurar "igual oportunidade para todos de serem promovidos, em seu trabalho, á categoria superior que lhes corresponda, sem outras considerações que as de tempo de trabalho e capacidade;". Exige-se, portanto, o tratamento igualitário durante o desenvolvimento da relação de trabalho, sendo vedada a exclusão de determinadas pessoas e/ou grupos para ascensão profissional, sem que sejam demonstrados os critérios objetivos de tempo de serviço e capacidade citados no texto internacional.

Ainda no tema igualdade, o art. 18 do PIDCP declara a liberdade de todos em escolher uma religião e o direito de não sofrer medidas coercitivas por esse motivo, o que configuraria discriminação por intolerância religiosa, uma vez que a previsão é ampla e não dispõe quais seriam as coerções vedadas.

O art. 26 do PIDCP[56] traz norma inderrogável de garantia de igualdade perante a lei e proteção contra a discriminação, não podendo sequer ser afastada nos casos de decretação de estado de emergência, como estabelecido no próprio Pacto (art. 4º)[57].

---

acesso à formação e à atualização profissionais, incluindo aprendizagem, formação profissional superior e treinamento periódico; d) o direito a igual remuneração, inclusive benefícios, e igualdade de tratamento relativa a um trabalho de igual valor, assim como igualdade de tratamento com respeito à avaliação da qualidade do trabalho; e) o direito à seguridade social, em particular em casos de aposentadoria, desemprego, doença, invalidez, velhice ou outra incapacidade para trabalhar, bem como o direito a férias pagas; f) o direito à proteção da saúde e à segurança nas condições de trabalho, inclusive a salvaguarda da função de reprodução. 2. A fim de impedir a discriminação contra a mulher por razões de casamento ou maternidade e assegurar a efetividade de seu direito a trabalhar, os Estados-partes tomarão as medidas adequadas para: a) proibir, sob sanções, a demissão por motivo de gravidez ou de licença-maternidade e a discriminação nas demissões motivadas pelo estado civil; b) implantar a licença-maternidade, com salário pago ou benefícios sociais comparáveis, sem perda do emprego anterior, antiguidade ou benefícios sociais; c) estimular o fornecimento de serviços sociais de apoio necessários para permitir que os pais combinem as obrigações para com a família com as responsabilidades do trabalho e a participação na vida pública, especialmente mediante o fomento da criação e desenvolvimento de uma rede de serviços destinada ao cuidado das crianças; d) dar proteção especial às mulheres durante a gravidez nos tipos de trabalho comprovadamente prejudiciais a elas.

(56) Todas as pessoas são iguais perante a lei e têm direito, sem discriminação alguma, a igual proteção da Lei. A este respeito, a lei deverá proibir qualquer forma de discriminação e garantir a todas as pessoas proteção igual e eficaz contra qualquer discriminação por motivo de raça, cor, sexo, língua, religião, opinião política ou de outra natureza, origem nacional ou social, situação econômica, nascimento ou qualquer outra situação.

(57) Art. 4º — 1. Quando situações excepcionais ameacem a existência da nação e sejam proclamadas oficialmente, os Estados Partes do presente Pacto podem adotar, na estrita medida exigida pela situação,

Além do Sistema Global de Proteção aos Direitos Humanos, e ainda dentro do sistema da ONU, foram elaborados outros tratados internacionais direcionados a proteção de grupos vulneráveis específicos, formando o Sistema Especial de Proteção, com vistas a defesa das minorias, especificamente em relação a gênero, raça, idade e etnia.

Assim é que surgiram a Convenção sobre a Eliminação de Todas as Formas de Discriminação contra a Mulher (CEDAW), comentada nesse item, ratificada pelo Brasil; a Convenção sobre a Eliminação de Todas as Formas de Discriminação Racial, ratificada pelo Brasil em 1968; Convenção Internacional sobre a Proteção dos Direitos de Todos os Trabalhadores Migrantes e Membros de sua Família, não ratificada pelo Brasil, e a Convenção sobre os Direitos das Pessoas com Deficiência, ratificada pelo Brasil em Agosto de 2009 como emenda constitucional, com o quórum qualificado do § 3º, do art. 5º, da CRFB.

Em todas essas normas internacionais específicas a ONU buscou reafirmar a igual dignidade presente nos seres humanos integrantes desses grupos, mais comumente alvos de exclusão social, ressaltando-se a necessidade de que sejam tratados com isonomia por todos e pelo Estado, que deve implementar políticas de compensação da discriminação histórica e promoção da igualdade material.

Nessas Convenções citadas, há previsão do uso das ações afirmativas, tais como as medidas previstas no art. 1º, item 4 e art. 2º, item 2, da Convenção sobre a Discriminação Racial[58], no art. 27, 1, *h*), da Convenção sobre os Direitos das Pessoas com Deficiência[59], e no art. 4º da CEDAW[60]. Em todo o conteúdo

---

medidas que suspendam as obrigações decorrentes do presente Pacto, desde que tais medidas não sejam incompatíveis com as demais obrigações que lhes sejam impostas pelo Direito Internacional e não acarretem discriminação alguma apenas por motivo de raça, cor, sexo, língua, religião ou origem social. 2. A disposição precedente não autoriza qualquer suspensão dos artigos 6, 7, 8 (parágrafos 1 e 2) 11, 15, 16, e 18.

[58] "4. Não serão consideradas discriminação racial as medidas especiais tomadas com o único objetivo de assegurar progresso adequado de certos grupos raciais ou étnicos ou indivíduos que necessitem da proteção que possa ser necessária para proporcionar a tais grupos ou indivíduos igual gozo ou exercício de direitos humanos e liberdades fundamentais, contanto que, tais medidas não conduzam, em consequência, à manutenção de direitos separados para diferentes grupos raciais e não prossigam após terem sidos alcançados os seus objetivos.

"2. Os Estados Parte tomarão, se as circunstâncias o exigirem, nos campos social, econômico, cultural e outros, as medidas especiais e concretos para assegurar como convier o desenvolvimento ou a proteção de certos grupos raciais de indivíduos pertencentes a estes grupos com o objetivo de garantir-lhes, em condições de igualdade, o pleno exercício dos direitos do homem e das liberdades fundamentais. Essas medidas não deverão, em caso algum, ter a finalidade de manter direitos desiguais ou distintos para os diversos grupos raciais, depois de alcançados os objetivos em razão dos quais foram tomadas.

[59] "1.Os Estados Partes reconhecem o direito das pessoas com deficiência ao trabalho, em igualdade de oportunidades com as demais pessoas. Esse direito abrange o direito à oportunidade de se manter com um trabalho de sua livre escolha ou aceitação no mercado laboral, em ambiente de trabalho que seja aberto, inclusivo e acessível a pessoas com deficiência. Os Estados Partes salvaguardarão e promoverão a realização do direito ao trabalho, inclusive daqueles que tiverem adquirido uma deficiência no emprego, adotando medidas apropriadas, incluídas na legislação, com o fim de, entre outros: h) Promover o emprego de pessoas com deficiência no setor privado, mediante políticas e medidas apropriadas, que poderão incluir programas de ação afirmativa, incentivos e outras medidas;"

[60] "Art. 4º. 1. A adoção, pelos Estados Partes, de medidas especiais de caráter temporário visando acelerar a vigência de uma igualdade de fato entre homens e mulheres não será considerada discriminação,

das mesmas, há disposições sobre igualdade e não discriminação em todos os setores sociais, valendo citar, na saúde, na educação, no trabalho, na reabilitação profissional, no lazer, no esporte, entre outros, sempre com a obrigação estatal de garantir e promover tais direitos.

Ademais, em seus respectivos Protocolos Facultativos, há a previsão do monitoramento do cumprimento dos preceitos lá contidos, pelos Comitês respectivos, não só por meio dos relatórios encaminhados periodicamente pelos Estados signatários, mas também por denúncias individuais ou grupais das pessoas que sofreram os atos discriminatórios e/ou seus representantes.

Porém, é na esfera da OIT — Organização Internacional do Trabalho onde há a maior e mais eficaz fonte normativa internacional direcionada ao direito do trabalho e à proteção do trabalhador, já que envolve um subsistema dedicado à produção de normas vinculantes, diretrizes e critérios e penalidades em termos de controle do cumprimento do teor das Convenções por parte dos Estados que as ratificaram, o que será visto mais à frente.

### 2.3.2 Sistema regional de proteção — OEA

Ao lado do Sistema de Proteção dos Direitos Humanos da ONU (sistema global), temos ainda, no caso dos Estados americanos, um sistema regional, o Sistema Interamericano de Proteção, elaborado de acordo com fatores geográficos, tal como ocorre também com os estados europeus e africanos.

O organismo internacional que dirige o Sistema Interamericano é a Organização dos Estados Americanos (OEA), formada pelos países das Américas e do Caribe, em 1959, com o intuito de promoção dos direitos humanos, de cooperação regional entre os Estados-membros em busca do desenvolvimento econômico, social e cultural e a conquista da democracia e da justiça social, pois muitos Estados da região, à época, não eram democráticos, e viviam sob regimes ditatoriais.

Como concluído por Flávia Piovesan: "O sistema regional interamericano simboliza a consolidação de um 'constitucionalismo regional', que objetiva salvaguardar direitos humanos no plano interamericano"[61]. (grifo do autor).

O principal instrumento do sistema interamericano é a Convenção Americana de Direitos Humanos, também conhecida como Pacto de San José da Costa Rica, que entrou em vigor em 1978, e foi ratificada pelo Brasil em 1992, somente

---

tal como definido nesta Convenção, mas de nenhuma maneira implicará, como consequência, na manutenção de normas desiguais ou distintas; essas medidas deverão ser postas de lado quando os objetivos de igualdade de oportunidade e tratamento tiverem sido atingidos. 2. A adoção, pelos Estados Partes, de medidas especiais, incluindo as previstas na presente Convenção, destinadas a proteger a maternidade, não será considerado discriminação."

(61) PIOVESAN, Flávia. *Temas de Direitos Humanos.* 6. ed. São Paulo: Saraiva, 2013. p. 93.

podendo aderir à Convenção os Estados-membros da OEA. Em seu texto, há o reconhecimento e garantia de vários direitos civis e políticos, dentre os quais consta o direito a igualdade perante a lei[62].

A Convenção Americana simboliza a força de um consenso sobre garantias mínimas e não um máximo a ser protegido, possuindo a dúplice finalidade de promover e impulsionar avanços no ordenamento interno dos Estados e a prevenção de retrocessos no regime existente quanto à garantia de direitos humanos.

Quanto aos direitos econômicos, sociais e culturais, estes não foram previstos de forma específica no texto da Convenção Americana, que apenas estabeleceu de forma geral, em seu Capítulo III, art. 26, que os Estados devem buscar a progressiva efetividade desses direitos, na medida dos recursos disponíveis, adotando providências tanto no âmbito interno como mediante cooperação internacional[63].

Ressalte-se, ainda, como referido anteriormente, que o Estado brasileiro, no momento da adesão à Convenção Americana apresentou declaração interpretativa quanto aos arts. 43 e 48, *d*), não concordando com as visitas e inspeções *in loco* da Comissão Interamericana de Direitos Humanos de forma automática, sem a prévia concordância do Estado brasileiro, sendo o único dentre os vinte e cinco Estados que ratificaram a Convenção a mostrar restrições à plena vigência dos dispositivos citados.

Aqui também é previsto, além dos relatórios periódicos dos Estados, o direito de petição individual do lesado, ou de quem o represente, ou ainda de entidade não governamental, à Comissão Interamericana de Diretos Humanos que possui competência para examiná-los e, pelo trabalho que esta Comissão vem realizando desde a época da existência dos regimes ditatoriais, tem exercido relevante papel no processo de democratização das Américas.

Flávia Piovesan, ao se referir à atuação da Comissão Interamericana e ao impacto da litigância internacional no âmbito brasileiro, afirma que "os casos submetidos à Comissão Interamericana têm apresentado relevante impacto no que tange à mudança de legislação e de políticas públicas de direitos humanos, propiciando significativos avanços internos"[64], e passa a exemplificar as situações onde houve progresso decorrente de decisões da Comissão, entre os quais está o da edição da Lei Maria da Penha (Lei n. 11.340/2006), que visa

---

(62) Artigo 24 — Igualdade perante a lei. Todas as pessoas são iguais perante a lei. Por conseguinte, têm direito, sem discriminação alguma, à igual proteção da lei. Disponível em: <http://www.pge.sp.gov.br/centrodeestudos/bibliotecavirtual/instrumentos/sanjose.htm>.

(63) Art. 26 — Os Estados-partes comprometem-se a adotar as providências, tanto no âmbito interno, como mediante cooperação internacional, especialmente econômica e técnica, a fim de conseguir progressivamente a plena efetividade dos direitos que decorrem das normas econômicas, sociais e sobre educação, ciência e cultura, constantes da Carta da Organização dos Estados Americanos, reformada pelo Protocolo de Buenos Aires, na medida dos recursos disponíveis, por via legislativa ou por outros meios apropriados. Disponível em: <http://www.pge.sp.gov.br/centrodeestudos/bibliotecavirtual/instrumentos/sanjose.htm>.

(64) PIOVESAN, Flávia. *Temas de Direitos Humanos*. 6. ed. São Paulo: Saraiva, 2013. p. 97-98.

erradicar a violência contra a mulher e resultou da condenação do Brasil por violência doméstica sofrida pela vítima Maria da Penha Maia Fernandes, caso submetido à Comissão.

Apesar das normas integrantes da Convenção Americana de Direitos Humanos possuírem uma proteção aberta e ampla envolvendo a dignidade inerente, a liberdade e a igualdade, podendo, inclusive em alguns casos, abarcar direitos econômicos, sociais e culturais, ainda que não especificados (até porque há a obrigação dos Estados em promovê-los progressivamente — art. 26), foi elaborado também pelo sistema regional um Protocolo Adicional à Convenção, chamado Protocolo de San Salvador, que entrou em vigor em 1999 (com a 11ª ratificação), inclusive no Brasil, que o tinha ratificado desde 21 de Agosto de 1996, com a especificação da garantia daqueles direitos de segunda dimensão.

O Protocolo de San Salvador complementou o principal documento da OEA, enunciando direitos econômicos, sociais e culturais, entre os quais destacamos, por maior interesse no presente estudo os seguintes: o direito ao trabalho e a justas condições de trabalho; a liberdade sindical[65] e os direitos das pessoas com deficiência.

Destacamos, ainda, que o direito à igualdade e não discriminação veio em forma de obrigação no art. 3º, com a seguinte regra: "Os Estados Partes neste Protocolo comprometem-se a garantir o exercício dos direitos nele enunciados, sem discriminação alguma por motivo de raça, cor, sexo, idioma, religião, opiniões políticas ou de qualquer outra natureza, origem nacional ou social, posição econômica, nascimento ou qualquer outra condição social".

Em seguida, nos arts. 6º e 7º, o Protocolo assegura o compromisso subscrito pelos Estados-Partes de garantir boas condições de trabalho, com igual remuneração para trabalhos iguais; de proteção da família para permitir o acesso da mulher ao mercado de trabalho; o direito à promoção e capacitação, esta especialmente direcionada às pessoas com deficiência, além de outras garantias, visando o pleno emprego e a real efetividade do direito do trabalho.

Importante ressaltar que, mais uma vez, no art. 18, o tratado adicional prevê a obrigação estatal de promoção do desenvolvimento das capacidades das pessoas com deficiência, amparando ações afirmativas e a conscientização até mesmo das famílias destas pessoas[66], constituindo método de extrema

---

[65] "Art. 8, item 3. Ninguém poderá ser obrigado a pertencer a um sindicato." (Disponível em: <https://www.cidh.oas.org/Basicos/Portugues/e.Protocolo_de_San_Salvador.htm>.

[66] "Toda pessoa afetada por diminuição de suas capacidades físicas e mentais tem direito a receber atenção especial, a fim de alcançar o máximo desenvolvimento de sua personalidade. Os Estados Partes comprometem-se a adotar as medidas necessárias para esse fim e, especialmente, a: a. Executar programas específicos destinados a proporcionar aos deficientes os recursos e o ambiente necessário para alcançar esse objetivo, inclusive programas trabalhistas adequados a suas possibilidades e que deverão ser livremente aceitos por eles ou, se for o caso, por seus representantes legais; b. Proporcionar formação especial às famílias dos deficientes, a fim de ajudá-los a resolver os problemas de convivência e convertê-los em elementos atuantes no desenvolvimento físico, mental e emocional destes; c. Incluir, de maneira prioritária, em seus planos de desenvolvimento urbano a consideração de soluções para os

importância para a inclusão social das mesmas, na medida em que, comumente, o primeiro óbice encontra-se na própria família.

Aqui, também, da mesma forma que na Convenção Americana, o controle do cumprimento das garantias econômicas, sociais e culturais é feito por meio da análise dos relatórios encaminhados ao Secretário-Geral da OEA, que os envia aos Conselhos respectivos e à Comissão Interamericana de Direitos Humanos. A petição individual somente é admitida em dois casos, sendo um deles a violação da liberdade de filiação sindical, e do livre funcionamento dos sindicatos, federações e confederações, e, o outro, o direito à educação.

No Sistema Regional de Proteção há a jurisdição exercida pela Corte Interamericana de Direitos Humanos que, caso provocada pela Comissão ou por algum Estado-membro contra outro, julgará o caso de violação dos tratados, podendo, inclusive, penalizar o Estado violador com responsabilização pecuniária como, por exemplo, no paradigmático caso Damião Ximenes Lopes, julgado em julho de 2006, quando a Corte condenou o Brasil a indenizar a família da vítima por danos material e imaterial, entre outras obrigações, pelos maus-tratos cometidos contra pessoa com transtorno mental, que o levou a morte, em clínica psiquiátrica no Ceará.

Verificou-se, assim, que o sistema interamericano de proteção aos direitos humanos tem conseguido muitos avanços no sentido de pressionar os países para o cumprimento de seus compromissos, mostrando-se como importante recurso a ser utilizado por vítima de violação para realização da justiça, fato que seria de grande valia para um acesso mais amplo à Corte Interamericana, com a possibilidade de petições individuais ou grupais, inclusive ONG's e sindicatos, pois a capacidade processual de reivindicar os direitos assegurados é essencial à realização efetiva dos mesmos.

### 2.3.3 *Sistema da Organização Internacional do Trabalho — OIT*

As duas mais importantes Convenções da OIT sobre discriminação nas relações de trabalho e a promoção da efetivação do princípio da igualdade no trabalho são as de n. 111 e 100, nessa ordem, que foram ratificadas pela grande maioria dos Estados-membros da OIT, inclusive o Brasil, que ratificou a Convenção n. 111 em 26 de novembro de 1965, entrando esta em vigência nacional 12 meses depois, e a Convenção n. 100, em 25 de abril de 1957, com vigência nacional, da mesma forma que a anterior, 12 meses depois, conforme texto das duas Convenções.

Cabe aqui salientar, que de acordo com a Declaração da OIT sobre os princípios e direitos fundamentais no trabalho, adotada em junho de 1998, na 86ª sessão da Conferência Internacional do Trabalho, as duas convenções citadas, 100 e 111, da OIT, constam da relação das oito consideradas fundamentais por

---

requisitos específicos decorrentes das necessidades deste grupo; d. Promover a formação de organizações sociais nas quais os deficientes possam desenvolver uma vida plena."

aquela organização, entre as quais também estão: as que tratam da liberdade sindical e negociação coletiva (87 e 98); da proibição de trabalho forçado (27 e 105) e da proibição de trabalho infantil (138 e 182).

A Declaração de princípios e direitos fundamentais objetivou consagrar um novo meio de promoção de tais direitos e princípios, especialmente para os estados que não ratificaram as referidas convenções, passando estas a funcionar como o mínimo a ser respeitado, promovido e concretizado, por todos os estados-membros, pelo simples fato de pertencerem à OIT[67].

O Estado-membro, no momento em que ratifica a Convenção n. 111 da OIT, compromete-se, perante a comunidade internacional, a combater todas as formas de discriminação em matéria de emprego e ocupação, com promulgação de leis e revogação das disposições contrárias à igualdade, devendo, ainda, atuar na promoção de iguais oportunidades no trabalho, inclusive aos grupos vulneráveis, e implementar políticas que combatam a exclusão, obrigações que se fundam nos arts. 2º e 3º.[68]

É digno de nota que o mesmo art. 3º, na letra a), estabelece o dever do Estado em se empenhar por obter a colaboração das organizações de empregadores e trabalhadores, o que inclui os sindicatos, federações e confederações, para favorecer a aplicação da política de combate à discriminação. Assim, verifica-se que as normas coletivas negociadas são campo fértil para disseminação de um comportamento inclusivo, bem como previsão de normas para combater diferenciações pontuais de cada categoria, cujo impulso faz parte das obrigações estatais.

No art. 1º, a Convenção n. 111 conceitua o que é considerado discriminação, alargando o conceito, no item b), para alcançar situações que vierem a ser sugeridas pelas organizações de trabalhadores e empregadores ou outros organismos adequados, abrindo, assim, mais espaço aos sindicatos, para especificar situações existentes na realidade do desenvolvimento do trabalho, que muitas vezes não são do conhecimento geral, mas somente de quem se faz

---

(67) Disponível em: <http://www.ilo.org/public/english/standards/declaration/declaration_portuguese.pdf>.

(68) Art. 2 — Qualquer Membro para o qual a presente convenção se encontre em vigor compromete-se a formular e aplicar uma política nacional que tenha por fim promover, por métodos adequados às circunstâncias e aos usos nacionais, a igualdade de oportunidades e de tratamento em matéria de emprego e profissão, com o objetivo de eliminar toda discriminação nessa matéria. Art. 3 — Qualquer Membro para o qual a presente convenção se encontre em vigor deve por métodos adequados às circunstâncias e aos usos nacionais: a) esforçar-se por obter a colaboração das organizações de empregadores e trabalhadores e de outros organismos apropriados, com o fim de favorecer a aceitação e aplicação desta política; b) promulgar leis e encorajar os programas de educação próprios a assegurar esta aceitação e esta aplicação; c) revogar todas as disposições legislativas e modificar todas as disposições ou práticas administrativas que sejam incompatíveis com a referida política; d) seguir a referida política no que diz respeito a empregos dependentes do controle direto de uma autoridade nacional; e) assegurar a aplicação da referida política nas atividades dos serviços de orientação profissional, formação profissional e colocação dependentes do controle de uma autoridade nacional; f) indicar, nos seus relatórios anuais sobre a aplicação da convenção, as medidas tomadas em conformidade com esta política e os resultados obtidos.

presente em determinado setor produtivo e conhece atitudes discriminatórias recorrentes e que anulam a igualdade no emprego e na ocupação.

Merece destaque a previsão do art. 5º, itens 1 e 2, da Convenção n. 111, na medida em que fundamentam a existência das ações afirmativas, para buscar a igualdade material, favorecendo o que chama de pessoas com "necessidades particulares" que precisam de uma proteção especial para seu desenvolvimento, e aqui prevendo, mais uma vez, a consulta às organizações patronais e profissionais.[69]

A respeito da Convenção n. 100, da OIT, esta trata da igualdade salarial entre homens e mulheres por um trabalho de igual valor, estabelecendo que a remuneração não é apenas a parcela fixa recebida, mas todas as verbas pagas, direta ou indiretamente pelo empregador, em espécie ou *in natura*, em razão do trabalho realizado.

Da mesma forma que a anterior, a Convenção n. 100, da OIT, reflete a participação ativa que as organizações de trabalhadores e empregadores devem ter na promoção do princípio da igualdade salarial, incentivadas pelo Estado-membro, quando prevê nos arts. 2º, item 2, letra c) (convenções coletivas como meio de previsão de taxas de remuneração sem distinção por gênero); art. 3º, item 2 (possibilidade das convenções coletivas estabelecerem os métodos objetivos para avaliação do trabalho de igual valor) e o art. 4º, dispondo que "cada Membro colaborará, da maneira que convier, com as organizações de empregadores e de trabalhadores interessadas, a fim de efetivar disposições da presente convenção".

Ademais, é sempre válido registrar que a própria OIT é a única agência das Nações Unidas a possuir uma composição tripartite, ou seja, o espaço de discussões de suas convenções e recomendações é dividido entre representantes dos governos, dos empregados e dos empregadores, dos 183 Estados-membros, sempre patrocinando o diálogo social entre os atores que vivenciam mais de perto a realidade laboral, o que, como visto, também é estimulado no texto das Convenções.

Aliás, a liberdade sindical e o reconhecimento efetivo da negociação coletiva como direito fundamental é um dos princípios basilares da OIT, constante da Declaração de Princípios e Direitos Fundamentais no Trabalho, de 1998, a que todos os seus membros estão sujeitos. Na mesma Declaração de princípios também é indicado como fundamental o princípio da eliminação de todas as formas de discriminação no emprego e na ocupação.

---

(69) Art. 5º — 1. As medidas especiais de proteção ou de assistência previstas em outras convenções ou recomendações adotadas pela Conferência Internacional do Trabalho não são consideradas como discriminação. 2. Qualquer Membro pode, depois de consultadas as organizações representativas de empregadores e trabalhadores, quando estas existam, definir como não discriminatórias quaisquer outras medidas especiais que tenham por fim salvaguardar as necessidades particulares de pessoas em relação às quais a atribuição de uma proteção ou assistência especial seja, de uma maneira geral, reconhecida como necessária, por motivos tais como o sexo, a invalidez, os encargos de família ou o nível social ou cultural.

Ressalte-se que, juntamente com as duas convenções, foram elaboradas a Recomendação n. 90 da OIT, para complementar a Convenção n. 100 e a Recomendação n. 111, que veio ratificar os termos anteriormente propostos na Convenção n. 111 e, ao mesmo tempo, inovar ao estabelecer que a promoção da isonomia de oportunidade e de tratamento no emprego é matéria de interesse público.[70]

As Recomendações da OIT, também adotadas após discussão tripartite nas Conferências Internacionais, não necessitam de ratificação, pois encerram orientações aos Estados-membros sobre a matéria considerada como problema mundial, não possuindo, contudo, força vinculante, nem tampouco passam a integrar a legislação interna.

O posicionamento hierárquico das Convenções Internacionais da OIT, ratificadas pelo Brasil, no nosso direito interno, segue o princípio da aplicação da norma mais favorável, específico do Direito Laboral, buscando sempre a prevalência da norma internacional. A própria Constituição da OIT, no art. 19, inciso VIII, expressamente, acolhe o princípio da norma mais favorável ao trabalhador e da progressão social[71].

Recentemente, em dezembro de 2013, a Diretora do escritório da OIT no Brasil, Laís Abramo, ao proferir palestra sobre discriminação no trabalho como uma violação aos direitos humanos e um custo para as empresas e a sociedade, reconheceu que ainda há muito a ser feito e ressaltou o imprescindível papel das empresas e organizações de empregadores e de trabalhadores na luta contra a discriminação, com destaque para: a negociação coletiva; políticas de responsabilidade social e promoção da diversidade nas empresas; ações voluntárias e não derivadas da legislação e instâncias e processos de diálogo social[72].

Cumpre ser registrado, ainda, que em 4 de maio de 2006, houve a XVI Reunião Regional Americana, em Brasília, quando o Governo brasileiro lançou a Agenda Nacional de Trabalho Decente (ANTD), definindo áreas prioritárias para atuação da OIT no país, entre as quais estão: gerar mais e melhores empregos, com igualdade de oportunidades e de tratamento e fortalecer os atores tripartites e o diálogo social como um instrumento de governabilidade democrática.

---

(70) "2. Compete a todo País-membro formular uma política nacional para impedir a discriminação em emprego e profissão. Essa política será executada por medidas legislativas, contratos coletivos entre organizações representativas de empregadores e de trabalhadores ou por qualquer outro meio compatível com as condições e práticas nacionais, e terá em vista os seguintes princípios: a) a promoção da igualdade de oportunidade e de tratamento em emprego e profissão é matéria de interesse público;"

(71) "8. Em caso algum, a adoção, pela Conferência, de uma convenção ou recomendação, ou a ratificação, por um Estado-Membro, de uma convenção, deverão ser consideradas como afetando qualquer lei, sentença, costumes ou acordos que assegurem aos trabalhadores interessados condições mais favoráveis que as previstas pela convenção ou recomendação."

(72) Disponível em: <http://www.oitbrasil.org.br/content/discriminacao-atentado-aos-direitos-humanos--e-custo-para-sociedade>.

Conforme a 2ª edição do perfil do trabalho decente no Brasil, lançado em 2012, apesar da redução significativa das diversidades durante o período em análise (de 2004 a 2009), ainda perduram desigualdades de gênero e raça e entre os territórios do país, que contribuem decisivamente para a persistência de déficit de Trabalho Decente entre mulheres e negros e também entre as Unidades da Federação[73].

O Plano Nacional de Emprego e Trabalho Decente do Brasil (2010) inclui, entre os seus resultados, o aumento da igualdade de oportunidades e de tratamento para mulheres e negros(as), em consonância com as Convenções da OIT n. 100 e n. 111, uma série de outros programas, políticas e iniciativas são mencionadas nos relatórios do Governo sobre a Convenção n. 111[74].

A partir dos dados da Pesquisa Nacional por Amostra de Domicílio (PNAD), observa-se que os diferenciais de rendimentos do trabalho principal entre homens e mulheres, apesar de continuarem elevados, diminuíram ao longo do período: em 2004, as mulheres recebiam, em média, aproximadamente 69,5% do valor do rendimento auferido pelos homens, proporção que aumentou para 70,7% em 2009[75].

O Programa de Fortalecimento Institucional para a Igualdade de Gênero e Raça, Erradicação da Pobreza e Geração de Emprego (GRPE) e o Projeto Igualdade Racial para o desenvolvimento de uma política nacional para a eliminação da discriminação no emprego e na ocupação e promoção da igualdade racial, ambos desenvolvidos pela OIT no Brasil, com o apoio, respectivamente, do *Department for International Development* (DFID), do Governo Britânico, e da Cooperação Técnica Holandesa, pretende oferecer uma contribuição consistente aos constituintes da OIT (governo, organizações sindicais e organizações empresariais) para o desenvolvimento de ações que fortaleçam tanto os processos de negociação coletiva quanto a promoção da igualdade de oportunidades e tratamento e, dessa forma, contribuam à promoção do trabalho decente como forma de superar a pobreza e a exclusão social no Brasil[76].

## 2.4 NORMAS INTERNAS E A PROTEÇÃO DA IGUALDADE E NÃO DISCRIMINAÇÃO

### 2.4.1 Tratado Internacional e Direito Interno: *validade e hierarquia*

Inicialmente, cumpre-nos salientar que na ordem interna brasileira, um tratado internacional deve seguir um processo de formação, constitucionalmente

---

(73) GUIMARÃES, José Ribeiro Soares. *Perfil do trabalho decente no Brasil:* um olhar sobre as Unidades da Federação durante a segunda metade da década de 2000; Organização Internacional do Trabalho; Escritório da OIT no Brasil. Brasília: OIT, 2012. p. 09.

(74) *Ibidem*, p. 395.

(75) *Ibidem*, p. 196.

(76) Disponível em: <http://www.cadernos_grpe_1_273.pdf>.

estabelecido, para que passe a integrar o ordenamento jurídico nacional, com força obrigatória apta a gerar direitos e obrigações, que consiste em quatro fases.

Na primeira, são realizados atos de negociação, conclusão e assinatura, como previsto no art. 84, VIII, da CF/88[77], que demonstra o aceite político, ainda que não definitivo, do Estado-parte de um tratado, indicando sua pretensão em obstar atos violadores dos propósitos do tratado, apesar de não deflagrar, ainda, efeitos jurídicos vinculantes.

No segundo momento é cumprida a previsão dos referidos artigo e inciso acima citados, em sua parte final, com o referendo do Congresso Nacional, quando este aprovará definitivamente o tratado, por meio de decreto legislativo, o que ainda não constitui a ratificação. Esta dar-se-á na terceira fase, pelo Poder Executivo, por meio de declaração unilateral do Presidente da República, e pode consistir na aceitação total do tratado ou em parte, quando são feitas as reservas com o afastamento de algumas de suas cláusulas.

Ressalte-se que é após a ratificação pelo Presidente da República e o consequente depósito do instrumento no órgão que assumiu a custódia do mesmo (ONU, OEA, OIT, por exemplo), que o tratado internacional obtém executoriedade e o Estado se obriga no âmbito internacional ao seu cumprimento.

Por fim, na quarta etapa do processo de ratificação, ocorre a promulgação e publicação do decreto, assinado pelo Presidente da República, conforme competência privativa constante do art. 84, IV, da CF[78].

Assim, o processo de formação pelo qual passa um tratado internacional no Brasil é um ato complexo, na medida em que requer a conjugação de vontades dos Poderes Executivo e Legislativo, democratizando o procedimento ao depender da deliberação por parte dos representantes do povo.

Contudo, da mesma forma deveria ser o processo de aposição de reservas aos tratados, que ficam sob a discricionariedade do Presidente da República, em ato unilateral, como visto anteriormente.

Após a ratificação, o tratado internacional vincula o Estado no âmbito internacional. No que pertine à incorporação ao direito interno brasileiro, a doutrina oscila entre duas teorias, a monista (Kelsen) e a dualista (Triepel), ao interpretar o art. 5º, § 1º, da CF, ao dispor sobre a aplicação imediata das normas definidoras dos direitos e garantias fundamentais.

Para a primeira teoria, a monista, após a ratificação, o Tratado incorpora-se automaticamente ao direito interno, sendo desnecessária a assinatura do Presidente da República para que haja a vinculação do Estado, tanto no âmbito internacional como internamente. Considera que o Direito é uma unidade, onde

---

(77) Art. 84. Compete privativamente ao Presidente da República: VIII — celebrar tratados, convenções e atos internacionais, sujeitos a referendo do Congresso Nacional.

(78) Art. 84. Compete privativamente ao Presidente da República: IV — sancionar, promulgar e fazer publicar as leis, bem como expedir decretos e regulamentos para sua fiel execução.

as normas internas e internacionais integram o mesmo ordenamento e, em caso de conflito, pode prevalecer uma ou outra.

A este posicionamento filia-se Flávia Piovesan[79], Antônio Augusto Cançado Trindade[80], entre outros, em relação aos tratados de direitos humanos, pois os que envolvem outras questões adotam a corrente dualista, o que faz surgir uma teoria mista.

Para a teoria dualista, a norma internacional somente possui exigibilidade no território brasileiro se for transformada em norma jurídica interna, com a ratificação. Isto se dá, conforme essa teoria, por serem independentes as ordens jurídicas, não se misturariam. Tal posicionamento é adotado pela doutrina brasileira majoritária e pelo Supremo Tribunal Federal, que julga pela necessidade de, após a ratificação de um tratado, ser produzido um ato jurídico normativo interno, que consiste na publicação de decreto presidencial para conferir publicidade e executoriedade, além de assegurar a promulgação do tratado internacional no âmbito territorial brasileiro.

Tal entendimento da nossa Corte Constitucional é aplicado a todo e qualquer tratado, independentemente da matéria por ele disciplinada, mesmo após a inovação trazida no § 3º, do art. 5º, da CF/88, que prevê a possibilidade de, cumprido o quórum, os tratados sobre direitos humanos vigorarem com a condição de emendas constitucionais.

Em um mundo onde o tema dos direitos humanos torna os países interdependentes, com flexibilidade, inclusive, das soberanias estatais, como referido no item anterior, não há mais espaço para o dualismo radical de separação dos ordenamentos, interno e internacional, há que se evoluir, para adoção da incorporação automática (monismo), especialmente em relação aos temas que envolvem direitos humanos, entendimento que é corroborado com o tratamento dado pela Carta Magna, nos parágrafos do artigo 5º, com as alterações advindas da Emenda Constitucional n. 45/2004.

Além disso, a aceitação da teoria monista, no plano internacional, tem se mostrado vasta, uma vez consagrada pelo direito interno de muitos países, sendo que alguns possuem preceito constitucional a respeito, como, por exemplo, Portugal, Alemanha, Espanha, França, Áustria, entre outros.

---

(79) Em síntese, relativamente aos tratados internacionais de proteção dos direitos humanos, a Constituição brasileira de 1988, em seu art. 5º, § 1º, acolhe a sistemática da incorporação automática dos tratados, o que reflete a adoção da concepção monista. Ademais, como apreciado no tópico anterior, a Carta de 1988 confere aos tratados de direitos humanos o *status* de norma constitucional, por força do art. 5º, §§ 2º e 3º. O regime jurídico diferenciado conferido aos tratados de direitos humanos não é, todavia, aplicável aos demais tratados, isto é, aos tradicionais. No que tange a estes, adota-se a sistemática da incorporação legislativa, exigindo que, após a ratificação, um ato com força de lei (no caso brasileiro esse ato é um decreto expedido pelo Executivo) confira execução e cumprimento aos tratados no plano interno. (...)" (*Direitos Humanos e o Direito Constitucional Internacional*, p. 153-154).

(80) CANÇADO TRINDADE, Antônio Augusto. A interação entre o Direito Internacional e o Direito Interno na proteção dos Direitos Humanos. *Arquivos do Ministério da Justiça*, Brasília, v. 46, n. 182. p. 31, jul./dez. 1993.

Outra situação importante a ser ventilada é a referente à hierarquia dos tratados internacionais no direito interno e, aqui mais especificamente, aqueles que envolvam os direitos humanos.

A Constituição Federal brasileira dispõe no art. 5º, § 2º, após as várias garantias individuais elencadas, que estas não excluem outras decorrentes dos tratados internacionais em que a República Federativa do Brasil seja parte, incluindo, portanto, os direitos fundamentais previstos nos tratados, como incorporados ao texto constitucional.

Assim, a nosso entender, os direitos enunciados em tratados internacionais de direitos humanos têm a hierarquia de norma constitucional, pois, como visto, a própria constituição federal o estabeleceu, expressamente, ao criar o tipo aberto do § 2º, do art. 5º que, densificado, consagraria os tratados internacionais como integrantes do bloco de constitucionalidade[81].

Com efeito, poderão ocorrer três situações em relação aos direitos enunciados nos Tratados Internacionais de Direitos Humanos, considerada sua natureza constitucional, primeiramente poderá repetir direito já previsto na CF, quando reforçará sua imperatividade jurídica; em segundo lugar, poderá inovar o universo de direitos integrantes da Constituição, servindo para ampliação e extensão do rol desses direitos, complementando e integrando a proteção constitucional; e, por último, em caso de contrariedade a preceito constitucional, deixará de ser aplicado em face da norma mais favorável, pois deve servir para aprimorar e fortalecer a proteção já prevista no direito interno, nunca para restringir ou debilitar[82].

O processo de interpretação constitucional deve sempre levar em consideração os princípios nos quais a Carta Política se funda, buscando a máxima efetividade de tudo o que foi prescrito, ainda que de forma ampla e flexível. Em uma interpretação sistemática, conclui-se que os parágrafos do art. 5º, principalmente após as alterações feitas pela Emenda n. 45/2004, reconheceram, de modo explícito, a natureza materialmente e formalmente constitucional dos tratados de direitos humanos.

Contudo, não tem sido este o entendimento majoritário do Supremo Tribunal Federal que, antigamente, equiparava tratados internacionais e leis federais e desde 1977, passou a adotar a supralegalidade com a orientação atual da decisão no RE n. 466.343[83], tomada como referência interpretativa, no sentido de que

---

(81) No mesmo sentido, ANDRÉ DE CARVALHO RAMOS afirma: "No texto constitucional, o artigo 5º, § 2º, permite, ao dispor sobre os "direitos decorrentes" do regime, princípios e tratados de direitos humanos, o reconhecimento de um bloco de constitucionalidade amplo, que alberga os direitos previstos nos tratados internacionais de direitos humanos." Porém, em seguida o autor reconhece não ser esta a posição dominante, mas sim a existência de um bloco de constitucionalidade restrito, "que só abarca os tratados aprovados pelo rito especial do artigo 5º, § 3º, introduzido pela Emenda Constitucional n. 45/2004." (*Teoria geral dos Direitos Humanos na ordem internacional*. São Paulo: Saraiva, 2014. p. 291-292).

(82) PIOVESAN, Flávia. *Direitos Humanos e o Direito Constitucional Internacional*. São Paulo: Saraiva, 2012. p. 170-171.

(83) "Importante deixar claro, também, que a tese da legalidade ordinária, na medida em que permite ao Estado brasileiro, ao fim e ao cabo, o descumprimento unilateral de um acordo internacional, vai de encontro

os tratados internacionais de direitos humanos possuem um caráter especial, com hierarquia infraconstitucional, mas supralegal, distinguindo-os dos demais tratados.

Válido o registro de julgado da lavra do Ministro Celso de Mello[84], reconhecendo a hierarquia constitucional dos tratados e aplicando a interpretação com o critério de prevalência da norma mais favorável aos direitos humanos.

Ocorre que a interpretação sistemática dos parágrafos do art. 5º da CF não conceberia a criação de uma nova categoria hierárquica para inserir os tratados internacionais de direitos humanos, devendo ser reconhecida sua condição de norma constitucional, sempre para ampliar o catálogo de direitos contidos na Constituição, sem permissão de retrocesso ou exclusão das garantias anteriormente contempladas não deixando de poder ser submetidos a controle de constitucionalidade, conforme o próprio texto da Carta Política[85].

Ressalte-se, ainda, a existência de mais três correntes sobre o tema da hierarquia dos tratados de proteção dos direitos humanos, além da natureza constitucional, que defendem: a hierarquia supraconstitucional; a hierarquia infraconstitucional, mas supralegal e a paridade hierárquica entre tratado e lei federal.

A hierarquia supraconstitucional, posição adotada na Holanda, entre outros países, e defendida na doutrina por Agustín Gordillo[86], André Gonçalves Pereira[87], entre outros, aduzem que os tratados internacionais sobre direitos humanos, em função da importância que lhes foi dada pela CF/88, prevaleceriam sobre as normas constitucionais, em eventual conflito.

---

aos princípios internacionais fixados pela Convenção de Viena sobre o Direito dos Tratados, de 1969, a qual, em seu art. 27, determina que nenhum Estado pactuante pode invocar as disposições de seu direito interno para justificar o inadimplemento de um tratado. Por conseguinte, parece mais consistente a interpretação que atribui a característica de supralegalidade aos tratados e convenções de direitos humanos. Essa tese pugna pelo argumento de que os tratados sobre direitos humanos seriam infraconstitucionais, porém, diante de seu caráter especial em relação aos demais atos normativos internacionais, também seriam dotados de um atributo de supralegalidade."

(84) HC 87.585-8, em 12 de março de 2008, e HC 96.772, em 09 de junho de 2009. Nas palavras do Min. Celso de Mello: "Os magistrados e Tribunais, no exercício de sua atividade interpretativa, especialmente no âmbito dos tratados internacionais de direitos humanos, devem observar um princípio hermenêutico básico (tal como aquele proclamado no Artigo 29 da Convenção Americana de Direitos Humanos), consistente em atribuir primazia à norma que se revele mais favorável à pessoa humana, em ordem a dispensar-lhe a mais ampla proteção jurídica. O Poder Judiciário, nesse processo hermenêutico que prestigia o critério da norma mais favorável (que tanto pode ser aquela prevista no tratado internacional como a que se acha positivada no próprio direito interno do Estado), deverá extrair a máxima eficácia das declarações internacionais e das proclamações constitucionais de direitos, como forma de viabilizar o acesso dos indivíduos e dos grupos sociais, notadamente os mais vulneráveis, a sistemas institucionalizados de proteção aos direitos fundamentais da pessoa humana."

(85) REIS, Daniela Murada. *O princípio da vedação do retrocesso no Direito do Trabalho*. São Paulo: LTr, 2010. p. 152.

(86) PIOVESAN, Flávia. *Tratados internacionais de proteção dos Direitos Humanos:* Jurisprudência do STF. Disponível em: <http://www.dhnet.org.br/direitos/militantes/flaviapiovesan/piovesan_tratados_sip_stf.pdf>.

(87) *Ibidem*, p. 16.

Entretanto, tal posicionamento encontra-se incompatível na sistemática constitucional brasileira, fundada pelo sistema principiológico da supremacia formal e material da Constituição sobre todo o ordenamento jurídico, onde há dispositivo constitucional prevendo a competência do STF para o controle de constitucionalidade dos tratados internacionais que, portanto, se estivessem acima da Constituição, não estariam submetidos a este controle, prevalecendo, assim, a soberania estatal.

Contudo, a doutrina da hierarquia infraconstitucional, mas supralegal, é a que vem ganhando adeptos após a Emenda Constitucional n. 45/2004, inclusive no Supremo Tribunal Federal, ao reconhecer que uma lei interna não poderia ter a força de revogar um tratado ratificado pelo país, pela utilização da regra da lei posterior revoga a anterior que seja incompatível (*lex posterior derrogat priorem*).

A corrente minoritária que defende a paridade entre tratado e lei federal, baseia-se na disposição do art. 102, inciso III, "b", da CF, que equiparou a declaração de inconstitucionalidade entre tratado ou lei federal. Tal entendimento se aplica para o caso dos outros tratados internacionais, mas não os que envolvem direitos humanos, aos quais a mesma constituição deu tratamento diferenciado.

Diante disso, as normas sobre igualdade integrantes das Convenções, Pactos e Tratados internacionais sobre direitos humanos, ratificados pelo Brasil, compõem o sistema de proteção interno do princípio, seja na condição de regras supralegais, como pacificado por nossa Corte Constitucional, seja como norma constitucional, como pode ser argumentado por quem buscar o combate a práticas injustas de diferenciação, baseado em respeitada doutrina.

Os direitos humanos, após a ratificação do instrumento onde foram assegurados, passam a direitos fundamentais, pois integram o ordenamento jurídico interno brasileiro, tanto sob a forma de defesa como de prestação, como afirmado por Yara Maria Pereira Gurgel[88].

Ressalte-se nesta questão da hierarquia que, Daniela Murada Reis lembra a irrelevância da situação hierárquica das normas consagradoras de direitos humanos, eis que seria o critério *pro homine* o definidor da norma aplicável, ou seja, o princípio da norma mais favorável é que direcionaria a aplicação do direito, tanto interno quanto internacional[89].

---

(88) "Assim, a partir da entrada em vigor do Tratado de Direitos Humanos, seus direitos de defesa e de prestação passam a ter a mesma força e capacidade para gerar efeitos jurídicos que os Direitos Fundamentais expressos na Constituição. Daí por que alguns autores adotam a terminologia Direitos Humanos Fundamentais."(*Direitos Humanos, princípio da igualdade e não discriminação*. Sua aplicação às relações de trabalho. São Paulo: LTr, 2010. p. 145).

(89) REIS, Daniela Murada. *O princípio da vedação do retrocesso no Direito do Trabalho*. São Paulo: LTr, 2010. p. 141. E sustenta a autora: "De todo modo, havemos de reconhecer que a teoria que assevera a hierarquia supraconstitucional do tratado internacional sobre direitos humanos, de certo modo, minimiza os potenciais efeitos do princípio norteador do direito internacional dos direitos humanos — o princípio "pro homine", à medida que não concebe de antemão que o padrão mínimo estabelecido no plano internacional estabelece relação de coordenação e elastecimento com a ordem jurídica nacional, no favorecimento da pessoa humana". (p. 151).

Ademais, o que se busca na proteção dos direitos humanos é que os ordenamentos nacional e internacional atuem de maneira concorrente, complementar e cumulativa, sempre para a melhoria da condição social da pessoa humana, tornando-se pouco aplicável o critério de hierarquização com rígido escalonamento das fontes normativas, como defende a mesma autora acima.

Tendo em vista que todos os sistemas adotam o valor da primazia da pessoa humana como sujeito de direitos, os mesmos se complementam para resultar na maior efetividade possível na tutela e promoção de direitos fundamentais, sendo este um princípio lógico do ordenamento dos Direitos Humanos, pois tanto a ordem interna quanto a internacional estão a serviço da pessoa humana, contemplando-lhe padrões jurídicos mínimos compatíveis com sua importância primordial.

### 2.4.2 Neoconstitucionalismo e a concretização do princípio da não discriminação no âmbito das relações de trabalho

O Neoconstitucionalismo ou Constitucionalismo Contemporâneo busca a realização do Estado Democrático de Direito por meio da efetivação dos direitos fundamentais inseridos, de forma substancial, nas constituições modernas e, ainda que considerados como utopias do direito legislado, funcionam como metas capazes de conduzir as necessárias mudanças sociais, conferindo um caráter transformador às normas constitucionais.[90]

O constitucionalismo contemporâneo inaugura o Estado Democrático de Direito, trazendo transformações políticas, culturais e jurídicas no mundo ocidental, processadas após o final da Segunda Guerra Mundial, quando a dignidade da pessoa humana passou a constituir valor supremo dos Estados, integrando os textos constitucionais como fundamento de regras e princípios, entre os quais os de liberdade e igualdade, que devem ser respeitados e implementados, tanto pelos Estados como pelos particulares.

Surgem novos princípios de interpretação das normas constitucionais, sempre em busca de sua máxima efetividade, para que o que está previsto no texto possa ser observado no plano dos fatos. Entre esses princípios figura o da força normativa da Constituição que, para Ingo Wolfgang Sarlet, significa a correspondência entre o conteúdo da Constituição e as peculiaridades do tempo presente, cabendo à interpretação dar realização ótima aos preceitos constitucionais e, como pressuposto fundamental, uma prática constitucional direcionada à vontade de Constituição, que deve ser seguida por todos os atores da vida constitucional, especialmente os responsáveis pela ordem jurídica,

---

(90) CAMBI, Eduardo. *Neoconstitucionalismo e neoprocessualismo*. São Paulo: Revista dos Tribunais, 2009. p. 27. Na mesma obra, afirma o autor: "As Constituições Modernas exercem um papel relevante na modificação da realidade, pois se caracterizam pela existência de *metarregras* (direito sobre direito), isto é, são dotadas de normas superiores (*supremacia da Constituição*), justamente para vincular os poderes públicos (inclusive para impor limites aos interesses da maioria), a fim de transformar na direção da realização dos direitos fundamentais de todos." (p. 26).

para que, a partir de então, a Constituição possa se converter em força ativa, influenciando a realidade concreta da sociedade.[91].

O chamado Neoconstitucionalismo, ou pós-positivismo, caracteriza-se, entre outros pontos, por incorporar valores e orientações políticas, especialmente, no tocante à promoção da dignidade humana e dos direitos fundamentais. As Constituições da Itália (1947), Alemanha (1949), Portugal (1976), Espanha (1978) e Brasil (1988) são exemplos desta mudança que tem demarcado o espaço do constitucionalismo contemporâneo, com a abertura das Constituições aos valores, incorporados aos princípios constitucionais e, por conseguinte, a necessária abertura de todo o sistema jurídico. A valorização da pessoa humana ocorre, como visto, em um contexto de reação aos regimes políticos marcados pela opressão, pelo autoritarismo e pela barbárie e identificados pelo não reconhecimento do próximo, da alteridade, da ausência de solidariedade[92].

Além da força normativa da Constituição, o neoconstitucionalismo inclui a normatividade dos princípios, a utilização da ponderação, sem deixar de lado a importância da subsunção, maior ativismo ao Poder Judiciário e sua função de aplicação e interpretação das normas constitucionais, a efetividade dos direitos fundamentais, e a constitucionalização do Direito, funcionando a norma fundamental como filtro pelo qual devem passar os direitos subjetivos a serem tutelados.

Nessa nova fase, também há o incremento do interesse doutrinário pelos direitos fundamentais, sobretudo os direitos sociais. Se antes estes eram tidos, em sua maioria, como normas programáticas, passa-se a discutir a sua eficácia jurídica a partir de novas bases, que incorporam ao debate a argumentação moral. Neste campo, a ênfase na análise dos enunciados normativos, que caracterizava a doutrina da efetividade, é substituída por uma discussão marcada pela preocupação com valores e democracia, repleta de novas categorias, importadas, sobretudo, do Direito germânico, como o "mínimo existencial", a "reserva do possível" e a "proibição do retrocesso".[93].

E dentro dos direitos sociais encontram-se, conforme o conteúdo da CF/88, os direitos dos trabalhadores, já estabelecendo um tipo normativo aberto e extensivo, desde o início do elenco constitucional, com a previsão de que aqueles direitos citados não excluem outros que melhorem a condição social do trabalhador. Nesta seara, tanto o Estado legislador quanto o Poder Judiciário como intérprete e aplicador do Direito, bem assim todos os atores sociais, dentre eles as entidades sindicais, devem velar pela efetividade dos princípios da norma

---

(91) SARLET, Ingo Wolfgang. MARINONI, Luiz Guilherme e MITIDIERO, Daniel. *Curso de Direito Constitucional*. São Paulo: Revista dos Tribunais, 2012. p. 184.

(92) ROSSI, Amélia Sampaio. *Neoconstitucionalismo e Direitos Fundamentais*. (Disponível em: <http://www.conpedi.org.br/manaus/arquivos/anais/salvador/amelia_do_carmo_sampaio_rossi.pdf>).

(93) SARMENTO, Daniel. *O neoconstitucionalismo no Brasil*: riscos e possibilidades. Disponível em: <http://direitoesubjetividade.files.wordpress.com/2010/08/daniel-sarmento-o-neoconstitucionalismo-no-brasil1.doc>.

mais favorável e da condição mais benéfica, em cada caso concreto que seja levado a solução.

Com o Neoconstitucionalismo e a crescente preocupação com os valores morais, em contraposição ao positivismo, desponta no mundo jurídico a normatividade dos princípios, pois os valores morais incluídos nas constituições são jurídicos e devem produzir efeitos no mundo concreto, passando a fundamentar direitos subjetivos, nem sempre aguardando a atuação do legislador, especialmente em relação aos direitos sociais, muitos dos quais exigem atitudes prestacionais por parte do Estado[94].

São momentos culminantes de uma reviravolta na região da doutrina, de que resultam para a compreensão dos princípios jurídicos importantes mudanças e variações acerca do entendimento de sua natureza: admitidos definitivamente como normas, são normas-valores com positividade maior nas Constituições do que nos Códigos; e por isso mesmo provido, nos sistemas jurídicos, do mais alto peso, por constituírem a norma de eficácia suprema. Essa norma não pode deixar de ser o princípio[95].

Segundo a teoria de Alexy, a distinção entre regras e princípios (que passam a fazer parte do gênero norma) desponta com mais nitidez na colisão de princípios e no conflito de regras. No caso dos princípios, resolve-se pela ponderação, onde o princípio de maior valor sobressai sobre o de menor e, no caso das regras, há que existir uma cláusula de exceção que remova o conflito, a ser introduzida em uma regra, ou pelo menos se uma das regras for declarada nula[96].

José Juan Moreso, argumenta que, no seu modo de ver, a ponderação não se contrapõe à subsunção, mas a completaria como uma etapa prévia[97].

Os princípios são, atualmente, as normas supremas do ordenamento, integrantes da Carta Suprema, a constituição federal, servindo de pautas e critérios por excelência para a avaliação de todos os conteúdos normativos.

No Brasil, foi o movimento do constitucionalismo da efetividade que impulsionou a doutrina do Neoconstitucionalismo e da teoria dos direitos fundamentais. A perspectiva da efetividade das normas constitucionais inspirou-se na visão positivista, ou seja, direito constitucional é norma e deve ser cumprida, não se conformando apenas com sua existência formal, mas exigindo materialidade.

---

(94) Neste aspecto, afirmou José de Lima Ramos Pereira: "Tais direitos impõem ao Estado uma *prestação positiva*, acarretando a este o dever de produzir alguma coisa de natureza social em favor do indivíduo, revelando um *dever de fazer* do Poder Público como a garantia do salário mínimo, da educação, da saúde, do trabalho e outros." (grifos no original) (PEREIRA, José de Lima Ramos. *Direito tutelar do trabalho:* aspectos gerais. Revista do Ministério Público do Trabalho do Rio Grande do Norte, n. 08, p. 69, nov. 2008.)

(95) BONAVIDES, Paulo. *Curso de Direito Constitucional*. São Paulo: Malheiros, 2005. p. 276.

(96) *Ibidem*, p. 279.

(97) MORESO, José Juan. Conflictos entre principios constitucionales. In: CARBONELL, Miguel (Org.). *Neoconstitucionalismo(s)*. Madrid: Trotta, 2003. p. 99-121.

Ressalte-se, todavia, que o Neoconstitucionalismo não é unanimidade na doutrina, havendo alguns que o concebem com restrições, entre os quais citamos Daniel Sarmento, que afirma não concordar com o novo constitucionalismo se for o sistema descrito pelo espanhol Luis Prietro Sanchís (mais princípios que regras; mais ponderação que subsunção; supremacia da constituição em todas as áreas jurídicas e em todos os conflitos minimamente relevantes, no lugar de espaços livres para opção legislativa regulamentar; supremacia judicial no lugar da autonomia do legislador ordinário e coexistência de uma pluralidade de valores, algumas vezes contraditórios), que venha a atropelar regras básicas de segurança jurídica, democracia e liberdade, imprescindíveis a um constitucionalismo sustentável[98].

Com efeito, o que mais de perto nos interessa no presente estudo em relação à visão contemporânea do constitucionalismo, é que suas normas (regras e princípios) passaram a ter supremacia material, a estar no centro do sistema jurídico, com a constitucionalização do Direito, e produzem consequências relevantes nos diversos ramos jurídicos, como por exemplo, no Direito do Trabalho, com reconhecimento da função social do contrato de trabalho e a correlata responsabilidade social da empresa; com a valorização da autonomia privada coletiva, que passou a poder flexibilizar alguns direitos; com o respeito ao patrimônio moral do trabalhador; com os ditames da não discriminação e do respeito às diferenças nas relações de trabalho, inclusive mediante a instituição de ações afirmativas (Lei n. 8.213/91), entre inúmeros outros exemplos que poderíamos citar.

Nesse ambiente, inaugurado no século XX, insere-se o trabalho em desenvolvimento, quando se defende a concretização de princípios constitucionais, mais especificamente, o da igualdade e não discriminação por meio da utilização de normas autônomas criadas nas relações coletivas de trabalho, como mais um instituto que tem muito a contribuir com a realização prática e real dos preceitos inscritos na norma suprema.

---

(98) "Se entendermos o neoconstitucionalismo de acordo com a conhecida definição de Luis Prietro Sanchís, como uma teoria do Direito que se orienta pelas máximas de *"más princípios que reglas; más ponderación que subsunción; omnipotencia de la Constitución en todas las áreas jurídicas y en todos conflictos mínimamente relevantes, en lugar de espacios exentos en favor de la opción legislativa o reglamentaria; omnipotencia judicial en lugar de autonomia del legislador ordinário; y, por ultimo, coexistência de una constelación plural de valores, a veces tendencialmente contradictorios, en lugar de homogeneidad ideológica"*, certamente eu não me considero um neoconstitucionalista. Contudo, eu assumo o rótulo, sem constrangimentos, se o neoconstitucionalismo for pensado como uma teoria constitucional que, sem descartar a importância das regras e da subsunção, abra também espaço para os princípios e para a ponderação, tentando racionalizar o seu uso. Se for visto como uma concepção que, sem desprezar o papel protagonista das instâncias democráticas na definição do Direito, reconheça e valorize a irradiação dos valores constitucionais pelo ordenamento, bem como a atuação firme e construtiva do Judiciário para proteção e promoção dos direitos fundamentais e dos pressupostos da democracia. E, acima de tudo, se for concebido como uma visão que conecte o Direito com exigências de justiça e moralidade crítica, sem enveredar pelas categorias metafísicas do jusnaturalismo." (SARMENTO, Daniel. *O neoconstitucionalismo no Brasil*: riscos e possibilidades. Disponível em: <http://direitoesubjetividade.files.wordpress.com/2010/08/daniel-sarmento-o-neoconstitucionalismo-no-brasil1.doc>, p. 19). (grifos do autor)

### 2.4.3 Constituição Federal de 1988

A própria Lei Máxima do nosso país, chamada de Constituição-Cidadã, substancialmente influenciada pela universalização do respeito aos direitos humanos e à dignidade inerente a todo ser humano, prevê, expressamente, a igualdade de todos perante a lei (art. 5º, *caput*); a punição de qualquer discriminação que atente contra os direitos e liberdades fundamentais (art. 5º, XLI); como objetivos fundamentais da República: a redução das desigualdades sociais e a promoção de todos, sem preconceitos de origem, raça, sexo, cor, idade e quaisquer outras formas de discriminação (art. 3º, incisos III e IV); e a dignidade da pessoa humana como princípio fundamental da República Federativa do Brasil (art. 1º, inciso III).

Estabelece, ainda, como direito dos trabalhadores, a proibição de diferença de salários, de exercício de funções e de critério de admissão por motivo de sexo, idade, cor ou estado civil (art. 7º, inciso XXX); a proibição de qualquer discriminação no tocante a salário e critérios de admissão do trabalhador com deficiência (art. 7º, inciso XXXI) e a de distinção entre trabalho manual, técnico e intelectual ou entre os profissionais respectivos (art. 7º, XXXII).

Vale lembrar que a igualdade formal está presente nos textos constitucionais do Brasil desde as primeiras Constituições, inclusive na do Império (1824) havia a determinação de que a lei seria igual para todos, o que foi seguido, com algumas alterações nas Cartas posteriores.

O art. 5º, *caput*, dispõe sobre o enunciado geral de igualdade, qual seja, a igualdade perante a lei e na lei, porém, denota-se ao longo do texto constitucional que, para além da igualdade formal, houve, como novidade, uma preocupação com a igualdade substancial, ao serem previstos certos tratamentos diferenciados, por exemplo, entre homens e mulheres, com norma especial de proteção do mercado de trabalho destas (art. 7º, XX), as licenças maternidade (120 dias) e paternidade (5 dias) (art. 7º, XVIII e XIX), bem como regras de aposentadoria diferenciadas (art. 40, III, *a* e *b*), para compensar diversidades biológicas e orgânicas.

Da mesma forma, há previsão de reserva de vagas em concurso público para pessoas com deficiência, no art. 37, VIII, da CF, trazendo uma ação afirmativa no próprio texto constitucional, com o reconhecimento de desigualdades reais que afetam o acesso ao cargo ou emprego público, mas que não podem ser motivo de exclusão social ou de segregação dos grupos vulneráveis na sociedade.

Nesse ínterim, os direitos humanos foram institucionalizados, tendo o constituinte de 1988 reunido, de forma indivisível e interdependente, os direitos civis e políticos, bem como os econômicos, sociais e culturais, colocando o princípio da igualdade como cláusula pétrea (art. 60, § 4º, IV) e fundamento do ordenamento constitucional, juntamente com a liberdade e a dignidade da pessoa humana.

No preâmbulo da Constituição, ao definir as intenções e o objeto do instrumento jurídico que estava sendo promulgado, foi exposta a necessidade de assegurar os direitos sociais e a liberdade, igualdade e justiça como valores supremos de uma "sociedade fraterna, pluralista e sem preconceitos". Pelo o que se conclui com o princípio da igualdade, além dos artigos que o trazem expressamente, em situações gerais ou específicas, é o valor em que se fundam todas as normas, autoaplicável, portanto, conferidor de direitos subjetivos, e que deve nortear o intérprete e o aplicador da constituição, por se projetar como direito fundamental que é[99].

Na lição de Luís Roberto Barroso[100], ao relatar a importância dos princípios dentro da moderna dogmática constitucional, que veio superar o velho positivismo, limitado a regras jurídicas, dispõe que a Constituição transmudou-se em "um sistema aberto de princípios e regras, permeável a valores jurídicos suprapositivos, no qual as ideias de justiça e de realização dos direitos fundamentais desempenham um papel central".

E nesta nova concepção, encontra-se a igualdade, como regra e como princípio, que, juntamente com a liberdade e a dignidade, transformaram-se em pilares valorativos para aplicação do direito constitucional.

As previsões constitucionais sobre igualdade são passíveis de amparar os direitos subjetivos contra toda e qualquer forma de diferenciação por motivo discriminatório, pois há dispositivos específicos, como por exemplo, o protetor do mercado de trabalho da mulher; o da igualdade de gênero e o que protege o trabalhador com deficiência, como também o enunciado geral de igualdade do *caput* do art. 5º, que não faz referência a qualquer necessidade de norma integradora.

Apesar disso, há situações em que a ausência de norma dispondo sobre as consequências do ato vedado, vem a obstar a plena efetividade do direito a tratamento isonômico e, em outras situações, contrariamente, mesmo sem legislação, a jurisprudência vem se firmando pela proteção da pessoa humana contra o preconceito e a discriminação, inclusive, no caso das relações de trabalho, com reconhecimento de estabilidade e ordem de reintegração, como exemplo temos a situação do trabalhador com HIV ou doente de AIDS[101].

---

(99) Sobre a importância do preâmbulo, UADI LAMMÊGO BULOS assim dispõe: "Aceitando-se o preâmbulo como parte integrante da constituição, dela não se distinguindo nem pela origem, sentido ou conteúdo, tendo em vista que ele derivou da mesma manifestação constituinte originária que aprovou as outras normas constitucionais, então o preâmbulo servirá para efeito de interpretação, pois, através dele, sentiremos a influência dos seus princípios sobre o restante das disposições que compõem a constituição. O preâmbulo não é um conjunto de *preceitos,* mas de *princípios.* (*Constituição Federal Anotada.* São Paulo: Saraiva, 2012. p. 41). (grifos do autor)

(100) BARROSO, Luís Roberto. *O novo Direito Constitucional brasileiro.* Belo Horizonte: Fórum, 2013. p. 123.

(101) SÚMULA 443 TST — DISPENSA DISCRIMINATÓRIA. PRESUNÇÃO. EMPREGADO PORTADOR DE DOENÇA GRAVE. ESTIGMA OU PRECONCEITO. DIREITO À REINTEGRAÇÃO — Presume-se discriminatória a despedida de empregado portador do vírus HIV ou de outra doença grave que suscite estigma ou preconceito. Inválido o ato, o empregado tem direito à reintegração no emprego. (Res. 185/2012, DEJT divulgado em 25, 26 e 27.09.2012).

Contudo, diante de situações como esta, de aplicação da igualdade em toda sua extensão, o que encontra fundamento no texto constitucional, há setores da sociedade que apresentam discordância por entenderem que violaria o princípio da legalidade, que também possui sede constitucional, visto que, conforme aduzem, seria necessária uma lei específica devidamente discutida e votada pelos representantes dos vários segmentos sociais, para que fosse garantida, como no caso acima, uma estabilidade.

Ressalte-se, inclusive, que, no tema da proteção contra a discriminação do portador de HIV e do doente de AIDS, mais recentemente, foi sancionada a Lei n. 12.984, de 02 de junho de 2014, que tipificou como crime, punível com reclusão, as conduta de: negar-lhe emprego ou trabalho; exonerá-lo ou demiti-lo de seu cargo ou emprego; e segregá-lo no ambiente de trabalho ou escolar. Atitude que veio, certamente, acompanhar decisões judiciais já proativas no tema, como antes citado, e respaldar os titulares do direito impessoal e geral à igualdade de tratamento.

Ocorre que, de acordo com a concepção de Estado inaugurada com a Carta de 88, este deixou de ser um fim em si mesmo, passando de imperativo a provedor, organizador, zelando pelo bem estar do ser humano, onde não pode tardar sua função legislativa. O Estado passa a ser Social no século XX, ampliando suas funções, consagrando, com isso, uma alteração na forma de conceber a igualdade, que deve ser garantida e construída sem delongas passíveis de inviabilizar o exercício dos direitos e garantias fundamentais integrantes da Carta Constitucional como norma.

Dissertando sobre a eficácia da lei, compreendida genericamente como concretização normativa do texto legal, Marcelo Neves afirma que o processo de concretização passa por obstáculos sempre que o conteúdo do texto legal abstratamente considerado é rejeitado, desconhecido ou desconsiderado nas situações concretas entre os cidadãos, grupos, órgãos estatais, organizações, etc., devendo-se alcançar um ponto de equilíbrio entre o que está abstratamente previsto e o que se verifica na realidade[102].

E, continua Neves, a ausência de verificação fática do que está prescrito na norma, pela rejeição ou desconsideração, torna-se ainda mais grave quando envolve o texto constitucional, eis que atinge o núcleo central do sistema jurídico estatal, comprometendo sua estrutura operacional e gerando a constitucionalização simbólica. Isso ocorre quando os alicerces constitucionais básicos, entre os quais se encontram os direitos fundamentais (civis, políticos e sociais), não estão presentes, de forma generalizada, na prática estatal nem na conduta e expectativas da sociedade e, principalmente, no que tange ao princípio da igualdade perante a lei, inscrito no texto constitucional simbolicamente, significando a inclusão de toda a população no sistema jurídico, quando existe, na

---

(102) NEVES, Marcelo. *A constitucionalização simbólica*. São Paulo: WMF Martins Fontes, 2011. p. 47.

verdade, uma realidade constitucional particularista, que diferencia os cidadãos por critérios de natureza política, econômica, entre outros[103].

No mesmo sentido defende José de Lima Ramos Pereira que a constituição escrita deve ser real e efetiva, sob pena de haver uma verdadeira utopia jurídica, com normas constitucionais que não têm força de transformar a realidade[104].

Diante disso, é urgente a atuação de todos os agentes sociais que tenham prerrogativas legiferantes, para fazer atuar a vontade da constituição como programa a ser alcançado com a evolução das relações humanas, levando à prática, dentro das possibilidades, as condutas descritas no texto normativo, fartamente impregnado da exigência de tratamento isonômico.

Registre-se que vários são os dispositivos fundados na igualdade, além dos fundamentais citados, tem-se, ainda: art. 4º, VIII (repúdio ao racismo como princípio nas relações internacionais); art. 5º, I, XLI e XLII (igualdade de gênero; punição da discriminação atentatória dos direitos e liberdades fundamentais e criminalização do racismo); art. 7º, XXXIV (igualdade entre o trabalhador permanente e o avulso); art. 12, §§ 2º e 3º (vedação de distinção entre brasileiros, salvo as exceções previstas); art. 14, *caput (*sufrágio universal com valor igual para todos)*;* art. 19, III (igualdade entre brasileiros em todas as esferas governamentais); art. 23, II e X (saúde, assistência e proteção das pessoas com deficiência e o combate à pobreza e à marginalização, com promoção da integração social dos desfavorecidos); art. 24, XIV (competência concorrente para legislar sobre integração social da PCD); art. 206, I (princípio da igualdade de condições para acesso e permanência na escola), entre outros, secundários aos que já foram aqui citados, para o objeto do trabalho.

### 2.4.4 Normas infraconstitucionais e a discriminação no trabalho

Como destaque de legislação infraconstitucional que veda a violação da igualdade e a discriminação no trabalho, seja ela direta, indireta ou oculta[105],

---

(103) NEVES, Marcelo. *A constitucionalização simbólica*. São Paulo: WMF Martins Fontes, 2011. p. 99/101.

(104) PEREIRA, José de Lima Ramos. O constitucionalismo social e a crise na efetividade das normas constitucionais. *Revista do Ministério Público do Trabalho do Rio Grande do Norte*, n. 07, p. 45, jul. 2007.

(105) Arion Sayão Romita, ao constatar que há três tipos de discriminação, assim leciona: "A discriminação direta é a mais usual e resulta de comportamento que produz efeito de distinção prejudicial ao trabalhador (ou trabalhadores) discriminado (s) por motivo de sexo, raça, idade, etc. A discriminação indireta constitui noção surgida no direito norte-americano, baseada na teoria do impacto desproporcional (*disparate impact doctrine*). Estão em jogo medidas de natureza legislativa, administrativa ou empresarial, que aparentam neutralidade, ou que são desprovidas da intenção discriminatória, pressupondo uma situação preexistente de desigualdade, cujo efeito é exatamente acentuar ou manter tal desigualdade. O efeito discriminatório da aplicação da medida prejudica de maneira desproporcional determinados grupos ou pessoas. (...). A discriminação oculta, surgida no direito francês, caracteriza-se pela intencionalidade, inexistente na indireta. A intenção discriminatória é disfarçada pelo emprego de um instrumento aparentemente neutro, aferido diante dos fatos evidenciados pela conduta do empregador." (*Direitos fundamentais nas relações de trabalho*. São Paulo: LTr, 2012. p. 319-320).

destacam-se a CLT e a Lei n. 9.029/95, que dispõe sobre a discriminação, com previsão de consequências penais e patrimoniais para os atos discriminatórios.

O art. 373-A da CLT, introduzido pela Lei n. 9.799/1999, protege a fase pré-contratual das relações de trabalho em seu inciso I, ao proibir a publicação de anúncio de recrutamento de pessoal com características de discriminação arbitrária.

O mesmo dispositivo celetário também veda práticas discriminatórias contra a mulher, tais como exigência de atestados de gravidez e esterilização e revistas íntimas, e ainda prevê, em seu parágrafo único, a possibilidade de adoção de ações afirmativas, como políticas de igualdade para corrigir distorções entre homens e mulheres, especialmente quanto a formação profissional e o acesso ao emprego.

Houve uma preocupação do legislador com a igualdade na formação e ascensão profissionais, pois que, muitas vezes, gera a diferenciação remuneratória entre os sexos, na medida em que o empregador, buscando favorecer a mão-de-obra masculina, proporciona cursos de formação direcionados aos empregados, para que estes apresentem vantagens no preparo profissional em relação às mulheres, culminando a que fossem justificadas desigualdades remuneratórias, de oportunidades, de hierarquia profissional, o que, na maioria das vezes, é a principal causa da segregação horizontal e vertical das mulheres, agora expressamente vedada pelo texto celetário.

Referido diploma legal, ao acrescentar o art. 373-A e seus incisos à CLT, veio a proibir, de forma mais completa, as discriminações normalmente sofridas pelas mulheres, eis que, nos termos dos incisos II e V, previu o estado de gravidez em si mesmo como causa de discriminação, ou seja, desta feita, não está sendo vedada apenas a exigência de exame ou outra forma de perquirição acerca do estado gravídico da candidata, mas sim, quando for visível que a mulher está grávida, veio a lei a impedir que esta situação seja levada em conta para a admissão da candidata ao emprego.

Denota-se que, em alguns de seus incisos, o art. 373-A da CLT, também poderá ser aplicado aos homens, como no caso dos anúncios de emprego com base em critérios discriminatórios (cor, sexo, idade ou situação familiar etc.), na medida em que a disposição legal é impessoal e a nossa Carta Magna garante igualdade na lei e perante a lei.

Por outro lado, a mesma Lei considera inexistir discriminação quando a natureza da atividade, pública e notoriamente, assim o exigir, porém, vê-se que não deixou margem a arbítrios e conveniências do empregador, devendo o trabalho a ser exercido objetivamente demandar as restrições aplicadas, além de ter que ser uma exigência pública e notória, os dois requisitos devem existir de forma cumulativa.

Ainda na CLT, o art. 5º funda-se no princípio igualitário ao assegurar que a todo trabalho de igual valor será remunerado com igual salário, independentemente de sexo. Complementa tal disposição, a do art. 461 da CLT, ao tratar especificamente da equiparação salarial e seus requisitos. O art. 3º, parágrafo único da CLT, também ocupa-se em proibir distinções entre empregados que exerçam atividades intelectuais, técnicas e manuais.

A Lei n. 9.029/95 estabeleceu, expressamente, a proibição de discriminação nas relações de trabalho, no acesso ou manutenção do emprego, em várias hipóteses constantes de seu texto (sexo, origem, raça, cor, estado civil, situação familiar ou idade), criminalizando condutas discriminatórias do empregador, com penas de detenção, multa administrativa e de proibição na obtenção de empréstimos ou financiamentos junto a instituições financeiras.

Além disso, a referida lei vai mais adiante e prevê a reintegração (apesar de falar em readmissão) de empregado que teve sua relação de trabalho rompida por ato discriminatório, podendo este optar pela percepção em dobro da remuneração do período de afastamento, corrigida monetariamente e acrescida de juros legais, além do pagamento de dano moral.

A lei em análise oferece proteção do trabalhador contra discriminações praticadas nas fases pré-contratual, contratual e de rompimento do contrato individual de trabalho, trazendo forte argumento e instrumento à vítima de injusta diferenciação no âmbito laboral, para defesa de seus direitos e punição da conduta reprovável, com responsabilização do sujeito ativo.

Ressalte-se, todavia, que caso o empregador venha a solicitar exame demissional de gravidez, pode não ser verificada hipótese de discriminação, na medida em que haveria o intuito de confirmar um possível estado gestacional a obstar a finalização do contrato de trabalho, face à estabilidade provisória, conforme previsão tutelar do art. 10, inciso II, letra *b*), do ADCT/88.

Decorrente do princípio da igualdade e não discriminação, constitucionalmente consagrado, a Lei n. 9.029/95 aumentou a eficácia da norma constitucional, nos casos especificados, posto que os criminaliza.

No entanto, nas situações não tipificadas como crime no art. 2º, como por exemplo, decorrentes de deficiência, ou de doença infecto-contagiosa, há que ser aplicada a CF e a Lei em questão, com as penalidades civis, administrativas e trabalhistas, já que o Direito Penal não admite analogia.

Na verdade, a legislação instituiu, expressamente, limitações ao direito potestativo do empregador de admitir, manter e demitir seus empregados, impondo limites a liberdade de administração de seu negócio. Sobre o assunto, Márcio Túlio Viana e Raquel Betty de Castro Pimenta[106], afirmam ser o que ocorre com todas as liberdades, ou seja, são relativizadas quando em contato com as liberdades dos outros e, após compararem o empregador a um prisioneiro

---

(106) VIANA, Marcio Tulio; PIMENTA, Raquel Betty de Castro. A proteção trabalhista contra os atos discriminatórios (Análise da Lei n. 9.029/95). In: RENAULT, Luiz Otávio Linhares (Coord.).; VIANA, Márcio Túlio; CANTELLI, Paula Oliveira. *Discriminação*. São Paulo: LTr, 2010. p. 136.

no cárcere, dispõem: "O que varia não é a existência do cárcere, mas as suas dimensões e, algumas vezes, a grossura de suas barras.".

Neste caso, aliás, o legislador ordinário perdeu uma boa oportunidade de prever, desde logo, de forma expressa, a proibição do exame admissional do HIV/AIDS, a não ser em casos estritamente necessários, como por exemplo: para enfermeiros, médicos etc., e até mesmo a discriminação do trabalhador/ra soropositivo.

Porém, a inexistência de tal previsão expressa, não obsta a que seja determinada a reintegração da trabalhadora portadora do vírus HIV ou doente de Aids, com base nos princípios constitucionais, e no próprio art. 1º, da Lei n. 9.029/95, cujo rol de motivos discriminatórios apresentados não é taxativo, tratando-se de um tipo aberto, ao menos em relação às sanções não criminais.

Nesse sentido, há decisões reiteradas proferidas pelos Tribunais Trabalhistas, que vêm reconhecendo o direito à reintegração do empregado com HIV, com base nas disposições constitucionais e em algumas leis ordinárias, o que, a nosso ver, já seria suficiente para que este exigisse todos os seus direitos de trabalhador, tendo em conta que previsões específicas em seu favor poderiam vir a discriminar os portadores de outras doenças incuráveis e infecto-contagiosas, como é o caso da hanseníase, que também não dispõe de regras específicas.

Ademais disso, neste ponto, as organizações sindicais poderiam exercer importante papel, na medida em que são fontes criadoras das normas autônomas (as Convenções e Acordos Coletivos de Trabalho) onde devem constar as regras específicas em vista de melhores condições de trabalho para as categorias, reivindicadas perante a categoria patronal, dentre as quais seria bem recepcionada uma previsão de estabilidade provisória para a mulher soropositiva, por exemplo.

Ressalte-se que tais previsões em instrumentos coletivos de trabalho teriam, ainda, o importante efeito de conscientização da categoria, pois são levadas às Assembleias Gerais, prevenindo práticas discriminatórias no próprio ambiente de trabalho, bem como a auto-discriminação, facilitando ao trabalhador que se sentir lesado a denúncia ao órgão de classe e às demais instituições competentes.

Digno de registro sobre proteção da igualdade são: o Estatuto do Idoso (Lei n. 10.741/2003) e o da Igualdade Racial (Lei n. 12.288/2010). O primeiro, seguindo a linha da Lei n. 9.029/95, estabelece ser criminosa a conduta de cometer discriminação contra a pessoa idosa, em qualquer meio ou instrumento necessário ao exercício da cidadania, punível com reclusão de seis meses a um ano e multa, conforme seu art. 96. Da mesma forma, e especificamente sobre matéria trabalhista, o art. 100, inciso II, do Estatuto do idoso, prevê como tipo penal, punível com reclusão, "negar a alguém, por motivo de idade, emprego ou trabalho".

Com efeito, o Estatuto do Idoso garante o gozo dos direitos fundamentais pelas pessoas com 60 (sessenta) anos ou mais, promovendo a igualdade e proibindo qualquer ação ou omissão que resulte em discriminação dos beneficiários, caracterizando como abuso de direito se for referente ao acesso, ocupação ou remuneração, no âmbito trabalhista, podendo gerar a nulidade do ato e indenização por dano moral.

O segundo diploma legal citado, o Estatuto da Igualdade Racial, veda qualquer discriminação no exercício dos direitos fundamentais, civis, políticos, econômicos, sociais e culturais, por motivo de raça, cor, descendência ou origem nacional ou étnica, determinando, ainda, políticas de ação afirmativa para o alcance da igualdade real. Na seara trabalhista é estabelecido do art. 38 ao art. 42, que o Poder Público elaborará políticas públicas para formação profissional, ascensão e capacitação da população negra, inclusive prevendo uma participação maior dos negros nos cargos em comissão e funções de confiança, nas searas nacional e estadual.

Destaca-se, ainda, a Lei n. 7.716/1989, que definiu crimes decorrentes de preconceito de raça ou de cor, sendo sujeito ativo aquele que ofende alguém se recusando a contratá-lo como empregado em empresa privada, assim, também, responde por conduta criminosa aquele que, em anúncios ou qualquer outra forma de recrutamento de trabalhadores, exigir aspectos de aparência próprios de raça ou etnia para emprego cujas atividades não justifiquem essas exigências.

Referida lei foi modificada em alguns aspectos pelo Estatuto da Igualdade Racial, em 2010, dentre os quais foi acrescida a exigência de igualdade de tratamento no curso da relação de trabalho, sendo vedada a discriminação de raça ou de cor e de origem na formação, ascensão profissional e quanto ao pagamento de salário.

A Lei n. 7.853/89 dispõe sobre o apoio às pessoas com deficiência e sua integração social, prevendo enunciados gerais que asseguram o pleno exercício de seus direitos individuais e sociais, tendo em conta valores básicos, entre os quais figura o da igualdade de tratamento e oportunidades. Foram impostas medidas aos órgãos públicos, situando-se, na área da formação profissional e do trabalho, a de adoção de legislação específica que discipline a reserva do mercado de trabalho, para o setor público e privado.

No setor público, há previsão constitucional, que foi regulamentada pelo Dec. n. 3.298/99 e pela Lei n. 8.112/90. Na iniciativa privada, há a ação afirmativa criada com a Lei n. 8.213, de 24.07.91, que, em seu art. 93 reserva de 2% a 5% das vagas existentes nas empresas com mais de 100 empregados para beneficiários reabilitados ou pessoas com deficiência habilitadas.

Além das normas citadas, consideradas de maior relevo em tema sobre proteção da igualdade, especialmente no contrato de trabalho, ainda existem algumas outras normas a versar sobre práticas discriminatórias em outras searas, não sendo objeto do presente estudo a análise de todas elas.

Enfim, denota-se ser vasto o aparato de normas existentes a combater as desigualdades de tratamento e oportunidades no trabalho, sejam constitucionais, supralegais (tratados e convenções internacionais ratificados), ou infraconstitucionais, cabendo a todos e a cada um, no exercício de suas atribuições, buscar a efetividade das mesmas para a mudança de uma histórica cultura de preconceito e exclusão social, sendo válida qualquer contribuição para que potencialidades de alguns trabalhadores não sejam desperdiçadas.

Os direitos e garantias consagrados na Constituição brasileira, e complementados pela legislação infraconstitucional, hão que ser presenciados no mundo do ser, até para que tenham credibilidade, para isso, deve-se extrair o máximo de contribuição possível de todos os poderes constituídos e parceiros sociais, como é o caso dos entes sindicais e outras forças orgânicas do poder em uma sociedade, sem limitações desnecessárias que se tornem empecilhos à finalidade concretizadora[107].

---

(107) Sobre Constituição, Ferdinand Lassalle ainda dispôs: "Onde a constituição *escrita* não corresponder à *real*, irrompe inevitavelmente um conflito que é impossível evitar e no qual, mais dia menos dia, a constituição escrita, a folha de papel, sucumbirá necessariamente, perante a constituição real, a das verdadeiras forças vitais do país.". (*A essência da Constituição*. Sobre a Constituição escrita e a Constituição real. Rio de Janeiro: Lumen Juris: 2001. p. 33).

Capítulo 3
# Relações coletivas e a criação de normas jurídicas

Falar em relações coletivas de trabalho remete-nos ao Direito coletivo, às entidades sindicais e ao plurinormativismo, onde as fontes formais do direito do trabalho incluem normas provenientes do Estado e produzidas pelas próprias partes da relação, estando o trabalhador coletivizado na figura de seu sindicato, federação ou confederação.

Assim, negociar os termos de um instrumento coletivo, acordo e convenção coletiva, é criação normativa, ainda que com âmbito de aplicação menor ao de uma lei estatal, consiste e forte instrumento para alteração de um ambiente de trabalho, em determinada categoria ou setor econômico e profissional, devendo servir como meio de garantir direitos humanos e fundamentais, entre os quais está a igualdade.

A fixação de normas e condições de trabalho, de forma autônoma, pelos sindicatos e empregadores, não há que significar somente repetição do texto legal existente, mas sim inovação para mudança de paradigmas equivocados presentes como empecilhos para um saudável desenvolvimento do contrato de trabalho, tendo em consideração sua função social, além do que, convenções e acordos bem elaborados e concretizadores dos direitos fundamentais denotam cumprimento de responsabilidade social por parte dos subscritores, como será visto mais adiante.

Desta feita, no capítulo que inicia verificamos os conceitos basilares do Direito coletivo para, em seguida, adentrarmos no estudo e análise do que mais nos interessa no presente trabalho, a negociação coletiva e suas intercorrências e objetivos, além da aptidão natural para disseminar a cultura da diversidade no ambiente de trabalho, amparando-nos nas normas internacionais que a fomentam, mais especificamente, as provenientes da OIT.

## 3.1 CONCEITO E PRINCÍPIOS DE DIREITO COLETIVO

Tendo em vista que este trabalho se propõe a avaliar a contribuição concretizadora que deve ser efetivada pelas normas coletivas, criadas autonomamente na composição dos conflitos coletivos de trabalho, cabe-nos inicialmente tecer alguns comentários sobre o Direito Coletivo do Trabalho, atualmente, em grande parte, integrante da Constituição Federal em vigor, especialmente no art. 8º e seus incisos e parágrafos.

O Direito Coletivo do Trabalho ou Direito Sindical, para Mauricio Godinho Delgado[108],

> é o complexo de institutos, princípios e regras jurídicas que regulam as relações laborais de empregados e empregadores e outros grupos jurídicos normativamente especificados, considerada sua atuação coletiva, realizada autonomamente ou através das respectivas entidades sindicais.

Verifica-se, desde logo, ser o intuito do presente ramo do Direito, regulamentar as relações grupais, coletivas, que se desenvolvem entre empregado e empregador e seus entes coletivos, cuja atuação tem reflexos nas relações individuais, reguladas pelo Direito Individual do Trabalho.

Remonta ao século XIX a origem do Direito Coletivo do Trabalho, quando os trabalhadores perceberam que, ao se associarem e tratarem seus interesses de forma grupal, estariam equiparando-se ao outro sujeito da relação de emprego, o empregador, que sempre foi um ser coletivo, pois suas atitudes e ações repercutiam socialmente, tanto entre as relações com seus empregados, quanto na comunidade de um modo geral.

Assim, os obreiros pretendiam que seus atos e ações pudessem ir além do âmbito restrito da relação bilateral empregado-empregador, passando a surgir a vontade coletiva cuja atuação tinha significância sócio-política e jurídica, a regular as relações individuais de trabalho.

De fato, como afirma Eugenio Pérez Botija, sob um ponto de vista de cunho individualista, o Sindicato constitui um processo de coletivização do trabalhador, é um fenômeno fático que institui um novo modo de ver as relações entre capital e trabalho, trazendo ao direito do trabalho um espírito próprio e peculiar[109].

E o mesmo doutrinador espanhol enumerou três aspectos integrantes da definição do que chama de Direito Sindical, parte do Direito Laboral, sendo eles: a) no sentido subjetivo, como o exercício do direito de associação profissional; b) no sentido orgânico, como o ordenamento estrutural dos sindicatos, onde são determinadas legalmente suas formas de organização, suas competências e atribuições; e c) em um sentido dinâmico, significando um complexo de normas substantivas emanadas dos grupos sociais, considera o direito sindical como um conjunto de preceitos trabalhistas ou extra trabalhistas estatuídos, jurídica ou faticamente, pelos sindicatos[110].

Amauri Mascaro Nascimento[111], que prefere o termo Direito Sindical a Direito Coletivo, por englobar os sentidos subjetivo e objetivo, o primeiro direcionado

---

(108) DELGADO, Mauricio Godinho. *Direito Coletivo do Trabalho*. São Paulo: LTr, 2008. p. 23.
(109) BOTIJA, Eugenio Perez. *Curso de Derecho del Trabajo*. Madrid: Tecnos S.A., 1948. p. 46-47.
(110) *Ibidem*, p. 358.
(111) NASCIMENTO, Amauri Mascaro. *Compêndio de Direito Sindical*. São Paulo: LTr, 2005. p. 23.

ao sindicato desempenhando suas atribuições e o segundo designando o setor do direito do trabalho que objetiva o estudo da organização e da ação sindical, definiu-o como "o ramo do direito do trabalho que tem por objeto o estudo das normas e das relações jurídicas que dão forma ao modelo sindical".

Para Octavio Bueno Magano[112], que não reconhece autonomia ao Direito coletivo do trabalho, conceitua-o como o ramo do Direto do trabalho que trata da organização sindical, da negociação e da convenção coletiva do trabalho, dos conflitos coletivos e dos mecanismos de solução destes conflitos.

Verifica-se das definições até aqui ressaltadas que o Direito Coletivo do Trabalho ou Direito Sindical não está desvinculado do direito do trabalho, sendo, portanto, uma de suas variações, sem autonomia.

Mario de La Cueva também posiciona o Direito Sindical (organização coletiva do trabalho) como uma das partes fundamentais do Direito do Trabalho, juntamente com o direito individual do trabalho, as normas sociais e as autoridades do trabalho, completando-se umas às outras e formando um todo indissolúvel nos Estados onde o poder econômico não é centralizado[113]. Assim, igualmente, posiciona-se Eugenio Pérez Botija, preferindo a denominação Direito Sindical[114].

Por outro lado, José Claudio Monteiro de Brito Filho[115], que preconiza o Direito Sindical como "a parcela da Ciência do Direito que se ocupa do estudo das relações coletivas de trabalho", ou, caso seja considerado como parte do ordenamento jurídico, seria "o conjunto de normas que regulam as relações coletivas de trabalho."

Para o autor referido, fundado em outros doutrinadores nacionais e estrangeiros, o Direito Sindical é ciência autônoma desvinculada do Direito do Trabalho, tal como o Direito Previdenciário, sendo um ramo autônomo do direito privado.

Em sentido semelhante, Mauricio Godinho Delgado[116], após rebater os motivos citados por Amauri Mascaro Nascimento para negação da autonomia do Direito Coletivo, aponta para uma autonomia relativa, com constante interação com o Direito Individual do Trabalho, formando um "complexo jurídico" chamado simplesmente de Direito do Trabalho.

Para nós, o Direito Sindical ou Coletivo do Trabalho é parte do Direito do Trabalho, uma vez que regula a produção normativa autônoma que vai influenciar diretamente nos contratos individuais de trabalho, prevendo condições gerais e específicas, sendo este, inclusive, seu fim precípuo.

---

(112) MAGANO, Octavio Bueno. *Manual de Direito do Trabalho:* Direito coletivo do trabalho. 3. ed. São Paulo: LTr, 1993. v. 3, p. 11.

(113) DE LA CUEVA, Mario. *Derecho Mexicano del Trabajo.* 2. ed. México: Libreria de Porrua Hnos. Y Cia., 1943. p. 236.

(114) BOTIJA, Eugenio Perez. *Curso de Derecho del Trabajo.* Madri: Tecnos S.A., 1948. p. 8-9.

(115) BRITO FILHO, José Claudio Monteiro de. *Direito Sindical.* São Paulo: LTr, 2012. p. 28-29.

(116) DELGADO, Mauricio Godinho. *Direito Coletivo do Trabalho.* São Paulo: LTr, 2008. p. 39.

Como definição, seria, então, o conjunto de normas e princípios, estatais e não estatais que regulam a atuação das entidades sindicais, desde sua criação até o alcance de suas finalidades, e as relações coletivas entre empregados e empregadores, no exercício da autonomia privada coletiva.

O Direito Coletivo do Trabalho possui funções gerais e específicas, as primeiras são comuns a todo o direito laboral e as segundas, como o próprio nome indica, são próprias do ramo coletivo.

As gerais envolvem: a melhoria das condições de pactuação da força de trabalho na ordem socioeconômica e o caráter modernizante e progressista, na perspectiva econômica e social, que é dirigido ao legislador, ao intérprete e aplicador do direito.

No que pertine às funções específicas do ramo ora estudado, destacam-se: a criação de normas jurídicas; a pacificação de conflitos de natureza sociocoletiva; a função sociopolítica e a função econômica.

De fato, a função de elaborar normas jurídicas autônomas, capazes de regular as relações individuais de trabalho das respectivas categorias representadas na pactuação coletiva, é uma peculiaridade marcante do Direito Coletivo do Trabalho em comparação a todo o âmbito jurídico.

A segunda função acima, a de pacificadora de conflitos, é efetivada por meio dos métodos de autocomposição que são, além da negociação coletiva, a mediação, a arbitragem, o dissídio coletivo e as comissões de empresa, utilizados para resolução de conflitos sociais, surgidos em torno da relação de emprego e se estendem para o interesse coletivo.

Ao democratizar o poder no âmbito social, o Direito Coletivo exerce sua função sociopolítica, visto que toda a atuação das entidades sindicais deve ser pautada na participação democrática de todos os integrantes das categorias profissionais e econômicas representadas, compartilhando o poder e a riqueza no sistema capitalista. Conclui Mauricio Godinho Delgado que "o Direito Coletivo do Trabalho é um dos mais significativos instrumentos de democratização social gerados na história desse mesmo sistema socioeconômico."[117]

Registre-se, a respeito da função política da ação sindical, que em alguns países europeus, como na Itália e na Espanha, são celebrados pactos sociais, cujo conteúdo é formado por cláusulas sem natureza reivindicatória e sem efeito imediato no âmbito da empresa, mas de cunho estruturante de condições econômicas e sociais, tais como: combate ao desemprego; contenção de inflação; melhoria de condições habitacionais, ambientais e de transporte, entre outras, implicando, assim, em desenvolvimento de atividade política, como nos dá notícia Octavio Bueno Magano[118].

---

(117) DELGADO, Mauricio Godinho. *Direito Coletivo do Trabalho*. São Paulo: LTr, 2008. p. 31.
(118) MAGANO, Octavio Bueno. *Manual de Direito do Trabalho:* Direito coletivo do trabalho. 3. ed. São Paulo: LTr, 1993. v. 3, p. 153.

No Brasil, diante da abertura que foi dada pela Carta Constitucional de 88 para a liberdade sindical e o reconhecimento das convenções coletivas, as entidades sindicais podem participar de pactos sociais daquela espécie, bem como incluir cláusulas em acordos e convenções direcionadas a resolução de problemas de infra estrutura sócio-econômica, tais como transporte e habitação, estando tal atuação dentro da previsão de defesa e coordenação dos interesses econômicos ou profissionais da categoria, ínsita à atuação sindical (art. 511, CLT), sendo vedadas, contudo, atividades político-partidárias (art. 521, *d*), da CLT).

Sobre a politização dos sindicatos, Eugenio Pérez Botija constata que a ação sindical se publifica, convertendo-se em órgão ativo da comunidade política e instrumento qualificado do intervencionismo, podendo buscar uma transformação da sociedade, o que vem a gerar alguns incômodos aos quadros rígidos do direito público que, segundo o autor, construiu suas fórmulas em tempos onde o movimento sindical não possuía importância política e sua influência econômica era menor[119].

E, por último, a função econômica é atendida quando existe a possibilidade de adequação das regras de indisponibilidade relativa às condições particulares vividas por cada setor econômico, devendo, no entanto, sempre respeitar o conteúdo mínimo irrenunciável.

No Direito Espanhol, por exemplo, Mario de La Cueva faz referência a figura do sindicato vertical, previsto no "Fuero del Trabajo", que consiste em uma corporação de direito público que agrupa todos os produtores de um setor da economia, servindo para a realização da política econômica nacional, mesmo não sendo um órgão do Estado[120].

Ademais, a OIT sublinha que as convenções coletivas de trabalho devem ser valorizadas, por cumprirem, efetivamente, uma função econômica de meio de distribuição de riquezas em uma economia crescente (veja-se, por exemplo, no Brasil, a participação nos lucros[121]), ou meio de concessões sindicais em épocas de crise (no caso das demissões em massa no Brasil). Cumprem uma função social, de garantia de participação dos trabalhadores no processo de decisão empresarial sobre interesses que lhes dizem respeito, e que, sem a participação destes, seriam decididos à margem da esfera sindical. E ainda possuem uma função jurídica, como técnica de composição dos conflitos coletivos e de criação de normas para reger direitos e deveres entre empregados e empregadores.

Ao lado das funções estudadas, o Direito Coletivo do Trabalho, como ramo especializado do Direito do Trabalho, possui princípios específicos centrados na ideia de relação jurídica coletiva, ligada à existência de seres coletivos nos dois

---

(119) BOTIJA, Eugenio Perez. *Curso de Derecho del Trabajo*. Madrid: Tecnos S.A., 1948. p. 362-363.

(120) DE LA CUEVA, Mario. *Derecho Mexicano del Trabajo*. 2. ed. México: Libreria de Porrua Hnos. Y Cia., 1943. p. 262-263.

(121) Art. 7º, XI, da CF/88

pólos da relação nuclear, como seus protagonistas, o ser empresarial, coletivo por natureza, ainda que não representado pelo sindicato, e as organizações sindicais obreiras. Diversamente, portanto, do direito individual, que possui em um dos lados da relação a pessoa física do trabalhador[122].

Os princípios nesta seara funcionam, como em todo o ordenamento jurídico, como normas fundantes do sistema, que geram direitos subjetivos e devem vincular a atuação do aplicador e do intérprete da lei, como mandados de otimização, pois somente as regras escritas nem sempre são capazes de prever todas as situações possíveis nas relações sociais e, especialmente, no direito do trabalho, seara de constantes mutações.

Entre os princípios, segundo Mauricio Godinho Delgado, há os garantidores da existência do ser coletivo obreiro, que são: o da liberdade de associação e sindical e da autonomia sindical. Os regentes das relações entre os seres coletivos trabalhistas são: o da interveniência sindical na normatização coletiva, da equivalência dos contratantes coletivos e da lealdade e transparência nas negociações coletivas. E, por último, os princípios regentes das relações entre normas coletivas negociadas e normas estatais: o da criatividade jurídica da negociação coletiva e o da adequação setorial negociada[123].

No entanto, Amauri Mascaro Nascimento indica princípios ligados à organização dos sindicatos, baseados na liberdade sindical, sendo eles: o da liberdade de associação; o da liberdade de organização; e o da liberdade de administração, todos acompanhados de garantias e limitações[124].

José Claudio Monteiro de Brito Filho avalia que, no sistema jurídico brasileiro, onde não existe uma liberdade sindical plena, nos termos preconizados pela Convenção n. 87, da OIT, o Direito Sindical rege-se pelos seguintes princípios: princípio da liberdade de associação; princípio da unicidade sindical (base territorial mínima e sindicalização por categoria, como subprincípios); princípio da liberdade de administração; princípio da não interferência externa; princípio da liberdade de filiação; princípio da autonomia privada coletiva e princípio da representação exclusiva pelo sindicato[125].

Desse modo verifica-se, que não há unanimidade entre os doutrinadores sobre a principiologia do Direito Coletivo, sendo concordes, todavia, em levar em

---

(122) Segundo nos ensina Amauri Mascaro Nascimento, sobre os sujeitos das relações coletivas: "No Brasil, são sujeitos coletivos de trabalhadores: as categorias, representadas pelos sindicatos; as federações e as confederações; as centrais sindicais, que representam as entidades sindicais menores que a elas aderem; os delegados sindicais, que representam sindicatos; as comissões de representantes de trabalhadores nas empresas; o representante eleito pelos trabalhadores na empresa; excepcionalmente, grupos não formalizados que representam trabalhadores na greve e em negociações coletivas não conduzidas, por inércia, pelas organizações sindicais, verdadeiras coalizões. De empregadores são sujeitos coletivos: as categorias econômicas; as empresas, quando atuam diretamente, sem intermediação sindical, em relações coletivas; as federações; as confederações; e as centrais sindicais. (*Compêndio de Direito Sindical*. São Paulo: LTr, 2005. p. 39).

(123) DELGADO, Mauricio Godinho. *Direito Coletivo do Trabalho*. São Paulo: LTr, 2008. p. 40-62.

(124) NASCIMENTO, Amauri Mascaro. *Compêndio de Direito Sindical*. São Paulo: LTr, 2005. p. 143-154.

(125) BRITO FILHO, José Claudio Monteiro de. *Direito Sindical*. São Paulo: LTr, 2012. p. 34.

consideração a liberdade sindical a irradiar princípios, sejam de associação, de filiação, de organização, entre outros.

Em nosso entendimento, a ordem constitucional brasileira contém os princípios específicos direcionados às relações coletivas de trabalho, podendo-se listar a unicidade sindical (art. 8º, II), a liberdade e a autonomia do ente sindical (art. 8º, I), a obrigatoriedade de participação da entidade sindical profissional no processo de negociação (art. 8º, VI), o reconhecimento das convenções e acordos coletivos de trabalho (art. 7º, XXVI), a proteção dos representantes dos empregados (art. 8º, VIII) e a liberdade de filiação e desfiliação (art. 5º, XX e art. 8º, V).

A estes acrescentaríamos o princípio da criação da norma jurídica pelos seres coletivos (chamado de criatividade normativa ou autonomia privada coletiva, pelos doutrinadores acima citados) e o da possibilidade de aplicação do negociado a respeito do legislado (chamado acima de adequação setorial negociada por Godinho Delgado), sob certas condições garantísticas ao obreiro.

Quanto ao primeiro princípio, o da unicidade sindical, inscrito expressamente na Carta Política de 1988, acaba por limitar a liberdade de sindicalização plena ao exigir que não seja criada mais de uma organização sindical representativa de categoria profissional ou econômica na mesma base territorial. Com isso, é criado óbice a que os trabalhadores possam optar pela entidade sindical que melhor represente seus interesses dentro da mesma base territorial, determinação que remonta ao corporativismo da era de Getúlio Vargas.

Contraditoriamente, apesar da limitação constitucional à pulverização de sindicatos, somos um País que possui atualmente 15.007 sindicatos registrados (10.167 são de trabalhadores e 4.840, patronais) para os 5.570 Municípios brasileiros, muitos sem nenhuma ação sindical, criados apenas com o intuito de arrecadação do imposto sindical, conforme noticiado em 2013 pelo jornal O Globo[126].

Tal fato nada mais demonstra além da urgência de ser levada a efeito uma reforma sindical no País, na medida em que há inúmeras entidades sindicais, muitos trabalhadores contribuindo para seus sindicatos com parcelas de seus salários e uma grande insatisfação da sociedade como um todo e dos obreiros, que são vinculados a entidades fracas, com pouca representatividade e incapazes de obter reais e permanentes benefícios trabalhistas e sociais, que venham a dar mais qualidade de vida ao obreiro a curto, médio e longo prazo,

---

(126) Nos últimos oito anos, foram criados no Brasil mais de 250 sindicatos por ano. De 2005 para cá, 2.050 sindicatos surgiram no país, somando 15.007 até a última sexta-feira. Somente neste ano, já nasceram 57 novos sindicatos. E algumas dessas entidades são criadas apenas para arrecadar a contribuição obrigatória, admite o presidente da Central Única dos Trabalhadores (CUT), Vagner Freitas. Esses sindicatos movimentam pelo menos R$ 2,4 bilhões, valor do imposto obrigatório em 2011, segundo o Ministério do Trabalho. (Disponível em: <http://oglobo.globo.com/economia/com-mais-de-250-novos-sindicatos-por-ano-brasil-ja-tem-mais-de-15-mil-entidades-8237463>).

com capacitação, menos discriminação, mais saúde no trabalho, especialmente saúde mental, entre outros direitos que podem ser negociados.

Entende-se por unicidade a sindicalização por categoria imposta por lei, que não significa unidade, pois esta ocorre quando os sindicatos se unem voluntariamente, por opção própria. Amauri Mascaro Nascimento, após concluir que a unicidade não se justifica mais no direito brasileiro, ressalta serem conceitos opostos e excludentes o da liberdade sindical e da proibição de livre organização sindical, visto que a auto-organização requer liberdade que não pode se compatibilizar com o monopólio sindical orgânico, afirmando, ainda, que: "A pluralidade pode prejudicar a união orgânica. Não impede, contudo, a unidade de ação. A unicidade orgânica pode assegurar a união formal. Não pode, no entanto, evitar o fracionamento da ação".[127]

Com efeito, deve-se estimular a defesa comum de interesses de integrantes de um mesmo setor econômico, o que é obtido com liberdade real de organização dos grupos sociais, ou seja, com admissão da pluralidade e da concorrência, e não por uma imposição estatal de união de pessoas insatisfeitas com as ações e opiniões dos dirigentes dos entes associativos que integram compulsoriamente.

Os princípios da liberdade e autonomia do ente sindical, insculpidos na máxima que o Estado não poderá interferir ou intervir na organização sindical e nem na criação de sindicatos, representaram uma reação ao período de constante intervenção estatal na vida sindical que teve lugar na década de 1930, influenciado pelo modelo fascista importado da Itália da época[128].

Nessa época, fortemente influenciada pela *Carta del Lavoro* italiana, Mario de La Cueva concluiu que não eram as categorias profissionais que se organizavam e se impunham ao Estado, mas este é que organizava aquelas[129].

Contudo, ficou mantido no texto constitucional a necessidade de registro no órgão competente, que é o Ministério do Trabalho e Emprego, formalidade esta que nada tem a ver com o antigo caráter publicista dos sindicatos que os colocava sob a égide política e administrativa do Estado autoritário, com poderes para criação, extinção e intervenção constante na vida da entidade.

O registro sindical instituído com a Carta de 88, anteriormente previsto no art. 518 da CLT, que foi recepcionado, ante o princípio de autonomia sindical, existe somente para manter o cadastro geral das entidades e verificação da unicidade ainda determinada na Constituição, não representa intervenção do

---

(127) NASCIMENTO, Amauri Mascaro. *Compêndio de Direito Sindical*. São Paulo: LTr, 2005. p. 167.

(128) "Em favor da liberdade de organização sindical militam dois argumentos decisivos, suficientes para contrapor-se às críticas. O primeiro é de ordem *político-sindical*. Proibir, por lei, mais de um sindicato na mesma categoria é resquício corporativista de um autoritarismo que não tem espaço numa sociedade pluralista e que quer ter no consenso o fundamento da sua edificação. O segundo é de ordem *prática institucional*. Num sistema de liberdade os sindicatos se unem como, quando e onde quiserem. A lei não os impede e a auto-organização dependerá da sua disposição, conveniências, iniciativas e entendimentos com os demais sindicatos." (*Ibidem*, p. 173).

(129) DE LA CUEVA, Mario. *Derecho Mexicano del Trabajo*. 2. ed. México: Libreria de Porrua Hnos. Y Cia., 1943. p. 238.

Estado na vida sindical. Valendo ressaltar, inclusive, que a ausência de registro do órgão do executivo não é visto como óbice, pela jurisprudência do TST ao reconhecimento da existência de fato do sindicato e até mesmo da estabilidade de seus dirigentes eleitos[130].

Em sentido semelhante, garantindo que o registro previsto no inciso I, do art. 8º, da CF não pode significar intervenções administrativas no poder de livre organização sindical das entidades, o STF tem se pronunciado, sempre tendo em vista a garantia da liberdade sindical em sua máxima possibilidade[131].

---

(130) RR-261600-83.2007.5.12.0050. Na fundamentação do acórdão, o Min. Relator ressalta: " *II*. O Supremo Tribunal Federal e esta Corte Superior já se posicionaram no sentido de que a garantia de emprego do dirigente sindical não está condicionada ao registro do sindicato no Ministério do Trabalho e Emprego (MTE) e no Cartório de Títulos e Documentos. *III*. Não se pode condicionar a estabilidade provisória do dirigente sindical ao registro da entidade representativa no Cartório de Títulos e Documentos e no Ministério do Trabalho e Emprego, pois a entidade sindical não nasce pronta e acabada. Pelo contrário, a constituição regular do sindicato é um processo que demanda tempo e que começa com a realização da assembleia para sua fundação e com a eleição dos respectivos dirigentes. Apenas depois da criação da entidade e da escolha de seus primeiros dirigentes é que se procede aos trâmites necessários à sua formalização. *IV*. Tem-se o começo da existência *formal* do sindicato com o respectivo registro no Cartório de Títulos e Documentos, e a obtenção da personalidade jurídica da entidade (art. 45, *caput*, do Código Civil). Por outro lado, o depósito dos atos constitutivos do sindicato no MTE marca o reconhecimento da investidura da representação sindical. A ausência desses registros não é causa excludente da garantia de emprego aos dirigentes sindicais, porquanto não se relacionam com a existência *de fato* do sindicato."

(131) "Até que lei venha a dispor a respeito, incumbe ao Ministério do Trabalho proceder ao registro das entidades sindicais e zelar pela observância do princípio da unicidade." (*Súmula n. 677 do STF*).

"A jurisprudência do STF, ao interpretar a norma inscrita no art. 8º, I, da Carta Política — e tendo presentes as várias posições assumidas pelo magistério doutrinário (uma, que sustenta a suficiência do registro da entidade sindical no Registro Civil das Pessoas Jurídicas; outra, que se satisfaz com o registro personificador no Ministério do Trabalho e a última, que exige o duplo registro: no Registro Civil das Pessoas Jurídicas, para efeito de aquisição da personalidade meramente civil, e no Ministério do Trabalho, para obtenção da personalidade sindical) —, firmou orientação no sentido de que não ofende o texto da Constituição a exigência de registro sindical no Ministério do Trabalho, órgão este que, sem prejuízo de regime diverso passível de instituição pelo legislador comum, ainda continua a ser o órgão estatal incumbido de atribuição normativa para proceder à efetivação do ato registral. Precedente: *RTJ* 147/868, Rel. Min. *Sepúlveda Pertence*. O registro sindical qualifica-se como ato administrativo essencialmente vinculado, devendo ser praticado pelo Ministro do Trabalho, mediante resolução fundamentada, sempre que, respeitado o postulado da unicidade sindical e observada a exigência de regularidade, autenticidade e representação, a entidade sindical interessada preencher, integralmente, os requisitos fixados pelo ordenamento positivo e por este considerados como necessários à formação dos organismos sindicais." (*ADI 1.121-MC*, Rel. Min. *Celso de Mello*, julgamento em 6.9.1995, Plenário, *DJ* de 6.10.1995.) *No mesmo sentido*: *ADPF 288-MC*, rel. min. *Celso de Mello*, decisão monocrática, julgamento em 21.10.2013, *DJE* de 25.10.2013; *ADI 5.034-MC*, rel. min. *Celso de Mello*, decisão monocrática, julgamento em 21.10.2013, *DJE* de 25.10.2013; *ADI 3.805-AgR*, Rel. Min. *Eros Grau*, julgamento em 22.4.2009, Plenário, *DJE* de 14.8.2009; *Rcl 4.990-AgR*, Rel. Min. *Ellen Gracie*, julgamento em 4.3.2009, Plenário, *DJE* de 27.3.2009).

"Liberdade e unicidade sindical e competência para o registro de entidades sindicais (CF, art. 8º, I e II): recepção em termos, da competência do Ministério do Trabalho, sem prejuízo da possibilidade de a lei vir a criar regime diverso. O que é inerente à nova concepção constitucional positiva de liberdade sindical é, não a inexistência de registro público — o qual é reclamado, no sistema brasileiro, para o aperfeiçoamento da constituição de toda e qualquer pessoa jurídica de direito privado —, mas, a teor do art. 8º, I, do Texto Fundamental, 'que a lei não poderá exigir autorização do Estado para a fundação de sindicato': o decisivo, para que se resguardem as liberdades constitucionais de associação civil ou de associação sindical, é, pois, que se trate efetivamente de simples registro — ato vinculado, subordinado apenas à verificação de pressupostos legais —, e não de autorização ou de reconhecimento discricionários. (...) O temor compreensível — subjacente à manifestação dos que se opõem à solução —, de que o hábito vicioso

Para a realização do registro, o Ministério do Trabalho e Emprego nos dias de hoje o gestor de um Sistema de Cadastro Nacional de Entidades Sindicais, que abriga e procura manter atualizadas todas as informações sobre as entidades sindicais.

Assim, o princípio ora em análise fundamenta a liberdade de auto--organização das entidades sindicais, podendo elaborar seus estatutos, determinar a assistência que prestará aos associados e não associados, e, inclusive, exercer atividade econômica, desde que lícita e cuja receita venha a constar de sua prestação de contas e servir de sustento econômico-financeiro, sempre respeitando o princípio democrático e a transparência na execução de seus atos, trata-se, portanto, da liberdade coletiva, sem interferências empresariais ou do Estado.

Contudo, conforme referido anteriormente quando analisamos a unicidade, tal liberdade de organização encontra limites com a imposição de adoção do sistema confederativo e, também, como lembrado por José Claudio Monteiro de Brito Filho, "pela impossibilidade de criação, como entidades sindicais, das centrais sindicais" [132].

No que pertine à liberdade individual de associação, seja em sua dimensão positiva ou negativa, esta envolve a prerrogativa que possui o empregado ou o empregador de se filiarem a sindicato ou se desfiliarem quando quiserem, conforme norma constitucional do art. 8º, V e 5º, XX, designada por Mauricio Godinho Delgado como "princípio da liberdade associativa e sindical" [133].

Também aqui não há plenitude no exercício da liberdade de não filiação, enquanto perdurar a contribuição sindical compulsória (art. 8º, IV, *in fine*, da CF/88) a obrigar trabalhadores, ainda que não associados, a contribuir com parte de seus salários, para determinada entidade sindical criada e que englobe suas categorias profissionais e base territorial onde prestam seus serviços, da mesma forma em relação aos empregadores, mesmo que não tenham interesse em filiarem-se à mesma.

Disposições como esta se encontram completamente contrárias aos ditames internacionais da Convenção n. 87 da OIT, até hoje não ratificada pelo Brasil, apesar de já ter sido feito por 148 dos 182 Estados-membros da OIT até 2007[134],

---

dos tempos passados tenda a persistir, na tentativa, consciente ou não, de fazer da competência para o ato formal e vinculado do registro, pretexto para a sobrevivência do controle ministerial asfixiante sobre a organização sindical, que a Constituição quer proscrever — enquanto não optar o legislador por disciplina nova do registro sindical, — há de ser obviado pelo controle jurisdicional da ilegalidade e do abuso de poder, incluída a omissão ou o retardamento indevidos da autoridade competente." (*MI 144*, Rel. Min. *Sepúlveda Pertence*, julgamento em 3.8.1992, Plenário, *DJ* de 28.5.1993). *No mesmo sentido*: *AI 789.108-AgR*, Rel. Min. *Ellen Gracie*, julgamento em 5.10.2010, Segunda Turma, *DJE* de 28.10.2010; *RE 222.285-AgR*, Rel. Min. *Carlos Velloso*, julgamento em 26.2.2002, Segunda Turma, *DJ* de 22.3.2002.

(132) BRITO FILHO, José Claudio Monteiro de. *Direito Sindical*. São Paulo: LTr, 2012. p. 34.

(133) DELGADO, Mauricio Godinho. *Direito Coletivo do Trabalho*. São Paulo: LTr, 2008. p. 44.

(134) Disponível em: <http://www.oitbrasil.org.br/sites/default/files/topic/union_freedom/doc/resumo_relatorio_global_2008_171.pdf>.

que estabelece a liberdade sindical com possibilidade real de não filiação, e, portanto, não contribuição[135].

De acordo com o princípio da obrigatoriedade de participação da entidade sindical profissional no processo de negociação, também consagrado constitucionalmente, como é autoexplicativo, envolve a presença obrigatória do ser coletivo obreiro na negociação coletiva, para equiparação com a parte adversa, coletiva por natureza, que é o ser empresarial.

Trata-se, na verdade, de uma garantia prevista no sistema sindical nacional para equivalência entre os sujeitos contrapostos, como afirmado por Mauricio Godinho Delgado, evitando-se, com isso, a validade de ajustes informais entre o empregador e grupos eventuais de trabalhadores, "sem a força de uma institucionalização democrática como a propiciada pelo sindicato", com aptidão para produção de normas jurídicas e não apenas cláusulas contratuais[136].

No Brasil, portanto, em razão do princípio em tela, a atividade negocial é prerrogativa exclusiva dos sindicatos, à exceção se a categoria estiver inorganizada em sindicato, quando atuará a federação e, na falta desta, a confederação (art. 611, § 2º, da CLT). Com isso, a autonomia privada coletiva no Direito pátrio passa, necessariamente, pela participação das entidades sindicais obreiras.

Há quem veja em mais este princípio outra limitação à liberdade de funcionamento do sindicato[137], porém não entendemos, assim não entendemos, na medida em que o próprio Direito Sindical foi criado e desenvolvido tendo como meta a regulação da atividade coletiva obreira, como visto no conceito, corporificada no sindicato, a este devem ser direcionados poderes específicos e exclusivos, para que não venha a se tornar mero elemento figurativo nas relações coletivas de trabalho, nada obstando que, conforme o amadurecimento da classe trabalhadora, venham a ser previstas e amparadas pelo direito outras entidades como negociadoras, como é exemplo as centrais sindicais, já existentes no mundo dos fatos.

---

"Alguns Estados de importância industrial notória e países de grande população e extensão territorial estão entre os que não ratificaram as Convenções n. 87 e n. 98. Isto deixa uma grande proporção de empregadores e trabalhadores, no âmbito mundial, sem a proteção legal oferecida por estes instrumentos internacionais. Cerca de metade do total da força de trabalho dos Estados-Membros da OIT vive em 5 países que não ratificaram a Convenção n. 87: Brasil, China, Índia, Estados Unidos da América e República Islâmica do Irã. Nenhuma ação significativa com a finalidade de promover a ratificação das Convenções foi desenvolvida nesses países desde o lançamento do segundo Relatório Global da OIT sobre os princípios da liberdade sindical e a da negociação coletiva (Organizar-se em Prol da Justiça Social), em 2004. O primeiro Relatório Global sobre o tema (Sua Voz no Trabalho) foi lançado em 2000."

(135) Art. 2º Os trabalhadores e os empregadores, sem distinção de qualquer espécie, terão direito de constituir, sem autorização prévia, organizações de sua escolha, bem como o direito de se filiar a essas organizações, sob a única condição de se conformar com os estatutos das mesmas (Convenção n. 87 da OIT).

(136) DELGADO, Mauricio Godinho. *Direito Coletivo do Trabalho*. São Paulo: LTr, 2008. p. 54-55.

(137) Sobre a questão, afirma José Claudio Monteiro de Brito Filho: "Esta restrição à liberdade de exercício das funções, a propósito, é inibidora da atuação das entidades sindicais de grau superior e das centrais sindicais, bem como de outros grupos, como as comissões de empresa" (BRITO FILHO, José Claudio Monteiro de. *Direito Sindical*. São Paulo: LTr, 2012. p. 143).

O próximo princípio, o do reconhecimento das convenções e acordos coletivos de trabalho, envolve a função mais importante do sindicato, ou seja, a função negocial, de onde se origina a convenção coletiva de trabalho, estabelecendo regras jurídicas que passarão a regular os contratos de trabalho de determinada categoria representada pelos convenentes, ao lado das normas provenientes do Estado.

Na verdade, as Constituições anteriores (art. 121, § 1º, alínea *j*, da Constituição de 1934; art. 157, inciso XIII, e art. 159 da Constituição de 1946; art. 158, inciso XIV, e art. 159 da Constituição de 1967; e art. 165, inciso XIV, e art. 166 da Constituição de 1967, com a redação conferida pela Emenda Constitucional n. 1, de 1969) dela cuidavam de forma indireta ao reconhecer as convenções coletivas de trabalho. A inovação de 1988 foi a inclusão do acordo coletivo de trabalho no texto do dispositivo e a consagração da liberdade e autonomia sindicais, ainda que com viés limitador.

As convenções e os acordos coletivos são fontes formais do direito do trabalho, mas um difere do outro em razão de seus sujeitos e da dimensão de seus efeitos. As primeiras têm como partícipes dois ou mais sindicatos representativos das categorias econômicas e profissionais, e são pactos normativos a estabelecer regras para reger as relações individuais de trabalho, enquanto os segundos, envolvem a participação da entidade sindical obreira, apenas, estando do outro lado a própria empresa ou empresas, e suas cláusulas atingem trabalhadores pertencentes a uma dada organização empresarial (art. 611, § 1º, da CLT).

Em seguida, pela ordem da previsão constitucional, vem o princípio da proteção dos representantes dos empregados, com garantia de seus empregos, para que possam exercer a representação de forma independente e sem o temor de represálias por parte do patrão, que o leve à perda do próprio emprego. Está baseada no art. 543, e parágrafos, da CLT e no art. 8º, VIII, da CF/88, que estabeleceram a estabilidade extraordinária do dirigente sindical.

No mesmo sentido, fundamenta esta garantia a Convenção n. 135, da OIT, ratificada pelo Brasil e promulgada em 1991, sobre proteção aos representantes dos trabalhadores, onde é prevista a proibição a que a empresa crie obstáculos à eficiência do desempenho dos dirigentes; reconhece a proteção tanto para dirigentes como para representantes dos trabalhadores e reconhece a estabilidade declarada em convenção coletiva, sentença arbitral ou decisão judiciária.

Com o advento da CF/88 houve um período de discussão sobre a recepção do art. 522, da CLT, que limitou o número de dirigentes sindicais a 07 (sete) diretores, no máximo, mais 03 (três) integrantes do conselho fiscal, pois se entendia que a limitação numérica poderia violar a liberdade de organização sindical. No entanto, a tese que prevaleceu no judiciário foi a da não revogação do dispositivo celetário, para evitar o abuso de direito dos sindicatos, que poderiam prever centenas de cargos de diretoria.

Dessa forma, foi elaborada a Súmula n. 369 do TST, com o conteúdo direcionado a limitar o número de dirigentes sindicais detentores da estabilidade[138] a 07 (sete) diretores e 07 (sete) suplentes.

Destaque-se que ao integrante de conselho fiscal, também previsto no mesmo art. 522, da CLT, não é reconhecida estabilidade por ter sua competência limitada à fiscalização financeira do sindicato, e não atua na defesa de direitos e reivindicações dos integrantes da categoria, como disposto na OJ 365, da SDI-1 do TST[139].

Sobre esta questão da garantia dos representantes sindicais, ainda não há conformação das entidades com a jurisprudência sumulada, por isso, recentemente, foi apresentada uma reclamação contra o Brasil na OIT, onde uma das alegações é que a Justiça do Trabalho estaria limitando a autonomia sindical "interna corporis" com o enunciado da Súmula n. 369 do TST, citada acima[140].

Contudo, entendemos que, mesmo não estando de acordo aos ditames da convenção n. 87 da OIT, é necessária uma intervenção oficial quanto ao número de dirigentes sindicais estáveis para que não haja abuso por parte dos obreiros, considerando que envolve limitação ao direito potestativo do empregador de rescisão do contrato de trabalho, o que também deve ser sopesado, evitando-se o prejuízo total de um direito. Por outro lado, tal fixação jurisprudencial e legal poderia ser afastada em casos de plena justificação da insuficiência no número dos dirigentes, ou, como melhor caminho, em situações de previsões normativas autônomas em sentido contrário, integrantes de convenções e acordos coletivos.

---

(138) *"DIRIGENTE SINDICAL. ESTABILIDADE PROVISÓRIA (redação do item I alterada na sessão do Tribunal Pleno realizada em 14.09.2012) — Res. 185/2012, DEJT divulgado em 25, 26 e 27.09.2012*

I — É assegurada a estabilidade provisória ao empregado dirigente sindical, ainda que a comunicação do registro da candidatura ou da eleição e da posse seja realizada fora do prazo previsto no art. 543, § 5º, da CLT, desde que a ciência ao empregador, por qualquer meio, ocorra na vigência do contrato de trabalho.

II — O art. 522 da CLT foi recepcionado pela Constituição Federal de 1988. Fica limitada, assim, a estabilidade a que alude o art. 543, § 3º, da CLT a sete dirigentes sindicais e igual número de suplentes.

III — O empregado de categoria diferenciada eleito dirigente sindical só goza de estabilidade se exercer na empresa atividade pertinente à categoria profissional do sindicato para o qual foi eleito dirigente.

IV — Havendo extinção da atividade empresarial no âmbito da base territorial do sindicato, não há razão para subsistir a estabilidade.

V — O registro da candidatura do empregado a cargo de dirigente sindical durante o período de aviso prévio, ainda que indenizado, não lhe assegura a estabilidade, visto que inaplicável a regra do § 3º do art. 543 da Consolidação das Leis do Trabalho.".

(139) *365. ESTABILIDADE PROVISÓRIA. MEMBRO DE CONSELHO FISCAL DE SINDICATO. INEXISTÊNCIA (DJ 20, 21 e 23.05.2008)*- Membro de conselho fiscal de sindicato não tem direito à estabilidade prevista nos arts. 543, § 3º, da CLT e 8º, VIII, da CF/1988, porquanto não representa ou atua na defesa de direitos da categoria respectiva, tendo sua competência limitada à fiscalização da gestão financeira do sindicato (art. 522, § 2º, da CLT).

(140) Disponível em: <http://www.migalhas.com.br/Quentes/17,MI202873,101048-Sindicatos+apresentam+reclamacao+contra+o+Brasil+na+OIT>. Acesso em: 18 jun. 2014.

Quanto aos dois últimos princípios por nós considerados, o da criação de normas jurídicas e o da prevalência do negociado sobre o legislado, passaremos a analisá-los conjuntamente, dada sua inter-relação.

A criação de normas jurídicas que, para Mauricio Godinho Delgado[141] trata-se do princípio da criatividade jurídica da negociação coletiva, ou da autonomia privada coletiva para José Claudio Monteiro de Brito Filho[142], envolve a possibilidade e garantia que as entidades sindicais e as empresas possuem de elaborar normas e condições de trabalho específicas, além das provenientes da atuação legislativa do Estado.

A prerrogativa sindical da criação normativa para uma coletividade profissional torna efetivo o princípio democrático de descentralização do poder político e de desenvolvimento da atuação dos atores sociais na regulamentação dos interesses setoriais[143].

O próprio Judiciário vem impulsionando a garantia da criatividade normativa, tendo em vista suas vantagens em abarcar situações recentes, que muitas vezes passam ao largo da atuação legislativa estatal.

Entretanto, nos idos do início do século XX, Evaristo de Moraes defendeu que era o momento de existir, no terreno legislativo, espaço maior a alguns institutos jurídicos, especificamente direcionados à proteção das classes trabalhadoras e à modificação das suas condições de existência. E continua o autor, afirmando que o poder legislativo tem dois caminhos a seguir: criação de leis regulamentadoras do trabalho e estímulo aos sindicatos profissionais para colaboração com as autoridades na harmonização das forças industriais. A experiência mostra que, onde o trabalhador individual perde, é vitorioso o obreiro sindicalizado[144].

É válido ressaltar que a prerrogativa sindical é da criação de normas jurídicas, e não apenas cláusulas contratuais, o que normalmente o Direito permite aos particulares. As normas coletivas são uma das fontes formais do direito laboral, como comandos gerais, abstratos e impessoais, e podem ser revogadas, como toda norma jurídica, por outras da mesma hierarquia ou de superior ordem, podendo revogar, inclusive, cláusulas contratuais. Diversamente, as cláusulas aderem aos contratos e não podem ser retiradas pela vontade que as incluiu, mas sim por normas jurídicas, além do que são fontes de obrigações e direitos concretos, específicos e pessoais, envolvendo seus contratantes.

A importância e a eficácia da autocomposição dos conflitos coletivos, por meio da negociação coletiva, é de tamanha relevância que há situações em

---

(141) DELGADO, Mauricio Godinho. *Direito Coletivo do Trabalho.* São Paulo: LTr, 2008. p. 59.

(142) BRITO FILHO, José Claudio Monteiro de. *Direito Sindical.* São Paulo: LTr, 2012. p. 34.

(143) Sobre a organização constitucional do sindicato, assim dispôs Carlos Moreira De Luca: "A vontade coletiva passa a tomar o lugar antes ocupado pelo Estado e suas manifestações, e não há legitimidade de representação sindical se não baseada na vontade livremente manifestada pela categoria; a lei traça limites e ordena a manifestação de tal vontade, mas não pode excluí-la em situações concretas sem entrar em choque com a Constituição." (*Revista LTr,* São Paulo, v. 57, n. 07, p. 812, 1993).

(144) DE MORAES, Evaristo. *Apontamentos de direito operário.* 4. ed. São Paulo: LTr, 1998. p. 8 e 12.

que as normas criadas pelas categorias podem ser aplicadas em detrimento da legislação estatal, na medida em que, como afirmou Manoel Mendes de Freitas[145] "em virtude das próprias partes envolvidas conhecerem, profundamente, as peculiaridades dos problemas e das regiões geográficas, as nuanças que cada categoria (econômica e profissional) possui".

A Constituição Federal de 1988 previu situações onde as normas provenientes da negociação coletiva podem alterar direitos previamente estabelecidos no ordenamento jurídico pátrio, como é o caso da redução salarial (art. 7º,VI); duração da jornada (art. 7º, XIII e XIV), além da regulação da participação nos lucros (art. 7º, XI c/c a Lei n. 10.101/2000).

Com isso, conforme conclui Carlos Moreira De Luca, "foram ampliadas as prerrogativas sindicais, atribuindo-lhe competência para medidas de flexibilização de direitos"[146].

A flexibilização retira a posição reguladora do Estado, passando aos partícipes das relações sociais o poder de auto-regulamentar seus interesses, sendo conhecidos vários exemplos de normas nacionais, constitucionais e infraconstitucionais, que abrem a possibilidade de alteração de direitos por meio da negociação coletiva, anteriormente citadas, e também a instituição do banco de horas, e, até mesmo no caso das comissões de conciliação prévia.

No entanto, a aplicação do negociado sobre o legislado encontra limites não apenas no princípio protetor e na imperatividade das normas trabalhistas, mas inclusive porque devem implementar uma situação jurídica melhor ao trabalhador do que a prevista na legislação heterônoma, respeitando os tratados e convenções internacionais subscritos pelo País, devendo envolver transação de verbas trabalhistas de indisponibilidade relativa, como aquelas acima citadas.

Assim, esses são os vetores a orientar o intérprete e aplicador do direito criado pela relações coletivas de trabalho, no momento de escolher entre a norma estatal protetiva ou a proveniente da autonomia privada coletiva.

## 3.2 NEGOCIAÇÃO COLETIVA

A negociação coletiva, mais relevante instrumento do direito coletivo do trabalho, é forma de autocomposição de conflitos coletivos de trabalho, surgidos em torno da relação de emprego, visto que são solucionados pelas próprias partes, sem a participação de outros agentes no processo de pacificação da controvérsia.

Difere da heterocomposição, onde há a intervenção de um terceiro alheio ao conflito, a quem é transferida a tarefa de analisar e solucionar a controvérsia,

---

(145) FREITAS, Manuel Mendes de. Convenção e Acordo Coletivos. In: FRANCO FILHO, Georgenor de Sousa (Coord.). *Curso de Direito Coletivo do Trabalho*. Estudos em homenagem ao Ministro Orlando Teixeira da Costa. São Paulo: LTr, 1998. p. 316.

(146) DE LUCA, Carlos Moreira. Os fundamentos constitucionais do Direito Coletivo do Trabalho Brasileiro. *Revista LTr*, São Paulo, v. 57, n. 7, p. 811, jul. 1993.

podendo ser um poder estatal, como é o caso da jurisdição, que vem a gerar a sentença normativa.

Constitui a negociação coletiva de trabalho um processo dialético entre trabalhadores, representados por seus sindicatos, e as empresas ou o sindicato patronal, onde é transacionado um conjunto de direitos e obrigações para regular as relações individuais de trabalho. É um diálogo entre as categorias profissional e econômica no intuito de que seja alcançado um acordo de pacificação entre capital e trabalho, de forma democrática e transparente.

Sobre a definição, José Claudio Monteiro de Brito Filho, após lembrar que no plano legal a negociação está definida no art. 2º da Convenção n. 154 da OIT, conclui que se trata de "processo de entendimento entre empregados e empregadores visando à harmonização de interesses antagônicos com a finalidade de estabelecer normas e condições de trabalho"[147].

Para Amauri Mascaro Nascimento[148] a negociação coletiva vem crescendo em importância, tanto na seara interna quanto internacional, como meio de solucionar conflitos, significando "a exteriorização da liberdade como valor supremo do indivíduo, tanto como cidadão quanto como produtor.".

Trata-se da evidência do plurinormativismo existente no direito do trabalho, onde as fontes formais não são apenas heterônomas (provenientes do Estado ou de Organismos Internacionais), mas, negociais, advindas do poder da vontade humana para pactuar. É a autonomia da vontade, como fonte geradora de normas jurídicas, reconhecidas pelo ordenamento constitucional e capazes de se ajustar às especificidades de cada grupo de trabalhadores e/ou de empresas em conflito.

Com a utilização da negociação coletiva, o trabalhador subordinado, agrupado em entidades sindicais, possui maiores possibilidades de obtenção de melhorias em suas condições de trabalho se comparado ao ser individual, transacionando isoladamente com o empregador, normalmente uma empresa.

No mesmo sentido, João de Lima Teixeira Filho, ao dissertar sobre o papel do Estado nas relações de trabalho, afirma ser a negociação coletiva o meio mais adequado para elaborar uma variedade de regras privadas, revistas e aprimoradas em cada atuação da autonomia privada coletiva, com vistas sempre à redução da distância entre o capital e o trabalho, espaço este que nem mesmo a lei foi apta a corrigir[149].

A Constituição Federal brasileira reconhece, expressamente, a negociação coletiva como direito fundamental (integrando o Título II), como visto, no art. 7º,

---

(147) BRITO FILHO, José Claudio Monteiro de. *Direito Sindical*. São Paulo: LTr, 2012. p. 150.
(148) NASCIMENTO, Amauri Mascaro. *Compêndio de Direito Sindical*. São Paulo: LTr, 2005. p. 306.
(149) TEIXEIRA FILHO, João de Lima. *A modernização da legislação do trabalho*. São Paulo: LTr, 1994. p. 25

XXVI, e, assim também o faz a da Espanha de 1978 (art. 37, 1) e a de Portugal de 1976 (art. 56, 3)[150], são, portanto, constituições prescritivas.

Os instrumentos jurídicos provenientes da negociação coletiva laboral bem sucedida são, no Brasil, o acordo e a convenção coletiva, que diferem quanto aos seus sujeitos e âmbito de validade das normas pactuadas. Como a própria dicção do art. 611, e seu § 1º, da CLT, na convenção coletiva há a participação de dois ou mais sindicatos, tanto do lado obreiro quanto do patronal, que estipulam condições de trabalho aplicáveis aos contratos individuais no âmbito das respectivas categorias representadas. Contudo, no acordo coletivo, é obrigatória a participação da entidade sindical profissional que negocie com uma ou mais empresas, e as regras daí advindas serão aplicadas às relações de trabalho no âmbito das empresas acordantes.

Com isso, conclui-se que as normas integrantes das convenções coletivas são intersindicais e as dos acordos coletivos são intraempresarias, não havendo mais que se falar em contrato coletivo de trabalho, antiga denominação dada à convenção coletiva, pela CLT, por influência do direito italiano (*Carta del Lavoro*), que não foi reconhecida pela Constituição Federal de 88[151].

Na verdade, atualmente no Brasil, o contrato coletivo de trabalho é referido pela Lei do Trabalho Portuário (8.630/1993, art. 18, par. único e art. 49[152]), sendo que não o tipifica completamente, acabando por ser, conforme entendimentos doutrinários, um terceiro tipo de instituto derivado da negociação coletiva trabalhista, porém sem as limitações existentes para a convenção e acordos coletivos, sendo cabível a criação de normas jurídicas com eficácia maior, e não apenas para a categoria profissional convenente, esbarrando na organização sindical vigente que limita a liberdade sindical por categoria profissional[153].

Na realidade, a distinção entre os documentos resultantes da negociação coletiva é de pouca importância para a pesquisa que trazemos, onde a perspectiva principal é a da possibilidade legal de criação das normas coletivas pelas próprias categorias e estabelecimentos empresariais, que passam a reger contratos individuais de trabalho daquele setor econômico e profissional, identificadas com mais lei do que com um contrato, com a vantagem de descer a minúcias e

---

(150) Art. 37, 1. La ley garantizará el derecho a la negociación colectiva laboral entre los representantes de los trabajadores y empresarios, así como la fuerza vinculante de los convenios. (Constituição Espanhola). Art. 56º, 3. Compete às associações sindicais exercer o direito de contratação colectiva, o qual é garantido nos termos da lei. (Constituição Portuguesa).

(151) SILVA, Homero Batista Mateus da. *Curso de Direito do Trabalho Aplicado*. Direito Coletivo do Trabalho. Rio de Janeiro: Elsevier, 2012. p. 142-143.

(152) Art. 18, parágrafo único: No caso de vir a ser celebrado contrato, acordo, ou convenção coletiva de trabalho entre trabalhadores e tomadores de serviços, este precederá o órgão gestor a que se refere o *caput* deste artigo e dispensará a sua intervenção nas relações entre capital e trabalho no porto.

Art. 49. Na falta de contrato, convenção ou acordo coletivo de trabalho, deverá ser criado o órgão gestor a que se refere o art.18 desta Lei no nonagésimo dia a contar da publicação desta Lei.

(153) DELGADO, Mauricio Godinho. *Direito Coletivo do Trabalho*. São Paulo: LTr, 2008. p. 148-149.

adaptar-se às circunstâncias específicas de cada profissão, segmento e região geográfica, do momento e do lugar. É a lei da categoria.

Diferem as normas autônomas coletivas da legislação estatal em alguns aspectos, sendo o primeiro o modo de sua elaboração, sem o inconveniente da lentidão legislativa e oriundas do poder sindical, que é privado, uma vez que a legislação é um ato de vontade do poder público e a convenção advém da vontade de particulares que desenvolvem um procedimento para a aprovação das normas.

Como segunda distinção temos que a legislação é geral, vinculando toda a sociedade a seus preceitos, enquanto a norma coletiva é específica para agrupamentos menores, permitindo a auto-regulamentação de detalhes que a lei nem deve se imiscuir. Por outro lado, há garantias mínimas e imperativas que não podem ser deixadas ao alvedrio da vontade dos grupos, pois a legislação ingressa para estabelecê-las, atendendo ao princípio protetor que rege o direito do trabalho e requer respeito aos direitos fundamentais sociais.

De fato, há direitos trabalhistas como, por exemplo, a proteção à integridade física do obreiro, a igualdade de tratamento, a idade mínima para o trabalho, entre outros, que interessam a toda a sociedade e que, por isso, devem estar garantidos, ainda que de forma genérica, no ordenamento jurídico estatal como contrato mínimo, podendo ser complementados para melhor, pela autonomia privada coletiva, conhecedora das novas demandas da organização do trabalho, sempre em mutação[154].

Distinguem-se a convenção coletiva ou acordo coletivo e a lei, pela fonte de poder, sendo a lei uma imposição e a norma coletiva é fruto de um consenso. A norma consensual não pode derrogar a lei, mas pode ter preferência na aplicação quando trouxer comando mais favorável ao trabalhador[155].

De fato, no Direito do Trabalho não há submissão, na aplicação do ordenamento jurídico, ao critério hierárquico vigorante no Direito Comum, que coloca sempre a Constituição e a legislação oficial no ápice da pirâmide normativa. Na seara laboral há a busca pela condição mais favorável ao trabalhador, não isoladamente, mas como integrante de um grupo social, capaz de criar normas jurídicas[156].

Ressalte-se, ainda, que na busca da norma mais favorável a ser aplicada é considerado todo o sistema jurídico em que a mesma está inserida, para

---

[154] "A tendência da legislação intervencionista é encaminhar-se para a tutela da personalidade, da saúde, da segurança, do trabalhador em seu meio ambiente de trabalho, valores que a lei deve prestigiar e que não podem ser entregues à lei do mercado, sendo indispensável a atuação do Estado pelos seus mecanismos de administração pública do trabalho, temas que pela sua significação não podem ser deixados à livre negociação no mercado". (NASCIMENTO, Amauri Mascaro. *Compêndio de Direito Sindical*. p.351)

[155] *Ibidem*, p. 310-311.

[156] Sobre a hierarquia entre lei e norma coletiva, Mauricio Godinho Delgado, afirma que há "uma espécie de *incidência concorrente*: a norma que disciplinar uma dada relação de modo mais benéfico ao trabalhador prevalecerá sobre as demais, *sem derrogação permanente, mas mero preterimento, na situação concreta enfocada.*" (DELGADO, Mauricio Godinho. *Direito Coletivo do Trabalho*. São Paulo: LTr, 2008. p. 152). (grifos do autor)

encontrar o complexo jurídico mais adequado, tendo-se em conta a teoria do conglobamento para identificar o conjunto normativo mais benéfico[157].

Aliás, como visto na parte dos princípios do direito coletivo, há situações em que o princípio da norma mais favorável cede espaço ao convencionado pelas partes, mesmo que pareça, ou até mesmo seja, mais oneroso ao trabalhador, é a chamada flexibilização das normas laborais, que encontra nos instrumentos da negociação coletiva lugar apropriado, consoante a própria Constituição Federal.

Quanto a este aspecto, da aplicação do negociado sobre o legislado, o Tribunal Superior do Trabalho vem a cada dia valorizando e abrindo mais espaços à convenção coletiva ante sua importância sócio-política e, especialmente, econômica. Tal situação é bem demonstrada em recente decisão, proferida em março/2014, quando foi reconhecida como válida cláusula de acordo coletivo elastecendo o prazo para pagamento de salários para o 16º dia útil, apesar da previsão imperativa do art. 459, parágrafo único, da CLT, a estabelecer o prazo para pagamento até o 5º dia útil do mês subsequente[158].

A necessidade premente de melhoria das condições de trabalho e de viabilização econômica do empreendimento, tem na negociação coletiva uma grande e dinâmica aliada, atuando como subsidiária do Direito Estatal e, baseada

---

(157) E nesta seara, constata-se estar a jurisprudência trilhando o mesmo caminho, conforme nos dá exemplo a seguinte ementa do TST, constante do RO-AA696737/00, que teve como Relator o Min. Ronaldo Leal: "Os princípios da autonomia privada coletiva e da flexibilização, abrigados pela Constituição de 1988 no art. 7º, VI, ampliaram a liberdade de negociação das representações sindicais, a fim de que possam, por meio de concessões recíprocas, chegar à solução de conflitos e a concretização de anseios, razão pela qual o produto da autocomposição não pode ser avaliado pelos seus dispositivos em um enfoque sectário, sem considerar a totalidade do conjunto, conforme pretende o recorrente, sob pena de quebra do equilíbrio dos interesses que o motivaram, desestimulando, dessa forma, o processo de negociação e composição autônoma tão preconizado pela Lei Maior e por esta corte". (CARRION, Valentin. *Comentários à CLT*. São Paulo: Saraiva, 2012. p. 829).

(158) Havendo situação específica, a cláusula de acordo coletivo negociado entre empregados e organizações sociais deve ser privilegiada e adotada quando possível. Por isso, a Subseção 1 de Dissídios Individuais do Tribunal Superior do Trabalho acolheu Embargos em Recurso de Revista do Hospital Nossa Senhora da Conceição e validou a alteração da data de pagamento dos salários para o 16º dia do mês seguinte ao trabalhado. A decisão levou em conta a especificidade do caso: o pagamento dos salários está, no caso do hospital, vinculado ao repasse de recursos do Sistema Único de Saúde (SUS), e a mudança da data se deu para evitar o colapso financeiro da entidade. (Disponível em: <http://www.conjur.com.br/2014-mar-25/tst-valida-acordo-coletivo-autoriza-pagamento-salarial-16-dia-mes>), *Processo*: RR — 187600-55.2005.5.12.0027.

Da mesma forma, valorizando a norma negociada, também o seguinte julgado: "I. AGRAVO DE INSTRUMENTO. RECURSO DE REVISTA. 1. HORAS *IN ITINERE*. CONVENÇÃO COLETIVA. LIMITAÇÃO. A Constituição Federal, em seu art. 8º, assegurou, aos trabalhadores e aos empregadores ampla liberdade sindical com inegável fortalecimento dos órgãos representativos das categorias profissional e econômica, razão pela qual a limitação pactuada em convenção coletiva, no tocante às horas *in itinere*, mesmo após a edição da Lei n. 10.243/2001, que conferiu nova redação ao artigo 58 da CLT, deve ser respeitada sob pena de negar eficácia ao art. 7º, XXVI da Constituição Federal. Agravo provido. II. RECURSO DE REVISTA. 1. HORAS *IN ITINERE*. CONVENÇÃO COLETIVA. LIMITAÇÃO. Havendo negociação coletiva quanto ao pagamento das horas *in itinere*, deveser atribuído validade aos instrumentos normativos, sob pena de violação à disposição contida no art. 7º, XXVI, da Constituição Federal, que prevê o reconhecimento das convenções e acordos coletivos de trabalho. Conheço". (PROC. N. TST-RR-575/2003-020-09-40.3. Relator Juiz Convocado Luiz Ronan Neves Koury).

no princípio geral da boa-fé, passível de concretizar direitos fundamentais sociais não completamente regulados e que, por isso, passem a ter seu exercício garantido e especificado para cada categoria profissional[159].

Por exemplo, o assédio moral e a exclusão de trabalhadores portadores de doenças profissionais, poderiam vir a ser melhor compreendidos e combatidos por meio de previsões normativas negociadas entre patrões e empregados, atendendo-se às peculiaridades de cada categoria profissional.

Para Amauri Mascaro Nascimento, ao dissertar sobre a função da negociação coletiva de preservação do equilíbrio dos custos sociais, conclui que seu incremento é um fato, bastando verificar o que chama de "modalização jurisprudencial no Brasil", ao reconhecer como válidos acordos coletivos para várias finalidades, entre as quais cita a compensação de horas, jornadas de trabalho em limites que superam os estabelecidos por lei, como a de 12 horas de trabalho por 36 de descanso, e até mesmo de 24 horas de trabalho por 36 de descanso, a exigência do esgotamento da via negocial para que o sindicato possa instaurar dissídio coletivo nos Tribunais, além de redução dos intervalos intrajornadas, quando a atividade econômica justifique, e a compensação de horas em atividade insalubre[160].

Cumpre-nos salientar que a combinação entre poder e liberdade de criatividade normativa conferida às entidades sindicais, não pode ser exercida sem observância dos direitos fundamentais, aos quais estão vinculadas de forma direta e imediata, sob pena de nulidade dos respectivos instrumentos, mas contrariamente devem servir de meio para garantir seu exercício e efetividade, contribuindo para a busca de uma sociedade mais justa e com menos desigualdade[161].

Nos dias atuais, a negociação coletiva e os instrumentos que dela resultam são meios eficazes para redução das desigualdades sociais e fortalecimento da auto-estima e capacidade dos cidadãos, na medida em que propiciam sua participação, mesmo que de forma indireta, com as representações sindicais, no processo de tomada e implementação de decisões que envolvem o seu próprio desenvolvimento[162].

A Organização Internacional do Trabalho há muito incentiva a negociação coletiva de trabalho, fazendo menção à organização de trabalhadores e empre-

---

(159) Como bem destaca Antonio Carlos Aguiar "Exatamente esse é o sentido integrador e conformador da negociação coletiva de trabalho, que, com apoio nos direitos fundamentais, concretiza as mutações ocorridas no mundo do trabalho, em que a legislação e os princípios tradicionais do direito não são suficientes à busca do equilíbrio das relações, preservação de interesses e dimensionamento de futuro dessas relações, dentro das alterações de estrutura que acontecem diuturnamente nas empresas, nos seus meios produtivos, administrativos e financeiros." (Negociação Coletiva de Trabalho. São Paulo: Saraiva, 2011. p. 111.)

(160) NASCIMENTO, Amauri Mascaro. Compêndio de Direito Sindical. São Paulo: LTr, 2005. p. 350.

(161) GOMES, Miriam Cipriani. Violação de Direitos Fundamentais na negociação coletiva de trabalho. São Paulo: LTr, 2012. p. 142.

(162) SANTOS, Enoque Ribeiro dos. Direitos Humanos na negociação coletiva. São Paulo: LTr, 2004. p. 151.

gadores e ao diálogo social em quase todas suas convenções e recomendações, conforme citado no capítulo sobre a proteção internacional, dedicando a Convenção n. 98, ratificada pelo Brasil em 18.11.1952, especificamente, ao direito de sindicalização e negociação coletiva e a Convenção n. 154, mais moderna, ratificada pelo Brasil em 10.07.1992, com o tema fomento à negociação coletiva.

Aliás, o incremento do diálogo social é parte das estratégias do trabalho decente formuladas pela OIT e em constante verificação de efetividade no país. O Trabalho Decente é o ponto de convergência dos quatro objetivos estratégicos da OIT (o respeito aos direitos no trabalho, a promoção do emprego, a extensão da proteção social e o fortalecimento do diálogo social), e condição fundamental para a superação da pobreza, a redução das desigualdades sociais, a garantia da governabilidade democrática e o desenvolvimento sustentável[163].

O texto da Convenção n. 154 ressalta, logo na introdução, o elenco dos mais importantes diplomas da OIT sobre o assunto, sendo eles: Convenção sobre a Liberdade Sindical e a Proteção do Direito de Sindicalização (n. 87), de 1948; Convenção sobre o Direito de Sindicalização e de Negociação Coletiva (n. 98), de 1949; a Recomendação sobre os Tratados Coletivos (n. 91), de 1951; a Recomendação sobre Conciliação e Arbitragem Voluntárias (n. 92), de 1951; a Convenção e na Recomendação sobre as Relações de trabalho na administração do trabalho, de 1978, para, em seguida, expressar que a negociação coletiva é aplicável a todos os ramos da atividade econômica (art. 1º).

Releva, ainda, citar, que também na introdução é afirmado o dever de se produzirem maiores esforços para realizar os objetivos de tais normas e especialmente os princípios gerais enunciados no artigo 4º da Convenção n. 98 (tomada de medidas nacionais para estímulo e desenvolvimento da negociação coletiva para regular, mediante acordos coletivos, termos e condições de emprego).

No art. 2º, da Convenção n. 154 é trazida definição de negociação coletiva como "todas as negociações que se realizam entre um empregador, um grupo de empregadores ou uma ou mais organizações de empregadores, de um lado, e uma ou mais organizações de trabalhadores, de outro", indicando como seu objeto a definição de condições de trabalho e emprego; regular as relações entre empregados e empregadores e regular as relações entre as organizações de trabalhadores e os empregadores e suas organizações[164].

Denota-se da definição estar ela de acordo com a legislação brasileira, mais especificamente com os artigos 611 e parágrafos e 613 da CLT, apesar de terem entrado em vigor em data anterior à Convenção e tratarem de instrumentos resultantes da negociação e não propriamente desta.

---

(163) GUIMARÃES, José Ribeiro Soares. *Perfil do trabalho decente no Brasil:* um olhar sobre as Unidades da Federação durante a segunda metade da década de 2000. Organização Internacional do Trabalho; Escritório da OIT no Brasil. Brasília: OIT, 2012. p. 11.

(164) NASCIMENTO, Amauri Mascaro. *Negociações Coletivas*. Organização Internacional do Trabalho — OIT. São Paulo: LTr, 1994. p. 136-137.

É válido cogitarmos que, quanto ao vocábulo "regular" constante do texto da norma internacional, Antonio Carlos Aguiar preleciona não ser sinônimo de regulamentar, ou seja, criar normas, mas sim a conformação de interesses em observância a determinadas finalidades, tendo-se em conta princípios e não apenas regras do tipo: "tudo ou nada" [165].

Contudo, entendemos que a negociação coletiva, da forma estabelecida tanto pela OIT, quanto pelo nosso sistema jurídico, envolve criação normativa para situações lacunosas e conformação de regras previamente existentes, sem que uma finalidade exclua a outra, mas, contrariamente, as duas se complementam.

Na verdade, a negociação coletiva há que funcionar como instrumento de mobilidade social, já que seu conteúdo é amplo e deve se moldar às necessidades e aos interesses dos participantes desse subsistema social das relações de trabalho, em um determinado momento histórico e em situações específicas[166].

Acresça-se, ainda, a dicção expressa do art. 5º, da Convenção n. 154, que prevê o dever dos Estados signatários de estimular a negociação coletiva, de modo que seja acessível a todos os trabalhadores e empregadores e que os órgãos e procedimentos de solução dos conflitos coletivos devem contribuir para o fomento da negociação, não podendo esta ser obstaculizada por outros métodos de solução que existam.

No Brasil, há essa preocupação com o estímulo à autonomia privada coletiva, ou seja, a negociação pelas próprias partes em conflito, principalmente após a EC n. 45/2004, que acrescentou a exigência do comum acordo para que trabalhadores e empregadores, por meio de seus sindicatos, ingressem com dissídio coletivo de natureza econômica, forçando a que os interlocutores cheguem ao consenso e elaborem seus próprios instrumentos coletivos.

De fato, a conduta de deixar ao Estado a solução para o conflito coletivo, configura a incapacidade de sucesso na busca pela melhoria econômica e social real, além da dificuldade de independência da classe trabalhadora, coletivamente organizada, em relação ao Estado protecionista[167].

De acordo com documento de referência para a I Conferência Nacional de Emprego e Trabalho Decente, produzido pelo Ministério do Trabalho e Emprego, em 2011, é relatado que um indicador de progresso da negociação coletiva nos últimos anos pode ser deduzido do comportamento — número e conteúdo — dos instrumentos coletivos pactuados por empregadores e trabalhadores. Segundo estatísticas do MTE/SRT, os instrumentos coletivos depositados em suas unidades regionais (SRTEs, antigas DRTs) passaram de 9.782, em 1997, a 32.662, em 2008, um notável aumento de mais de 333[168].

---

(165) AGUIAR, Antonio Carlos. *Negociação Coletiva de Trabalho*. São Paulo: Saraiva, 2011. p. 94.

(166) *Ibidem*, p. 96.

(167) GOMES, Miriam Cipriani. *Violação de Direitos Fundamentais na negociação coletiva de trabalho*. São Paulo: LTr, 2012. p. 65.

(168) Disponível em: <http://www.oitbrasil.org.br/sites/default/files/topic/decent_work/doc/textosubsidio.pdf>.

A jurisprudência nacional, especialmente do TST, também busca este fomento preconizado pela OIT, validando previsões específicas trazidas em instrumentos coletivos, tais como alterações de jornada (12x36) e de salários, que, à primeira vista, poderiam significar prejuízo ao obreiro[169].

Por outro lado, o estímulo à autocomposição não pode significar pressão para que os representantes das categorias e das empresas negociem e acordem normas, de tal monta que venha a ferir-lhes as liberdades fundamentais, sendo desejável que as próprias partes em conflito reconheçam o valor e utilidade das normas autônomas e a maturidade do movimento sindical assim o permita, o que também observa os comandos da OIT, que no art. 8º, da Convenção n. 154, estabelece que as medidas promocionais não devem ser aplicadas "de modo a cercear a liberdade de negociação coletiva".

A Convenção n.98, além de determinar a promoção da negociação voluntária entre empregadores ou suas organizações e organizações de trabalhadores, para regular termos e condições de emprego (art. 4º), como antes afirmado no introito da Convenção n. 154, traz a garantia de não discriminação aos trabalhadores sindicalizados ou não, e aos que participem de atividades sindicais fora da jornada de trabalho, ou durante esta, caso seja consentido pelo empregador (art.1º).

Em seguida, no art. 2º da mesma norma internacional, há a previsão da proteção da liberdade de organização sindical contra atos de ingerência, desta feita não estatais, mas das próprias organizações umas nas outras. É a vedação internacional expressa do "peleguismo"[170] sindical, na iniciativa privada, desde 1949, no momento em que dispõe serem atos de ingerência "promover a constituição de organizações de trabalhadores dominadas por organizações de

---

(169) "A Constituição Federal valoriza a negociação coletiva, incentivando o entendimento direto entre as categorias profissionais e econômicas, independente da intervenção estatal. Nesse sentido é o disposto no inciso XXVI do art.7º da Constituição, ao proclamar o direito ao reconhecimento das convenções e acordos coletivos de trabalho, visando a melhoria das condições de trabalho, bem como o aperfeiçoamento dos direitos mínimos estabelecidos em lei. Não se verifica, portanto, violação das normas que tratam da duração da jornada de trabalho ou contrariedade à Súmula 85, IV, do TST, na decisão que julgou válido o regime compensatório de 12 horas de trabalho por 36 horas de descanso, estabelecido com base em norma coletiva da categoria profissional." (TST, RR 58.000-70.2004.5.05.0007, Flavio Portinho Sirangelo).

"O art. 7º, inciso XVI, da Constituição Federal chancela a relevância que o Direito do Trabalho empresta à negociação coletiva. Em assim sendo, não violam a Constituição e a Lei a convenção ou o acordo coletivo de trabalho que disciplinem a forma de pagamento do adicional de periculosidade, ainda que redundem em agravamento do tratamento legal e jurisprudencial que lhe é dado. Enquanto espécies do gênero transação, a tais instrumentos deve-se dar interpretação conjunta: na comparação entre umas e outras, as cláusulas aparentemente perniciosas estarão convalidadas pelas que trazem vantagens. Ao admitir, inclusive, a redução dos salários, via negociação coletiva (art.7º, VI), a Carta Magna referenda o comportamento das categorias." (RR 722.961/01. Alberto Luiz Bresciani de Fontan Pereira — TST).

(170) Para Bibiano Girard, o pelego, na sua forma denotativa, é o couro junto à lã retirado da ovelha para servir de assento ao cavalariano sem que este machuque o quadril no cavalgar, mas que não elimina o peso sobre o cavalo. No sindicalismo, pelego é aquele "companheiro" que se deixou levar pelas insistências patronais ou que se desviou da verdadeira luta da classe a favor dos opressores. (Disponível em: <http://www.revistaovies.com/reportagens/2011/01/o-sindicalismo-e-o-peleguismo-desde-sempre/>).

empregadores ou mantidas com recursos financeiros ou de outra espécie, com o objetivo de sujeitar essas organizações ao controle de empregadores".

A maior parte das Convenções da OIT, e também de outros organismos internacionais, ampara a contratação coletiva trabalhista como maneira eficaz de implementar suas previsões nos territórios dos diversos Estados, juntamente com a legislação, os laudos arbitrais, a jurisprudência ou qualquer outra forma, de acordo com a prática nacional. No geral, as disposições internacionais terminam dispondo que as suas garantias podem ser efetivadas por meio da legislação nacional e das convenções e acordos coletivos[171]. A título exemplificativo citamos as Convenções ns. 100 (igualdade de remuneração entre o homem e a mulher) e 111 (igualdade de oportunidades e não discriminação) da OIT, com conteúdo já citado no capítulo primeiro deste trabalho, sobre a proteção internacional do princípio da igualdade.

### 3.2.1 Princípios e Funções

Em razão da pertinência com o tema central do presente trabalho, cumpre-nos refletir sobre os princípios e funções da negociação coletiva, especialmente no que tange aos fundamentos para se afirmar ser esta um instrumento de grande valia para a efetividade dos princípios e regras que regem a isonomia no âmbito das relações de trabalho.

Princípios são a base em que se fundamenta um instituto jurídico e lugar onde o intérprete deve buscar elementos para aplicação e interpretação das normas jurídicas que o regulam. Os princípios também possuem normatividade jurídica, garantindo e fundamentando direitos subjetivos[172].

Para José Claudio Monteiro de Brito Filho, os princípios da negociação coletiva são: o princípio da boa-fé; o princípio do dever de informação; princípio da razoabilidade ou do dever de adequação, e, por último, o do respeito à finalidade da negociação, não estando todos, necessariamente, integrando o ordenamento jurídico sob a forma de regras[173].

Henrique Macedo Hinz enumera como sendo três os princípios da negociação, sendo eles: o da obrigatoriedade da atuação sindical; o da simetria entre os contratantes e o da lealdade e transparência[174].

Ressalte-se, também, os princípios elencados por Antonio Carlos Aguiar que, amparado em João de Lima Teixeira Filho, indica os seguintes, como espe-

---

(171) SANTOS, Ronaldo Lima dos. *Teoria das normas coletivas*. São Paulo: LTr, 2007. p. 192.

(172) Sobre o tema, Luís Roberto Barroso afirma: "Modernamente, no entanto, prevalece a concepção de que o sistema jurídico ideal se consubstancia em uma distribuição equilibrada de regras e princípios, nos quais as regras desempenham o papel referente à *segurança jurídica* — previsibilidade e objetividade das condutas — e os princípios, com sua flexibilidade, dão margem à realização da *justiça* do caso concreto." (*Curso de Direito Constitucional contemporâneo*. São Paulo: Saraiva, 2010. p. 317). (grifos do autor)

(173) BRITO FILHO, José Claudio Monteiro de. *Direito Sindical*. São Paulo: LTr, 2012. p. 154-155.

(174) HINZ, Henrique Macedo. *Direito Coletivo do Trabalho*. São Paulo: Saraiva, 2012. p. 133.

cíficos da negociação coletiva: princípio da inescusabilidade negocial; princípio da boa-fé; direito de informação; princípio da razoabilidade e princípio da paz social. Em seguida, o mesmo autor ainda reconhece a existência de vários outros princípios constitucionais que interagem com a negociação coletiva, dispostos nos arts. 5º e 7º da CF, incluindo os que citam o princípio da legalidade, o direito de associação, a liberdade sindical, entre outros[175].

Entre os autores citados, bem como da maioria da doutrina, há unanimidade na indicação do princípio da boa-fé ou lealdade como regente da negociação coletiva[176].

De fato, não se pode conceber as partes negociando, para solucionar um conflito coletivo, pautadas em intenções desleais e sem ética, buscando obter somente vantagens para si ou prejudicar o outro contraente. Tais atitudes só iriam adiar o conflito, ou até mesmo acirrá-lo, quando uma das partes percebesse que foi enganada. É essencial a existência de um comportamento ético por parte dos negociadores, para que sejam produzidas cláusulas contratuais e normas eficazes e efetivas.

Com a submissão à lealdade e boa-fé, as partes em conflito devem pretender a satisfação dos interesses de ambas, com vistas a melhor condição social do trabalhador, permitindo, igualmente, um incremento na atividade de produção.

Importante comentarmos sobre a razoabilidade, aceita com certa concordância entre os autores, devendo sempre estar presente nos pleitos que vierem a ser apresentados sob pena de comprometer a seriedade do processo negocial. Com efeito, não se deve pretender benefícios que não têm condições de serem atendidos, bem como não pode a empresa apresentar contraproposta muito menor do que suas reais possibilidades. Para que se alcance um resultado negociado é mister que haja um diálogo social verdadeiro e uma proposta adequada, sem posições extremadas.

Para que se alcance tal finalidade, as organizações sindicais obreiras devem se inteirar e conhecer, da forma mais ampla possível, as reais condições financeiras e patrimoniais da categoria econômica e/ou empresa acordante, e a influência das oscilações do mercado, e aos empregadores cabe sempre permitir a transparência de seus negócios àqueles que vendem a força de trabalho para a realização dos objetivos empresariais.

---

(175) AGUIAR, Antonio Carlos. *Negociação Coletiva de Trabalho.* São Paulo: Saraiva, 2011. p. 110-120.

(176) JOÃO DE LIMA TEIXEIRA FILHO, ao dissertar sobre o reconhecimento pela CF/88 da negociação coletiva como direito fundamental (art. 7º, XXVI), assim dispôs: "as propriedades transformadoras do direito fundamental à negociação coletiva, cujo exercício exige participação da coletividade representada, debate democrático dos interlocutores sociais e comprometimento das partes com a norma ajustada em governo autônomo das condições de trabalho, no limite de suas realidades e possibilidades concretas, sincera e lealmente debatidas na mesa de negociações, sem prejuízo da ética, da boa fé e da responsabilidade social." (Considerações sobre a Ultra-Eficácia de Condições Coletivas de Trabalho e a Alteração da Súmula n. 277 do TST. *Revista LTr,* v. 77, n. 12, p. 1.425, dez. 2013).

O princípio do dever de informação está intimamente ligado à razoabilidade e adequação das reivindicações, pois nos remete à transparência citada acima, necessária para que as partes fundamentem, de forma razoável, seus pedidos, surgindo assim o dever de respeitar o sigilo de informações sobre a empresa que, se fossem divulgadas, poderiam gerar danos.

Por fim, o princípio do respeito à finalidade da negociação, citada por Aguiar como paz social, traz o dever de negociar (art. 616, da CLT) para solucionar conflitos coletivos, o que é da essência da negociação como instrumento de equilíbrio das partes e conformação de interesses.

Tal atitude das partes é interesse de toda a sociedade, cujos integrantes passam por muitos obstáculos em suas atividades normais, em casos de conflitos coletivos de trabalho frequentes e duradouros, especialmente quando estes ocorrem em atividades essenciais, tais como transportes públicos.

A autonomia privada coletiva, apesar de reconhecida constitucionalmente e incentivada, não é ilimitada, devendo atender a sua função social.

No que tange às funções da negociação coletiva, seguimos a lição de Amauri Mascaro Nascimento, que as divide em jurídicas e não jurídicas, sendo a principal função jurídica a compositiva, que harmoniza interesses contrapostos, sendo jurídicas, também, a criação de normas e de obrigações e direitos entre os próprios sujeitos negociantes e, como não jurídicas, a função política; a função econômica; a função social e a função de preservação do equilíbrio dos custos sociais (capacidade de gerir crises)[177].

Pela função compositiva, a negociação busca a pacificação de interesses contrapostos entre os próprios trabalhadores e empregadores, aqueles representados por suas organizações sindicais, com vistas a evitar a greve ou a solução judicial do conflito. A função de criação de normas a serem aplicadas às relações individuais de trabalho é uma das principais características da negociação e do próprio Direito Coletivo do Trabalho.

E, neste ponto, como observado por José Claudio Monteiro de Brito Filho, ser a função normativa mais importante e desenvolvida em países onde o Direito do Trabalho é menos regulamentado, e exemplifica o autor com o caso dos Estados Unidos onde as normas estatais são mínimas, sendo a negociação coletiva a principal criadora das regras trabalhistas[178].

Arnaldo Süssekind também afirma que nos Estados Unidos e no Canadá existe a tradição de manter os direitos substantivos como objeto de contratos coletivos de trabalho celebrados entre sindicatos de trabalhadores e empresas, salvo raras exceções de intervenção estatal. Já em relação aos países detentores de poderosas entidades sindicais, como na Alemanha, na França, na Itália, Suécia e Espanha, apesar da legislação laboral continuar intervencionista, os direitos

---

(177) NASCIMENTO, Amauri Mascaro. *Compêndio de Direito Sindical*. São Paulo: LTr, 2005. p. 346-351.
(178) BRITO FILHO, José Claudio Monteiro de. *Direito Sindical*. São Paulo: LTr, 2012. p. 151.

são ampliados pelas convenções coletivas, abrindo-se uma oportunidade maior à normatividade destas[179].

Há também a função de criar obrigações entre os próprios sujeitos convenentes, o que integra as cláusulas obrigacionais que não irão reger os contratos individuais de trabalho, mas a relação de direitos e deveres entre as organizações pactuantes.

Quanto à função política, é forma de diálogo entre grupos sociais em uma democracia, para alcançar a pacificação dos conflitos de forma autônoma, o que interessa a toda a sociedade politicamente organizada, a função econômica consiste na distribuição de riquezas em momentos de crescimento econômico, ou de diminuição de benefícios em meio a crise econômica, é por meio da negociação coletiva que os sindicatos levam pleitos de reajustes e aumento de salários, bem como pode vir a estabelecer a participação dos trabalhadores nos lucros ou resultados da empresa.

Em seguida vem a função social, a que mais nos interessa no presente trabalho, juntamente com a normativa por envolver a participação dos trabalhadores no desenvolvimento da empresa, não apenas de forma passiva, mas também ativamente, sempre em busca da pacificação social e melhoria do ambiente de trabalho, sob esta função, a negociação incentiva a ideia de parceria entre patrões e empregados.

Por fim, a função de preservação do equilíbrio dos custos sociais, que permite à empresa realizar um balanço de custos e gastos com mão de obra, e redução de riscos a sua saúde financeira.

Com o passar dos anos até chegar ao período contemporâneo, a negociação coletiva vem sofrendo alterações no sentido de evoluir para abarcar outras funções, além das já descritas. De fato, o instrumento de autocomposição de conflitos vem se adequando ao tipo de sociedade que temos, com todas as suas características econômicas, políticas e sociais.

A importância da negociação cresceu e passou a ter uma diversidade de funções, funcionando como modo de introduzir flexibilidade ao mercado, tendo Antonio Carlos Aguiar acrescentado mais quatro significativas funções relativas a flexibilização/adaptação; instrumento de gestão empresarial (deslocamento do objeto da negociação do trabalhador para o trabalho); verificação da responsabilidade social das empresas e função de ouvidoria[180].

Na realidade, a negociação coletiva passou a ser utilizada para adaptar as condições de trabalho aos novos imperativos das relações laborais, conforme a necessidade de competitividade. Deixou de ser um mecanismo de estipulação de condições de trabalho mais benéficas, com foco apenas no trabalhador, tornando-se bilateral com conteúdo gerencial e administrativo, podendo, assim,

---

(179) SÜSSEKIND, Arnaldo Lopes. *Direito Constitucional do Trabalho*. Rio de Janeiro: Renovar, 2010. p. 447; NASCIMENTO, Amauri Mascaro. *Compêndio de Direito Sindical*. São Paulo: LTr, 2005. p. 350-351.
(180) AGUIAR, Antonio Carlos. *Negociação Coletiva de Trabalho*. São Paulo: Saraiva, 2011. p. 132-147.

em momentos de recessão econômica, reduzir direitos que gerem dispêndio financeiro, com vistas a garantir a manutenção dos empregos[181].

Em relação a esses momentos de recessão, há que ser respeitada sempre a noção de que em negociação coletiva não deve haver renúncia de direitos simplesmente, mas sim transação, sempre em busca de uma contrapartida nos casos de redução de vantagens, para que ambas as partes em conflito arquem com as dificuldades econômicas empresariais. E com tal ponto de vista, pode-se sempre acrescer ao acordo ou convenção coletivos cláusulas que não signifiquem grandes gastos econômicos e possam vir a beneficiar o ambiente laboral como um todo, sendo o caso, por exemplo, de previsões sobre combate a atos discriminatórios recorrentes, garantias de diversidade dentro da empresa, bem como nas promoções e capacitações, entre outras situações.

Interessante registrar a função de verificar a responsabilidade social das empresas conforme o conteúdo dos instrumentos coletivos que subscreve, demonstrando a preocupação do empregador com os valores sociais, como os direitos humanos, o ambiente de trabalho e a qualidade de vida dos empregados, concretizando direitos fundamentais já previstos de forma genérica em leis estatais, e assumindo responsabilidades que são do interesse de toda a sociedade[182].

Quanto à relação entre o conteúdo da norma coletiva e a responsabilidade social empresarial, trataremos mais adiante, em item separado, face ao interesse que o exercício da referida função representa para a pesquisa ora desenvolvida.

A última das novas funções acima sugeridas, a instituição de ouvidoria por meio da negociação coletiva (o *ombudsman* sindical) mostra-se como medida de grande valia para o aperfeiçoamento periódico das relações humanas trabalhistas e ao respeito e observância dos princípios e direitos fundamentais. É possuir um canal de comunicação, interno e externo, na figura de um ouvidor, a quem deve ser dada garantia de emprego, que receberá relatos com questões internas a serem solucionadas sob vários aspectos, inclusive atitudes comportamentais para erradicar assédios, tanto moral quanto sexual.

O ouvidor sindical reunirá todas as condições para desenvolver atitudes e iniciativas de materializar os direitos fundamentais, tendo em conta, "os atuais e modernos conceitos de empresa cidadã e valorização social.[183]"

Vale ressaltar, ainda, a função pedagógica da negociação coletiva, indicada por Enoque Ribeiro dos Santos[184], como procedimento permanente de aquisição

---

(181) NASCIMENTO, Amauri Mascaro. *Compêndio de Direito Sindical*. São Paulo: LTr, 2005. p. 350.

(182) Sobre este assunto, ressaltou ANTONIO CARLOS AGUIAR: "Como pode-se (*sic*) observar, toda essa atuação está umbilicalmente ligada à negociação coletiva de trabalho, que se preocupa com a concreção dos direitos fundamentais para garantir o equilíbrio entre a livre iniciativa (acrescida do direito de propriedade) e a dignidade da pessoa humana, os valores sociais do trabalho, o meio ambiente do trabalho saudável e uma remuneração adequada para os empregados." (AGUIAR, Antonio Carlos. *Negociação Coletiva de Trabalho*. São Paulo: Saraiva, 2011. p. 140).

(183) *Ibidem*, p. 146-147.

(184) *Ibidem*, p. 128-132.

e troca de experiências, o que ocorre de fato, visto que há o pressuposto da autorização das cláusulas a serem negociadas, via assemblear, quando os empregados discutem os problemas e pretensões da categoria, obtendo uma consciência a respeito de seus direitos e deveres, tendo continuidade, em seguida, com o processo de discussão das reivindicações com a classe patronal, mediante propostas e contra propostas.

## 3.3 CONTEÚDO DAS CONVENÇÕES E ACORDOS COLETIVOS DE TRABALHO

Os instrumentos coletivos de trabalho, frutos de negociações coletivas bem sucedidas, podem conter cláusulas obrigacionais e normativas[185] ou, como também denominadas pela doutrina especializada, cláusulas contratuais e regras jurídicas[186], respectivamente.

As cláusulas obrigacionais ou contratuais são as que estipulam direitos e obrigações para as entidades convenentes que, dependendo do tipo do instrumento coletivo, acordo ou convenção, podem ser: sindicato profissional e empresa (s) ou sindicato profissional e sindicato patronal. Não se referem aos contratos individuais de trabalho por isso não são incorporadas aos mesmos e sua presença não é muito expressiva nos instrumentos coletivos. Como exemplo deste tipo de cláusula temos a que determine à empresa encaminhar ao sindicato profissional a relação e a qualificação de seus empregados.

Contudo, as cláusulas normativas ou regras jurídicas (as que mais nos interessam no presente trabalho) representam a maioria das cláusulas dos instrumentos coletivos e se referem a direitos e obrigações que irão integrar os contratos individuais de trabalho, projetando neles seus efeitos, dentro de cada categoria econômica e profissional representada.

São estas últimas, a verdadeira razão de ser da convenção e do acordo coletivos, como peculiaridades próprias deste tipo contratual de criação de fontes normativas autônomas a regularem os contratos individuais de trabalho ao lado do ordenamento estatal, e às vezes, até suplantando e complementando este. São exemplos de cláusulas normativas as que estipulam percentual de horas extras e reajustes salariais, bem como cláusulas sobre diversidade no ambiente de trabalho, todas geram para o empregador a obrigatoriedade de conceder aos empregados os benefícios lá previstos, e aos empregados o direito de recebê-las[187].

A negociação coletiva, com sua função criadora de normas e condições de trabalho para reger as relações individuais, é o mecanismo mais adequado e próximo para efetivação e respeito da condição de cidadão do empregado, e

---

(185) NASCIMENTO, Amauri Mascaro. *Compêndio de Direito Sindical*. São Paulo: LTr, 2005. p. 342.

(186) DELGADO, Mauricio Godinho. *Direito Coletivo do Trabalho*. São Paulo: LTr, 2008. p. 143.

(187) Amauri Mascaro Nascimento sobre o assunto afirma: "O conteúdo normativo é o núcleo dos acordos e a sua parte principal, a sua verdadeira razão de ser: a constituição das normas para os contratos individuais de trabalho." (NASCIMENTO, Amauri Mascaro. *Compêndio de Direito Sindical*. São Paulo: LTr, 2005. p. 344).

de sua conscientização sobre seus direitos garantidos, na medida em que as cláusulas a serem negociadas devem ser discutidas e aprovadas em assembleia geral da categoria, conforme exigência do art. 612, da CLT, o que resulta em despertar o interesse do trabalhador sobre os temas[188].

Interessante destacar a aptidão das cláusulas normativas para dar segurança à aplicação e concretização de direitos fundamentais, sempre tendo como foco o princípio da eficácia horizontal dos mesmos, trazendo soluções para o respeito e observância dos direitos fundamentais em situações próprias e específicas a que for chamada a enfrentar[189].

Assim, as convenções e acordos coletivos, juntamente com a jurisprudência, a doutrina e a lei ordinária, contribuem para completar a relação dos direitos mínimos garantidos constitucionalmente, pois não se poderia especificar todos os direitos e nem mencionar todas as liberdades nos textos constitucionais.

Diante disso, há direitos fundamentais implícitos no próprio texto constitucional, em normas e princípios que geram uma abertura do catálogo de direitos fundamentais que precisam ser revelados e assegurados juridicamente, e até redefinidos para alcançar situações específicas, o que significa campo fértil à autonomia privada coletiva. Ingo Wolfgang Sarlet, afirma ser indubitável que, quando o Constituinte se referiu a direitos decorrentes (art. 5º, § 2º, da CF/88), acabou por reconhecer, de forma expressa, a possibilidade de serem deduzidos novos direitos fundamentais com base nos princípios e no regime da Constituição, aos quais ele prefere denominar direitos não escritos ou não expressos[190].

Cabe-nos, contudo, referir sobre período de vigência das condições de trabalho criadas por meio da negociação coletiva. Estipula a CLT que é vedado estabelecer duração superior a dois anos para convenção ou acordo coletivo (art. 614, § 3º, CLT).

A prática nas relações coletivas de trabalho vem demonstrando que as partes têm restringido a vigência dos instrumentos coletivos celebrados há apenas um ano, havendo debates no Direito do Trabalho no que tange à incorporação dos direitos previstos nos contratos individuais de trabalho, mesmo após a expiração do prazo de vigência da norma autônoma.

Ressalte-se, inicialmente, que há um ponto comum no dissenso doutrinário sobre o tema, todos consideram que a problemática da integração ou não aos contratos individuais de trabalho refere-se às cláusulas normativas, logicamente,

---

(188) Sobre o conteúdo da negociação coletiva como meio de incitação, Antonio Carlos Aguiar dispõe: "Dentro desse centro de multiplicação de instâncias de negociações, entre os diversos atores sociais, a negociação coletiva de trabalho se posiciona como um mecanismo autorreferencial aberto, com o papel de provedor de incitações (não coativas), quanto ao seu conteúdo, garantindo, dessa maneira, a capacidade de discussão razoável (razão discursiva de Habermas), que deve dominar os foros e negociação." (AGUIAR, Antonio Carlos. *Negociação Coletiva de Trabalho*. São Paulo: Saraiva, 2011. p. 150).

(189) *Ibidem*, p. 73.

(190) SARLET, Ingo Wolfgang. *A eficácia dos Direitos Fundamentais*. Porto Alegre: Livraria do Advogado, 2010. p. 88-89.

porque, como visto, são as que preveem condições de trabalho e se projetam nos contratos, sendo as cláusulas obrigacionais sempre temporárias.

Nesse aspecto, há três posicionamentos básicos, o primeiro que defende a ultratividade plena, ou aderência irrestrita, onde as regras jurídicas negociadas integrariam para sempre os contratos individuais, não mais sendo admitida sua supressão, com fundamento na vedação de alteração contratual do art. 468 da CLT que, para alguns doutrinadores impediria até mesmo a flexibilização[191].

Bruno Ferraz Hazan, um dos defensores dessa teoria, defende que a aderência contratual irrestrita confere estímulo e fortalece a negociação coletiva, pois os trabalhadores negociariam a melhoria de suas condições sociais sem preocupação com a revogação futura de suas conquistas[192].

Outro posicionamento envolve a ausência total de ultratividade, ou seja, a aderência das normas coletivas aos contratos individuais de trabalho restaria limitada ao prazo de vigência do instrumento, entendimento que foi respaldado nas últimas décadas pela jurisprudência, inclusive constando de Súmula do TST, n. 277, que, atualmente, teve seu conteúdo alterado.

E, afinal, a vertente a nosso ver mais equilibrada, a da ultratividade relativa, ou integração aos contratos individuais até que outro instrumento coletivo venha a revogar as normas coletivas, expressa ou tacitamente, passou a dominar a jurisprudência do TST, acordante à nova redação da Súmula n. 277[193].

Em período anterior à alteração, Mauricio Godinho Delgado pronunciava ser esta última a posição tecnicamente e doutrinariamente mais acertada. Seria a mais técnica, pois envolve norma jurídica, criada para ser permanente, só podendo ser revogada apenas por outra da mesma hierarquia ou de hierarquia superior, como regra geral, e na seara doutrinária é a posição em maior harmonia com os objetivos do Direito Coletivo do Trabalho que consistem na busca da solução dos conflitos, na melhoria das condições de trabalho e obtenção de regras jurídicas adequadas para cada categoria profissional, incentivando a negociação coletiva[194].

Também Carlos Moreira de Luca, afirma ser entendimento dominante na doutrina a incorporação das cláusulas coletivas aos contratos individuais, concluindo que perduram ainda que cesse a vigência do contrato coletivo, se a cláusula não for renovada ou se sobrevier outra menos favorável[195].

---

(191) Conforme nos dá notícia CARRION, Valentin. *Comentários à CLT*. São Paulo: Saraiva, 2012. p. 394, sobre Conferência proferida por Hugo Gueiros Bernardes, em Congresso da LTr, nov. 1997.

(192) HAZAN, Bruno Ferraz. *A aderência contratual das normas coletivas*. São Paulo: LTr, 2012. p. 84.

(193) "CONVENÇÃO COLETIVA DE TRABALHO OU ACORDO COLETIVO DE TRABALHO. EFICÁCIA. ULTRATIVIDADE (redação alterada na sessão do Tribunal Pleno realizada em 14.9.2012) — Res. n. 185/2012, DEJT divulgado em 25, 26 e 27.9.2012.

As cláusulas normativas dos acordos coletivos ou convenções coletivas integram os contratos individuais de trabalho e somente poderão ser modificadas ou suprimidas mediante negociação coletiva de trabalho."

(194) DELGADO, Mauricio Godinho. *Direito Coletivo do Trabalho*. São Paulo: LTr, 2008. p. 157.

(195) LUCA, Carlos Moreira de. *Convenção Coletiva de Trabalho*. Um estudo comparativo. São Paulo: LTr, 1991. p. 152.

Além disso, a ultratividade relativa, amparada na novel redação da Súmula n. 277, encontra maior adequação com a Constituição Federal de 88 que trouxe um impulso pioneiro à negociação coletiva no país, reconhecendo seu verdadeiro poder criativo de normas jurídicas e não somente cláusulas. Havendo, inclusive, previsão expressa no art. 114, § 2º, da CF/88[196] de respeito às disposições convencionadas anteriormente quando o Judiciário trabalhista for decidir dissídio coletivo de natureza econômica que lhe for submetido[197].

Diante da citada disposição, conclui-se que foi intenção do constituinte colocar as regras convencionadas com prestígio equivalente ao das disposições mínimas legais de proteção ao trabalho, devendo ser observadas pela sentença normativa, como efetivas normas jurídicas que são, integrando-se aos contratos individuais até que outras sejam convencionadas para revogá-las[198].

Hazan, ao afirmar que o art. 114, § 2º, da CF fundamenta a aderência irrestrita das normas autônomas e heterônomas aos contratos individuais de trabalho, conclui que o dispositivo constitucional em comento exige que as conquistas históricas dos trabalhadores sejam observadas e protegidas pelos Tribunais, servindo de limites ao poder normativo da Justiça do Trabalho, juntamente com as normas legais.

O autor aprofunda-se alegando que a disposição constitucional aumenta a aderência irrestrita, uma vez que determina a vigência da norma coletiva para depois de esgotado seu prazo de vigência, não se restringindo aos empregados que laboraram dentro do prazo do instrumento, mas estendendo-se a todos os integrantes da categoria profissional[199].

Contrariamente ao entendimento acima, Ronaldo Lima dos Santos defende que o art. 114, § 2º, da CF/88, nada regula sobre incorporação de normas coletivas aos contratos individuais, apenas fixando limites mínimos ao poder normativo da Justiça do Trabalho[200].

Também João de Lima Teixeira Filho, afirmou que o art. 114, § 2º, da CF/88, mesmo depois de alterado pela EC n. 45/2004, em nada fundamenta a ultratividade das cláusulas dos instrumentos coletivos, pois o dissídio coletivo

---

(196) Art. 114, § 2º: "Recusando-se qualquer das partes à negociação coletiva, ou à arbitragem, é facultado às mesmas, de comum acordo, ajuizar dissídio coletivo de natureza econômica, podendo a Justiça do Trabalho decidir o conflito, respeitadas as disposições mínimas legais de proteção ao trabalho, *bem como as convencionadas anteriormente.*"

(197) A Seção de Dissídios Coletivos do TST já empresta ao art. 114, § 2º, da Constituição Federal de 1988, um alcance mais largo, ao proclamar a ultra-atividade uma das conquistas históricas da categoria, ainda quando a fonte do direito tenha episodicamente passado a ser não mais uma convenção ou acordo coletivo, e sim uma sentença normativa. "Se é certo que a jurisprudência consagrou o comum acordo como requisito para o ajuizamento do dissídio coletivo, baseado no texto constitucional, também é certo que não deixou os trabalhadores ao desabrigo da norma coletiva, vez que o pacto anterior persistirá valendo no mundo jurídico-laboral." (<http://www.tst.jus.br/web/guest/noticias/-/asset_publisher/89Dk/content/id/3370329>)

(198) No mesmo sentido, SÜSSEKIND, Arnaldo Lopes. *Direito Constitucional do Trabalho.* Rio de Janeiro: Renovar, 2010. p. 451.

(199) *Ibidem*, p. 90 e 93

(200) SANTOS, Ronaldo Lima dos. *Teoria das normas coletivas.* São Paulo: LTr, 2007. p. 242-243

não poderia comandar a negociação coletiva e nem alterar seus atributos, mas contrariamente, segundo o autor, o § 2º apenas estabeleceu uma regra de competência, vedando ao Judiciário Trabalhista alterar o que resultou de consentimento direto entre as partes[201].

Contrário à ultratividade das normas coletivas, consoante posição manifestada em fevereiro de 2012, José Claudio Monteiro de Brito Filho aduz que esta traria uma desvantagem no sentido de desestimular as empresas a concordar na concessão de direitos melhores a seus empregados, pois isto redundaria em incorporação perene nos contratos individuais de trabalho[202].

Ainda no mesmo sentido, argumenta o autor ser a duração temporária própria da contratação coletiva e que somente pela vontade das partes, manifestada de forma expressa, é que uma condição de trabalho poderia incorporar-se perenemente nos contratos individuais[203].

Também apresentaram posicionamentos contrários à ultratividade automática, antes da alteração da Súmula n. 277 do TST, vários outros autores, entre os quais destacamos: Américo Plá Rodrigues[204], Henrique Macedo Hinz[205], Ronaldo Lima dos Santos[206] (salvo se houver previsão de incorporação pela própria autonomia privada coletiva), e Amauri Mascaro Nascimento[207] (dependendo da verificação da natureza da cláusula em questão).

Mesmo após a alteração da Súmula em relevo, houve discordância doutrinária a respeito, como aduziu Mauricio de Figueiredo Corrêa da Veiga, considerando que, com a ultratividade repentinamente reconhecida pelo TST, sem precedentes judiciais que a embasassem, ocorrerá a queda da negociação coletiva, pois significará uma punição ao empregador que viesse a conceder benefícios a seus empregados[208].

Também na Argentina, como nos dá notícia Jouberto de Quadros Pessoa Cavalcante[209], vige como regra geral a aderência das cláusulas constantes de convenções coletivas aos contratos individuais de trabalho, até que novo convênio as substitua, salvo em havendo disposição convencional em sentido

---

(201) TEIXEIRA FILHO, João de Lima. Considerações sobre a ultra-eficácia de condições coletivas de trabalho e a alteração da Súmula n. 277 do TST. *Revista LTr, Legislação do Trabalho:* Publicação Mensal de Legislação, Doutrina e Jurisprudência, São Paulo , v. 77, n. 12. p. 1422-1428, dez. 2013.

(202) BRITO FILHO, José Claudio Monteiro de. *Direito Sindical.* São Paulo: LTr, 2012. p. 206.

(203) *Ibidem*, p. 205.

(204) RODRIGUES, Américo Plá. *Princípios de Direito do Trabalho.* Trad. Wagner D. Giglio. São Paulo: LTr, 2000. p. 137.

(205) HINZ, Ronaldo Lima dos Santos. *Direito Coletivo do Trabalho.* São Paulo: Saraiva, 2012. p. 158-159.

(206) SANTOS, Ronaldo Lima dos. *Teoria das normas coletivas.* São Paulo: LTr, 2007. p. 244-246.

(207) NASCIMENTO, Amauri Mascaro. *Compêndio de Direito Sindical.* São Paulo: LTr, 2005. p. 357.

(208) VEIGA, Mauricio de Figueiredo Corrêa da. A morte da negociação coletiva provocada pela nova redação da Súmula n. 277 do TST. *Revista LTr, Legislação do Trabalho:* Publicação Mensal de Legislação, Doutrina e Jurisprudência, São Paulo , v. 76, n. 10. p. 1172-1176, out. 2012.

(209) CAVALCANTE, Jouberto de Quadros Pessoa. *Mercosul, a integração, o Direito e os conflitos coletivos de trabalho.* Rio de Janeiro: Lumen Juris, 2006. p. 143.

contrário (art. 6º, Lei n. 14.250), e em se tratando de pequenas empresas, a ultratividade é de três meses.

No Paraguai, continua o mesmo autor, é também garantida a ultratividade, sendo que os direitos adquiridos por contrato coletivo anterior (como são chamadas as convenções coletivas naquele país) somente são modificáveis por outro instrumento coletivo com cláusula mais favorável, prevalecendo na interpretação dos contratos coletivos as regras de interpretação da lei trabalhista[210].

Contudo, a ultratividade da norma coletiva, quando adotada sob a forma condicionada, garante a eficácia da convenção ou acordo coletivo, cujo prazo de vigência estaria findo, até que novas disposições entrem em vigor, de modo a não possibilitar que a categoria de empregados permaneça sem uma disciplina de suas condições específicas de trabalho. Sendo condicionada à superveniência de nova norma coletiva, o surgimento desta faz prevalecer a regra mais recente, ainda que isto resulte em redução de direitos[211].

Aduz Bruno Hazan, ao defender a incorporação ilimitada das normas autônomas aos contratos que, neste quesito, a teoria da aderência limitada por revogação se contradiz, ao possibilitar que novo instrumento normativo altere, até mesmo *in pejus*, as condições laborais do obreiro[212].

Na realidade, os efeitos benéficos ou não, do novo posicionamento jurisprudencial somente poderá ser avaliado com o passar do tempo, conforme forem perdendo a vigência acordos e convenções coletivas de trabalho, dependendo de outras negociações que venham a revogar e substituir as normas anteriores.

Porém, a ultratividade relativa, ora adotada, a nosso entender, trará maior responsabilidade na construção e elaboração das regras jurídicas autônomas, já que estas integrarão, de forma definitiva, os contratos individuais até serem revogadas por outras, bem como não afastará os empregadores, que também têm interesses na preservação de algumas normas negociadas e, se for o caso de pretenderem a revogação de outras, tal fato os apressará a negociar, visto que somente com a assinatura de outro instrumento alcançarão seus desideratos.

Com a aderência dependente de outra norma coletiva que a revogue, ao criar obstáculo a que o alcance do prazo de vigência sirva como motivo para o empregador obter a vantagem da redução ou supressão de cláusulas normativas, haverá um incremento no diálogo social, que concordamos, exatamente como pretenderam o constituinte de 88 (art. 7º, XXVI) e os Tratados Internacionais ratificados pelo País[213], ao reconhecerem a negociação como direito fundamental.

---

(210) CAVALCANTE, Jouberto de Quadros Pessoa. *Mercosul, a integração, o Direito e os conflitos coletivos de trabalho*. Rio de Janeiro: Lumen Juris, 2006. p. 153.

(211) CARVALHO, Augusto César Leite de; ARRUDA, Kátia Magalhães; DELGADO, Mauricio Godinho. A Súmula n. 277 e a defesa da constituição. *Revista do Tribunal Superior do Trabalho,* Rio de Janeiro, v. 78, n. 4, p.33-52., out. 2012. Disponível em: <http://aplicacao.tst.jus.br/dspace/bitstream/handle/1939/28036/2012_sumula_277_aclc_kma_mgd.pdf?sequence=1>.

(212) HAZAN, Bruno Ferraz. *A aderência contratual das normas coletivas*. São Paulo: LTr, 2012. p. 85.

(213) "Se o empregador pode esquivar-se da negociação para só por isso obter vantagem, revela-se uma clara inconsistência no sistema que deveria incentivá-lo a negociar, nunca o inverso. Se, ao inverso, é-lhe

### 3.3.1 Conteúdo dos instrumentos coletivos e responsabilidade social

Entende-se por responsabilidade social empresarial a forma de administração que se define pela relação ética e transparente da empresa com o público a ela relacionado e pelo estabelecimento de objetivos empresariais que corroborem com o desenvolvimento sustentável da sociedade, preservando recursos ambientais e culturais para as gerações futuras, respeitando a diversidade e promovendo a redução das desigualdades sociais.

Considerando o evolver do conceito de propriedade por meio do tempo, desde as primeiras décadas do Império Romano, quando a propriedade era considerada direito absoluto e constituída de três faces, quais sejam: o *usus* (o poder de utilizar a coisa); o *fructus* (o poder de perceber frutos ou produtos do bem); e o *abusus* (o poder de consumir ou alienar a coisa), passando pela Revolução Francesa e as fortes críticas filosóficas surgidas contra o pensamento individualista ventilado pela mesma, chegando até a constitucionalização atual do direito de propriedade, é de se deduzir que, cada vez com maior intensidade, a propriedade vai deixando de ser um direito pleno e ilimitado[214].

Proporcionalmente caminhou-se para a restrição do direito à propriedade e a ampliação da sua função social, até que se encontrou no âmbito constitucional, figurando atualmente, no Brasil entre os direitos e garantias individuais.

De fato, o direito em tela é tutelado já no *caput* do artigo 5º da Constituição, bem como nos incisos XXII e XXIII do mesmo dispositivo, onde se encontra a garantia de inviolabilidade do direito de propriedade, desde que ela cumpra sua função social.

Entende-se por função social a existência de um direito coletivo, no sentido de que a propriedade cumpra um dever, uma utilidade social. O papel da função social da propriedade privada é fazer submeter o interesse individual ao interesse coletivo (bem-estar geral). O verdadeiro significado da função social da propriedade não é de diminuição do direito, mas de poder-dever do proprietário, devendo este dar à propriedade destino determinado.

Dessa forma, depreende-se que a propriedade, de um modo geral, deve ser explorada eficientemente, contribuindo para o bem-estar não apenas de seu titular, mas por meio de níveis satisfatórios de produtividade e, sobretudo, justas relações de trabalho, assegurando a justiça social a toda a comunidade.

O caráter absoluto da propriedade não mais pode ser considerado frente às novas concepções do Direito Civil pois, como parte da limitação ao seu exercício,

---

assegurado negociar a redução de direitos previstos em norma coletiva, desde que se apresente à categoria obreira com o ânimo de negociar e lhe proponha contrapartidas que preservem o equilíbrio dos contratos de trabalho, então a negociação coletiva é estimulada, servindo ao seu desiderato.". (CARVALHO, Augusto César Leite de; ARRUDA, Kátia Magalhães; DELGADO, Mauricio Godinho. A Súmula n. 277 e a defesa da constituição. *Revista do Tribunal Superior do Trabalho*, Rio de Janeiro, v. 78, n. 4, p. 33-52, out. 2012).

(214) COMPARATO, Fábio Konder. *Direitos e deveres fundamentais em matéria de propriedade*. Disponível em: <https://ead.ufrgs.br/rooda/biblioteca/abrirArquivo.php/.../5005.doc>.

inseriu-se no Código Civil de 2002, o art. 1.228, § 1º, que trata sobre a função social e ambiental da propriedade[215].

Diretamente atrelado à ideia de função social da propriedade encontra-se o princípio, consagrado pelo ordenamento jurídico pátrio, da função social dos contratos, que assumem uma dimensão metaindividual, transformando-se em instrumentos para a consecução de fins.

Com o reconhecimento de que o contrato é inerente à vida humana moderna e ao livre desenvolvimento da personalidade, tornou-se pacífico que todo contrato sempre possui uma função social e, sendo bem executado, não apenas irá trazer benefícios para os participantes que obterão satisfação com o relacionamento obrigacional, mas também será propício para a sociedade, garantindo a eficiente prestação de serviços e fornecimento de produtos para as pessoas que a compõem.

Depreende-se, a partir disso, que a função social deve estar presente nos contratos firmados em todas as esferas da convivência humana, desde as relações de consumo até a de trabalho, quando da celebração dos contratos de trabalho e das cláusulas e normas que irão regê-lo.

De fato, o reconhecimento desse princípio é sobremaneira relevante, diante dos efeitos externos dos contratos, isto é, não voltados somente para o relacionamento entre as partes contratantes, mas também para os reflexos do negócio jurídico perante terceiros, junto ao meio social.

Ademais, outras contribuições começam a ser exigidas das empresas para que as mesmas se integrem completamente ao núcleo social em que se encontram, tais como: o aperfeiçoamento dos empregados, a inclusão de pessoas com deficiência, a prática da diversidade e da igualdade de tratamento.

O terceiro Relatório Global da OIT sobre promoção da igualdade e combate à discriminação, lançado em 2011, salienta que o local de trabalho é um ponto de partida estratégico para libertar a sociedade da discriminação. Enfatiza também os elevados custos econômicos, sociais e políticos causados pela tolerância à discriminação no trabalho, e explica que os benefícios resultantes de locais de trabalho mais inclusivos ultrapassavam o custo da reparação da discriminação[216].

Nessa seara, a negociação coletiva deve exercer uma função ativa para o desenvolvimento do conceito de responsabilidade social das empresas, travando-se discussões sobre violação e respeito a direitos fundamentais no âmbito de cada ambiente de trabalho de categorias específicas, bem como inserindo cláusulas normativas no sentido de, gradativamente, extirpar de dentro da empresa situações de degradação da personalidade e da vida do trabalhador.

---

(215) Art. 1228, § 1º do CCB: O direito de propriedade deve ser exercido em consonância com as suas finalidades econômicas e sociais e de modo que sejam preservados, de conformidade com o estabelecido em lei especial, a flora, a fauna, as belezas naturais, o equilíbrio ecológico e o patrimônio histórico e artístico, bem como evitada a poluição do ar e das águas.

(216) Disponível em: <http://www.oitbrasil.org.br/content/relat%C3%B3rio-global-%E2%80%9Cigualdade--no-trabalho-um-desafio-cont%C3%ADnuo%E2%80%9D>.

De fato, pela avaliação do conteúdo e do cumprimento das normas criadas pela autonomia privada coletiva, é possível se ter indícios certos sobre a situação de a empresa (propriedade privada) ser ou não engajada socialmente, porém possuindo sempre uma conduta de promoção dos direitos fundamentais sociais do obreiro e colaborando para a efetividade dos mesmos.

Trata-se de atitude da empresa(s) de não pretender somente o lucro, mas contribuir para uma sociedade mais justa e igualitária, tendo em conta outros tipos de interesses, como os dos trabalhadores, dos consumidores e do público em geral[217].

Diante disso, não se pode deixar de mencionar o papel da negociação coletiva de trabalho na busca pela criação de normas para implementação de políticas inclusivas de grupos vulneráveis, bem como de condições gerais de trabalho mais justas e igualitárias.

No Brasil, inúmeras organizações não governamentais, como o Instituto ETHOS, o Instituto AKATU, o Grupo de Institutos, Fundações e Empresas (GIFE) e a Fundação ABRINQ, reúnem empresários e dirigentes para incrementar políticas de responsabilidade social, inclusive de condutas éticas empresariais, resultando na valorização, no mercado, das ações dessas empresas[218].

No plano internacional, o certificado SA 8000 (*Social Accountability* 8000) estabelece padrões de responsabilidade social para as companhias; um deles é o pagamento de salários equivalentes a homens e mulheres; ou ainda exigir garantias à segurança, à saúde e à integridade física e psicológica dos funcionários.

Nesse aspecto, é mister que se dê condições e mecanismos às relações de trabalho para que preservem sempre a finalidade social a elas inerente, levando-se em consideração os fundamentos da República Federativa do Brasil e do Estado Democrático Social de Direito, como: a cidadania, a dignidade da pessoa humana e os valores sociais do trabalho e da livre iniciativa, dentre outros.

A iniciativa de possibilitar o incentivo ao tratamento isonômico de todos os trabalhadores, dentro dos critérios de razoabilidade, nesse contexto, revela-se primordial para a manutenção do equilíbrio e desenvolvimento social, bem como para a efetivação dos princípios fundamentais citados.

---

(217) Sobre a matéria tratada, Antonio Carlos Aguiar, ao avaliar o novo espírito de cidadania europeia das empresas, conclui: "No Brasil não é diferente, por isso mesmo a atuação da negociação coletiva de trabalho como sistema de *processo* voltado ao social instrumentalizado, em função de objetivos e finalidades do sistema político do trabalho, assume agora também esse papel regulatório pela condução de aspectos ligados à responsabilidade social das empresas, com a finalidade de concretizar direitos fundamentais e transformar em realidade espaços dedicados a conceitos ligados à cidadania e à função social da empresa (...)." (grifo do autor) (AGUIAR, Antonio Carlos. *Negociação Coletiva de Trabalho*. São Paulo: Sariava, 2011. p. 145).

(218) Sobre o assunto afirmou Simone Aparecida Barbosa Mastrantonio: "É importante destacar que a prova de que o compromisso assumido pelas empresas com a responsabilidade social e o desenvolvimento sustentável, não apenas na área ambiental, mas também na área social, no tocante à inclusão dos grupos vulneráveis, é de que as ações dessas empresas perante o mercado são mais valorizadas do que as demais empresas que não participam dos indicadores Ethos, ISE e GRI". (*Ações afirmativas. Promoção da cidadania empresarial*. Curitiba: Juruá, 2011. p. 273).

O conceito de responsabilidade social não implica em assistencialismo, filantropia ou atividade subsidiária das empresas. Objetivamente, é uma obrigação legal, decorrente da Constituição Federal, como referido acima, na parte dos direitos e garantias fundamentais e, sobretudo, dos princípios contidos no capítulo da ordem econômica e financeira.

O art. 170 da CF, que cuida da ordem econômica num sistema capitalista, diz que esta deve fundar-se na *valorização do trabalho humano* e na livre iniciativa, e tem por fim assegurar a todos existência digna, conforme os ditames da justiça social, observado como princípio a *função social da propriedade*, extraindo-se disso que, em termos teóricos, a Carta Magna procurou compatibilizar a livre iniciativa para o desenvolvimento econômico com a dignidade humana no trabalho, o que, por sua vez, significa dizer que o constituinte se norteou pela ideia de limitação da atividade empresarial (propriedade privada) a observar os anseios e necessidades sociais.

Em outras palavras, o constituinte assegurou e incentivou a livre iniciativa econômica, desde que respeitados os princípios que norteiam a dignidade da pessoa humana e seus desdobramentos em direitos fundamentais, como é o caso da regra de igualdade.

Do exposto, denota-se que o legislador constituinte quis enfatizar a necessidade de posições ativas por parte dos empregadores no sentido de ofertar melhorias nas condições de trabalho do ponto de vista da dignidade e do respeito às diferenças daqueles que trabalham e dos que querem ingressar no mercado de trabalho.

O mesmo Relatório Global da OIT citado acima, lançado com o título "Igualdade no Trabalho: Um Desafio Contínuo", ressalta, em seu sumário executivo, a seguinte constatação:

> Na prática, a prevenção da discriminação contribui para a retenção de pessoal bem informado e com elevado grau de desempenho e é igualmente importante para a reputação de uma empresa ou estabelecimento. Uma política de não discriminação constitui um sinal claro de que as decisões de recrutamento se baseiam nas competências necessárias ao exercício das funções. Trata-se de uma decisão de bom funcionamento da gestão, que é igualmente do interesse dos trabalhadores. As organizações de empregadores e de trabalhadores devem partilhar as suas experiências e estudar as informações disponíveis sobre boas práticas a este respeito.[219]"

### 3.3.2 *Instrumento para exigir o cumprimento das normas coletivas*

Constitui prática da boa-fé e lealdade contratuais, bem como da responsabilidade social, o cumprimento voluntário, pelos sujeitos da negociação coletiva, e até por terceiros vinculados a seus efeitos, de todas as cláusulas ajustadas

---

(219) Disponível em: <http://www.ilo.org/wcmsp5/groups/public/@ed_norm/@relconf/documents/meetingdocument/wcms_155394.pdf>. p. 15.

autonomamente, sejam obrigacionais ou normativas, de conteúdo econômico ou não econômico.

Uma vez elaborada a norma coletiva, esta passa a possuir força normativa, exigindo-se segurança na sua aplicação aos destinatários que nela se enquadrem.

No entanto, pode ocorrer, de uma das partes, normalmente o empregador, descumprir obrigação constante de acordos e/ou convenções coletivas de trabalho, o que vem a gerar o direito de ação judicial em busca da tutela do direito subjetivo violado.

A Consolidação das Leis do Trabalho, no art. 872, parágrafo único[220], prevê a tutela do interesse referido, expressamente em relação aos empregados ou seus sindicatos contra os empregadores que descumprirem a decisão proferida no dissídio coletivo, o que ficou conhecido como ação de cumprimento da sentença normativa.

Em seguida, a Lei n. 8.984/95, estendeu a competência da Justiça do Trabalho para abarcar litígios que envolvam descumprimento das convenções e acordos coletivos de trabalho[221].

Com a disposição legal acima, surgida em 1995, passou-se a adotar a ação de cumprimento também para reclamar a observância das normas autônomas negociadas nos acordos e convenções coletivas como ação de conhecimento que busca exigir os direitos negociados podendo ser proposta tanto individualmente por cada empregado prejudicado, como coletivamente, de forma concorrente, com a substituição do sindicato da categoria[222].

No mesmo sentido, da utilização da ação de cumprimento para acordos e convenções coletivos, com a possibilidade de substituição pelo sindicato, veio o conteúdo da Súmula do TST n. 286, com a nova redação — Res. n. 98/2000, DJ 18.09.2000 — Mantida — Res. n. 121/2003, DJ 19, 20 e 21.11.2003 no seguinte teor: Legitimidade — Substituto Processual — Demanda — Convenção e Acordo Coletivo — Sindicato — A legitimidade do sindicato para propor ação de cumprimento estende-se também à observância de acordo ou de convenção coletivos.

---

(220) Art. 872, *Parágrafo único*. Quando os empregadores deixarem de satisfazer o pagamento de salários, na conformidade da decisão proferida, poderão os empregados ou seus sindicatos, independentes de outorga de poderes de seus associados, juntando certidão de tal decisão, apresentar reclamação à Junta ou Juízo competente, observado o processo previsto no Capítulo II deste Título, sendo vedado, porém, questionar sobre a matéria de fatos e de direito já apreciada na decisão.

(221) "Art. 1º Compete à Justiça do Trabalho conciliar e julgar os dissídios que tenham origem no cumprimento de convenções coletivas de trabalho ou acordos coletivos de trabalho, mesmo quando ocorram entre sindicatos ou entre sindicato de trabalhadores e empregador.".

(222) Sobre o advento da Lei n. 8.984/95, também dispôs Marcos Neves Fava: "Além das sentenças normativas, à vista da ampliação que trouxe a Lei n. 8.894/95 (*sic*), passou a Justiça do Trabalho a ser competente a dar cumprimento aos acordos ou convenções coletivas, o que se realiza por meio deste mesmo instrumento processual." (FAVA, Marcos Neves; CHAVES, Luciano Athayde (Org.). *Ações coletivas no processo do trabalho*. Curso de processo do trabalho. São Paulo: LTr, 2012. p. 850).

As normas coletivas integrantes dos acordos e convenções possuem caráter genérico e abstrato, na medida em que se destinam a todos os membros da categoria, com natureza dispositiva, exatamente como os diplomas legais estatais, devendo, assim, serem concretizadas coercitivamente por meio do reconhecimento judicial do seu descumprimento, com a consequente condenação do requerido a cumprir a obrigação lá convencionada[223].

Portanto, o instrumento proveniente da negociação coletiva não é um título executivo judicial por si só, necessitando de um processo de conhecimento onde seja declarado o descumprimento e resulte na condenação a satisfazer a determinação da regra jurídica autônoma.

Assim, definindo-se a Ação de Cumprimento teríamos a ação condenatória apta a dar cumprimento às decisões judiciais proferidas em dissídio coletivo, bem como aos acordos e convenções coletivos inadimplidos[224].

No que pertine à prescrição do direito de reclamar o cumprimento da norma autônoma, e tendo aqui como foco somente os acordos e convenções coletivos, que são objeto do nosso estudo, aplica-se o previsto no art. 7º, XXIX, da CF, ou seja, o prazo genérico de cinco anos durante a vigência da relação empregatícia, contados a partir da violação do que foi convencionado, como sói acontecer com qualquer direito previsto em norma estatal.

No entanto, para Carlos Henrique Bezerra Leite, a prescrição quinquenal, nos casos de ação para cumprimento de acordos e convenções coletivos de trabalho, teria como marco inicial o término do prazo de vigência dos instrumentos coletivos criadores do direito, aplicando-se a prescrição total[225].

Com isso não concordamos, visto que os instrumentos coletivos possuem natureza híbrida, de lei e de contrato, criando normas jurídicas para reger os contratos individuais de trabalho, devendo ter o *dies a quo* da contagem do prazo prescricional assemelhado ao de qualquer lei, ou seja, da violação do direito nela previsto, consoante a teoria da *actio nata*.

Nesse sentido caminha a jurisprudência do TST, declarando ser a prescrição total aplicável somente para os contratos individuais de trabalho extintos há mais de dois anos do ajuizamento, exatamente como se dá em relação à legislação trabalhista[226].

---

(223) LEITE, Carlos Henrique Bezerra. *Curso de Direito Processual do Trabalho*. São Paulo: LTr, 2011. p. 1199.
(224) FAVA, Marcos Neves; CHAVES, Luciano Athayde (Org.). *Ações coletivas no processo do trabalho*. Curso de processo do trabalho. São Paulo: LTr, 2012. p. 850.
(225) *Op. cit.*, p. 1202.
(226) "RECURSO DE REVISTA. PRESCRIÇÃO. AÇÃO DE CUMPRIMENTO. SINDICATO. O prazo quinquenal previsto no art. 7º, XXIX, da Constituição consubstancia-se como regra geral da prescrição trabalhista, enquanto a prescrição bienal prevista no mesmo dispositivo é aplicada basicamente nas hipóteses em que há a dissolução contratual, ou seja, tem incidência notadamente nas ações ajuizadas pelo empregado, individualmente. No caso dos autos, ao analisar a prescrição sob a ótica dos empregados substituídos na ação movida pelo sindicato, o Tribunal de origem reconheceu a incidência da prescrição em relação aos contratos extintos há mais de dois anos do ajuizamento da ação, e também aplicou a pres-

O posicionamento neste sentido, encontra-se mais condizente à novel redação da Súmula n. 277 do TST, que declarou a ultratividade limitada por revogação, restando sem razão ficar aguardando até a cláusula perder a vigência para o início da contagem do prazo prescricional, se a violação ocorreu em momento anterior, que pode ser identificado no tempo, com o conhecimento do interessado(s).

Ressalte-se que a possibilidade da substituição processual pelo sindicato, ou federações e confederações, sem necessidade de indicação do rol de substituídos, ou de autorização dos mesmos (conforme parágrafo único, do art. 872, da CLT), colabora para evitar retaliações por parte do empregador, que irá se defender de uma ação impessoal, ou, como afirmado por Marcos Neves Fava, "uma *demanda sem rosto*", como a maioria das ações coletivas, havendo identificação do beneficiário somente em liquidação de sentença[227].

## 3.4 LIBERDADE SINDICAL X NEGOCIAÇÃO COLETIVA

A funcionalidade e contribuição da negociação coletiva como eficaz instrumento de composição dos conflitos coletivos e de regulamentação das condições de trabalho é impulsionada pela liberdade sindical, como característica geradora de concorrência entre as entidades sindicais, podendo o trabalhador optar pela que melhor representa seus interesses e costuma obter melhores condições de trabalho[228].

A Carta Política de 1988 reconhece, expressamente, a liberdade sindical como direito fundamental, no art. 8º, *caput*, e inciso I, sendo que, no mesmo dispositivo, estabelece a sindicalização por categoria e base territorial mínima (inciso II), além de manter a contribuição sindical compulsória (inciso IV, parte final)[229].

---

crição quinquenal em relação aos demais contratos, observando os parâmetros fixados no art. 7º, XXIX, da Constituição. Recurso de revista não conhecido. REAJUSTES SALARIAIS. AUXÍLIO-REFEIÇÃO. O acórdão regional não confirma a alegação de que a ré passaria por dificuldades financeiras, afirmando, ao contrário, tratar-se de empresa de grande porte, também possuindo como sócias pessoas jurídicas de grande envergadura. Aplica-se, dessa forma, o óbice da Súmula n. 126 do TST. Recurso de revista não conhecido.". (FAVA, Marcos Neves; CHAVES, Luciano Athayde (Org.). *Ações coletivas no processo do trabalho*. Curso de processo do trabalho. São Paulo: LTr, 2012. p. 850).

(227) *Ibidem*, p. 854.

(228) A Organização Internacional do Trabalho, em trabalho publicado, expressa: A promoção da justiça social, da igualdade e do trabalho decente são elementos centrais dos compromissos estratégicos da Organização Internacional do Trabalho (OIT). O direito efetivo à negociação coletiva e à liberdade sindical e de associação são instrumentos fundamentais para a consecução desses compromissos e parte integrante da Declaração dos Direitos e Princípios Fundamentais no Trabalho aprovada pela OIT em 1998. (ABRAMO, Laís; RANGEL, Marta. *Negociação coletiva e igualdade de gênero na América Latina*. Brasília: OIT, 2005. p. 08).

(229) "Pela primeira vez na história jurídica do País, a Constituição Federal de 1988 firmou com clareza o princípio da liberdade associativa e sindical (art. 8º, *caput,* I e V, da CF/1988). Embora tenha mantido institutos do sistema sindical precedente, com aspectos contraditórios à noção de liberdade associativa (tais como a unicidade sindical imperativa e o financiamento compulsório de toda estrutura sindical brasileira: art. 8º, II

Ademais, o Brasil é um dos poucos países a não ratificar a Convenção n. 87, da OIT (juntamente com China, Índia, Estados Unidos da América e República Islâmica do Irã, entre outros) que ampara a liberdade sindical e o direito de sindicalização a ser observada pelos seus membros. Dos 182 Estados-membros da OIT, 148 ratificaram a Convenção n. 87, conforme relatório global da OIT[230] elaborado em 2008, sendo esta norma, contudo, a menos ratificada dentre as oito Convenções fundamentais.

É lição recorrente nos meios doutrinários que, para o êxito da negociação coletiva é fundamental a existência de sindicatos autônomos, autênticos e com boa capacidade de negociação, além da liberdade sindical e do amadurecimento das empresas.

Conforme Arnaldo Süssekind, o sucesso de uma negociação requer vários fatores, entre os quais destaca: a garantia da liberdade e autonomia sindical; um razoável índice de sindicalização do grupo representado e espaço para complementação e suplementação do sistema legal de proteção ao trabalho[231].

Sobre a liberdade sindical, defende Arnaldo Süssekind, no mesmo sentido do que vem defendendo a OIT: que o ordenamento jurídico deve facultar a pluralidade sindical, permitindo a escolha, pelo trabalhador, de qual sindicato integrar, porém aduz que deve haver uma unidade espontânea, fruto da conscientização dos grupos de trabalhadores ou de empresários vinculados por uma atividade comum[232].

Em países como França, Itália e Espanha há pluralidade sindical de direito e de fato, porém na Alemanha e no Reino Unido, apesar de facultado o pluralismo, vigora, pela conscientização, a unidade de representação fática. A imposição legal da representação única ocorre, além do sistema brasileiro, no Peru e na Colômbia. Na Argentina, é permitida a pluralidade sindical, mas um só sindicato é o representante do grupo nas negociações[233].

---

e IV, *in fine*, da CF/1988), inegavelmente firmou esse princípio cardeal do Direito Coletivo do Trabalho, em extensão jamais experimentada desde o início do Direito do Trabalho no século XX no País." (DELGADO, Mauricio Godinho; DELGADO, Gabriela Neves. *Tratado jurisprudencial de direito constitucional do trabalho*. São Paulo: Revista dos Tribunais, 2013. v. 3, p. 272 (Coleção Tratado Jurisprudencial).

(230) Disponível em: <http://www.oitbrasil.org.br/sites/default/files/topic/union_freedom/doc/resumo_relatorio_global_2008_171.pdf>.

O mesmo Relatório Global da OIT, de 2008, sobre a liberdade sindical, assinala também a ampliação dos temas incluídos nos processos de negociação coletiva, para além dos mais tradicionais relativos à melhoria de salários e condições de trabalho. Entre eles aqueles relativos às políticas de emprego e de qualificação profissional e à igualdade de gênero, fazendo menção a experiências nas quais os sindicatos desenvolvem seus próprios programas para estimular o diálogo social relacionado a essas políticas. No caso do Brasil destaca iniciativas sindicais de promoção e participação no diálogo bi e tripartite sobre esses temas no marco do Sistema Público de Trabalho, Emprego e Renda, com destaque para um programa no setor metalúrgico que integra cursos de alfabetização e certificação com iniciativas em prol da inserção dos trabalhadores no mercado de trabalho e de estímulo ao diálogo com as empresas em temas relativos à reestruturação produtiva e treinamento.

(231) SÜSSEKIND, Arnaldo. *Direito Constitucional do Trabalho*, Rio de Janeiro: Renovar, 2010. p. 445.

(232) *Ibidem*, p. 380-382.

(233) *Ibidem*, p. 380.

Em seguida, pondera o autor que o intervencionismo estatal cresce em função da incapacidade dos sindicatos em obterem adequadas condições de trabalho para seus representados, havendo, por isso, nos países subdesenvolvidos e em desenvolvimento mais leis estatais, e, por conseguinte, menos convenções coletivas[234].

Entre os países do Mercosul, o Uruguai, por exemplo, que possui o sistema de relações de trabalho e negociação coletiva mais autônomo da América Latina, onde foi ratificada a Convenção n. 87 da OIT, e a negociação coletiva e os convênios coletivos não estão regulados de forma completa, apesar de plenamente autorizados, há um grande espaço para desenvolvimento do processo negocial, bem como do conteúdo das normas coletivas, podendo ser realizada em qualquer nível e englobar qualquer matéria, bastando o consentimento das partes e o registro da convenção no órgão competente, que não interfere em seu conteúdo e nem impede sua eficácia[235].

No entanto, consoante relatório elaborado pela OIT sobre o sistema Uruguaio de negociação coletiva livre e desregulamentada, há informação que tal fato vem gerando abusos naquele país, com redução de direitos trabalhistas e assinatura de acordos com os próprios empregados, sem participação de nenhum ente sindical (acordos multilaterais) e há restrições à liberdade sindical[236].

Ademais, nem mesmo o Projeto de Emenda Constitucional que tramita no congresso nacional a título de reforma sindical (PEC n. 369/2005), fruto de estudos do Fórum Nacional do Trabalho, está prevendo a liberdade sindical nos moldes descritos pela OIT pois, apesar de contemplar a pluralidade sindical com a exclusão dos conceitos de categoria, há a manutenção da contribuição sindical compulsória, a ser estabelecida por lei e fixada em assembleia geral "a todos os abrangidos pela negociação coletiva"[237].

Na parte infraconstitucional, o Anteprojeto de Lei das Relações Sindicais, construído após discussões travadas no mesmo Fórum Nacional do Trabalho, de cujo trâmite no Poder Legislativo não se tem notícia, mantem, no art. 18, a estipulação de âmbito territorial mínimo correspondente ao Município[238].

Diante disso, ainda que a PEC da reforma sindical traga uma normativa direcionada para o reconhecimento da pluralidade sindical e, com isso, maior liberdade ao trabalhador para optar a qual entidade pretenda filiar-se, com a

---

(234) SÜSSEKIND, Arnaldo. *Direito Constitucional do Trabalho*, Rio de Janeiro: Renovar, 2010. p. 445.

(235) CAVALCANTE, Jouberto de Quadros Pessoa. *Mercosul, a integração, o Direito e os conflitos coletivos de trabalho*. Rio de Janeiro: Lumen Juris, 2006. p. 155-160.

(236) ABRAMO, Laís; RANGEL, Marta. *Negociação coletiva e igualdade de gênero na América Latina*. Brasília: OIT, 2005. p. 18.

(237) IV — a lei estabelecerá o limite da contribuição em favor das entidades sindicais que será custeada por todos os abrangidos pela negociação coletiva, cabendo à assembleia geral fixar seu percentual, cujo desconto, em se tratando de entidade sindical de trabalhadores, será efetivado em folha de pagamento. (inciso IV do art. 8º, constante da PEC 369/2005).

(238) Art. 18. O sindicato será constituído pelo critério do ramo de atividade preponderante dos empregadores em âmbito territorial mínimo correspondente ao município.

noção de representatividade, a possível legislação, existente atualmente como anteprojeto de lei, demonstra não estar tão consentânea com a liberdade sindical defendida pela OIT[239].

Com menos liberdade sindical perde a negociação coletiva, como efeito consequente, na medida em que os representantes sindicais se empenhariam com maior afinco para obter melhores condições de trabalho e manutenção dos postos de trabalho, caso tivessem sindicatos concorrentes em busca de retirar-lhes a representatividade.

Jonabio Barbosa dos Santos, ao registrar a importância da liberdade sindical ampla no mundo globalizado do trabalho, salienta que a reformulação da organização sindical é vital para a implementação da negociação coletiva como instrumento de adequação das relações laborais às recentes necessidades provenientes do mercado de trabalho e os reflexos negativos do processo de globalização[240].

A atuação sindical constitui, para o trabalhador do mundo atual, em uma economia de mercado que cresce em competitividade, a garantia de um direito de resistência e de barganha com os empregadores, até para manutenção dos postos de trabalho, cada vez mais substituídos por máquinas, sendo justo que conviva em um ambiente de liberdade de escolha, dentro de sua profissão ou atividade econômica da empresa, para se integrar à entidade que melhor represente seus interesses.

E ainda que a liberdade sindical venha a significar pulverização de entidades e/ou esvaziamento dos pequenos sindicatos, entendemos ser válida, se representar real ganho ao trabalhador e ao empregador, não apenas em termos econômicos, mas também sociais, com a ampliação de institutos dotados da possibilidade de maior contribuição para a justiça social e distributiva (negociação coletiva, por exemplo), não sendo interessante a ninguém, por outro lado, a manutenção de organizações sindicais fracas e que não se capacitam para melhoria de suas atividades e satisfação da categoria, recebendo, contudo, a contribuição sindical compulsória, sem fiscalização pública de suas contas.

Diante disso, urge que sejam retirados os óbices ao pleno desenvolvimento da liberdade sindical em nosso país, com a ratificação da Convenção n. 87 da OIT, que, como envolve tema de direitos humanos, a ampla liberdade sindical, (art. 5º, § 3º, da CF/88) e, em sendo respeitado o quórum especial previsto, poderá equivaler à Emenda Constitucional e substituir a PEC 369 em tão demorada tramitação.

Ademais, há que ser lembrado, como também o fazem Rodolfo Pamplona Filho e Cláudio Dias Lima Filho, que o Pacto Internacional dos Direitos Civis e

---

(239) FILHO, Rodolfo Pamplona; FILHO, Cláudio Dias Lima. *Pluralidade sindical e democracia*. São Paulo: LTr, 2013. p. 152.

(240) SANTOS, Jonabio Barbosa dos. *Liberdade sindical e negociação coletiva como Direitos Fundamentais do trabalhador*. São Paulo: LTr, 2008. p. 106.

Políticos, e a Convenção Americana de Direitos Humanos (Pacto de San José da Costa Rica), ambos inseridos no ordenamento nacional há mais de duas décadas, como visto no capítulo primeiro deste trabalho e, de acordo com o § 2º, do art. 5º, da CF/88, e do entendimento predominante no STF, estão acima da legislação ordinária (supralegalidade), garantem a pluralidade sindical defendida, revogando, portanto, os preceitos celetistas limitadores desse direito, como o que exige a sindicalização por categoria (art. 512, CLT)[241].

E com maior razão ainda quanto ao respaldo normativo à liberdade sindical existente no sistema jurídico brasileiro, o Protocolo adicional à Convenção Americana, Protocolo de San Salvador, também ratificado pelo Brasil, em 1996, que enunciou os direitos econômicos, sociais e culturais, previstos de forma genérica naquela Convenção, trouxe, expressamente, no art. 8º, sob o título Direitos Sindicais, que os Estados-partes devem garantir: "a) o direito dos trabalhadores de organizar sindicatos e filiar-se ao de sua escolha, para proteger e promover seus interesses. (...)", e no item 3 estabelece que "Ninguém poderá ser obrigado a pertencer a um sindicato".

No mesmo artigo, no item 2, o Protocolo adicional também dispõe que o exercício de tais direitos, dentre eles o de liberdade sindical, só pode estar sujeito às restrições que sejam próprias a uma sociedade democrática e necessárias para salvaguardar a ordem pública e proteger a saúde ou a moral pública, bem assim os direitos e liberdades dos demais, onde não podemos enquadrar as limitações que exigem unicidade sindical e contribuição sindical compulsória, constantes de nosso ordenamento constitucional.

Salienta-se que, da mesma forma que na Convenção Americana, o controle do cumprimento das garantias econômicas, sociais e culturais do Protocolo, pode ser feito por meio de petição individual dirigida à Comissão Interamericana de Direitos Humanos, que somente é admitida em dois casos, sendo um deles a violação da liberdade de filiação sindical, e do livre funcionamento dos sindicatos, federações e confederações (art.19, item 6)[242].

Assim, redundaria em progresso social e maior impulso à qualificação da negociação coletiva se fossem retirados os obstáculos, inseridos na Carta Magna de 88, que impedem a ratificação e efetividade da Convenção n. 87 da OIT no Brasil, o que vem gerando, inclusive, comentários negativos em documentos oficiais da própria OIT, organismo que objetiva a universalização da promoção do valor trabalho, atuando na evolução das legislações nacionais, com fixação de condições de trabalho mínimas aplicáveis aos trabalhadores[243].

---

(241) FILHO, Rodolfo Pamplona; FILHO, Cláudio Dias Lima. *Pluralidade sindical e democracia*. São Paulo: LTr, 2013. p. 154-157.

(242) 6. Caso os direitos estabelecidos na alínea *a* do art. 8º, e no art. 13, forem violados por ação imputável diretamente a um Estado Parte deste Protocolo, essa situação poderia dar lugar, mediante participação da Comissão Interamericana de Direitos Humanos e, quando cabível, da Corte Interamericana de Direitos Humanos, à aplicação do sistema de petições individuais regulado pelos arts. 44 a 51 e 61 a 69 da Convenção Americana sobre Direitos Humanos.

(243) REIS, Daniela Muradas. *O princípio da vedação do retrocesso no Direito do Trabalho*. São Paulo: LTr, 2010. p. 128.

Tal atitude dos órgãos legislativos nacionais, colaboraria para o fortalecimento das entidades sindicais com reflexos nos acordos e convenções coletivas de trabalho, e, consequentemente, na melhor condição social do trabalhador[244].

Por fim, verifica-se que a Convenção n. 87 da OIT, em seu preâmbulo faz menção à previsão de progresso social estabelecida na Declaração da Filadélfia, incorporada à Constituição da OIT, comprometendo-se a buscar o progresso da legislação laboral mediante um esforço contínuo e conjugado com as nações e, nesse quesito, reconheceu como princípio fundante e condição indispensável, a liberdade de associação.

---

(244) Em defesa da ratificação da Convenção n. 87 da OIT, Ricardo José Macedo de Brito Pereira, ressalta: "A ratificação da Convenção n. 87 é muito mais do que a consagração de um determinado sistema de organização sindical baseado na liberdade. Como componente essencial dos princípios e normas fundamentais do trabalho, é um verdadeiro símbolo na luta pelo respeito aos direitos humanos. O efeito de deixá-la fora de nosso ordenamento jurídico é evidentemente mais grave do que uma simples restrição para fins estratégicos." (PEREIRA, Ricardo José Macedo de Brito. A reforma da organização sindical na Constituição. In: ARAÚJO, Adriane Reis de. (Coord.). *As perspectivas da relação de trabalho no Brasil*. Brasília: ESMPU, 2006. p. 28).

CAPÍTULO 4
# Conteúdo antidiscriminatório das normas autônomas específicas e sua repercussão social

Como visto na parte sobre o conteúdo dos instrumentos coletivos, as cláusulas que os integram podem ser obrigacionais (contratuais) ou normativas (regras jurídicas), sendo que estas últimas representam o que de mais importante e peculiar reside no Direito Coletivo do Trabalho: a criação de normas jurídicas a integrarem os contratos individuais de trabalho dos empregados representados pelas partes convenentes, atuais e futuros.

É nesse tipo de cláusula, criadora de regras jurídicas, que focaremos nosso estudo neste momento, face à possibilidade de alteração qualificante das condições de trabalho, contribuindo para a efetividade de direitos fundamentais, dentre os quais está a isonomia, não apenas os especificamente direcionados à relações de trabalho subordinado, mas também os gerais, pertencentes a qualquer cidadão, na medida em que o obreiro, ao vender sua força de trabalho, jamais se despe da cidadania e da condição humana que lhe são inerentes pois, conforme a terminologia de Hannah Arendt, todo ser humano tem o "direito a ter direitos", ou seja, o direito a ser sujeito de direitos[245].

Atualmente, fala-se muito em concretização dos princípios, valores e normas constitucionais, para que tenhamos um verdadeiro Estado Social, tornando realidade, também, tudo aquilo que foi preconizado na Declaração Universal dos Direitos Humanos de 1948 que, em seus 30 artigos, propõe, como ideal comum a ser atingido por todos os povos e todas as nações, o objetivo de que cada indivíduo e cada Órgão da sociedade esforcem-se por meio do ensino e da educação, para promover o respeito aos direitos e liberdades, entre eles, o direito de trabalhar e viver sem ser alvo de humilhações, violência, agressões, desrespeito e perseguições.

Nesse sentido, grande parte dos Tratados e normas internacionais, como visto no segundo capítulo, referem-se à importância do diálogo social para que

---

(245) LAFER, Celso. *Prefácio do livro os direitos humanos como tema global*. São Paulo: Perspectiva, 2011. p. XXXVIII.

se obtenha avanços na efetivação dos direitos contidos naqueles instrumentos, e, na seara desse diálogo, há que se reconhecer a participação das organizações sindicais que, ao arregimentar grandes massas de trabalhadores ligados por interesses comuns, têm todo o instrumental para disseminar a cultura de conhecimento e respeito aos direitos humanos[246].

Há que se exemplificar que, em 1948, a Declaração Universal das Nações Unidas constou, expressamente, no art. XXIII, item 04, o direito de toda pessoa organizar sindicatos e neles ingressar para a proteção de seus interesses. Assim também, o Pacto Internacional dos Direitos Civis e Políticos, em seu art. 22, prevê o direito de livre associação e sindicalização para proteção de direitos.

Seguindo a mesma linha, o Pacto Internacional dos Direitos Econômicos, Sociais e Culturais, em seu art. 8º, letras *a*, *b* e *c*, garante, de forma mais ampla, o direito de sindicalização livre e objetiva promover e proteger os interesses econômicos e sociais dos associados, prevendo, ainda, liberdade na organização do ente sindical, sem limitações que não sejam necessárias. Entretanto, a Recomendação n. 200 da OIT de 2010, que busca combater a discriminação no trabalho do trabalhador soropositivo, estabelece, expressamente, o uso da negociação coletiva como meio para efetivar as políticas e os programas nacionais sobre o HIV e a AIDS no mundo do trabalho[247].

É de fácil constatação que, apesar dos princípios e normas gerais, abstratas e específicas previstas na Constituição Federal em vigor, nos Tratados Internacionais ratificados pelo Brasil e na legislação infraconstitucional, ainda existem muitas situações de lacunas legislativas e violação de direitos humanos, no âmbito das relações de trabalho, recorrentes cotidianamente, que não são solucionadas de forma eficaz pelos órgãos competentes, ou até mesmo sequer chegam ao conhecimento de quem possa dar-lhes um tratamento repressivo.

Com isso, deve-se lançar mão da importante contribuição das convenções e acordos coletivos de trabalho, que possuem força de lei entre as partes signatárias, como importante instrumento de especificação das normas gerais nacionais e internacionais, que devem reger as relações de trabalho, trazendo

---

(246) "Os elementos de *democratização* da sociedade política e da sociedade civil e também do *caráter inclusivo* dessas duas esferas passam, necessariamente, pela existência, entre as instituições privadas, das organizações sindicais. Elas são tidas como *entidades intermediárias* imprescindíveis no processo histórico de democratização de importantes formas e instâncias de poder, de representação de relevantes interesses na vida social e econômica, a par de se constituírem em instrumento notável para o alcance contínuo de melhor distribuição de renda na economia." (DELGADO, Mauricio Godinho; DELGADO, Gabriela Neves. *Tratado jurisprudencial de direito constitucional do trabalho*. São Paulo: Revista dos Tribunais, 2013. v. 3, p. 271 (Coleção Tratado Jurisprudencial). (grifos do autor)

(247) 37. *As políticas e os programas nacionais sobre o HIV e a Aids e o mundo do trabalho devem:* A ser levados a efeito, em consulta com as organizações de empregadores e de trabalhadores mais representativas e outras partes interessadas, inclusive as estruturas públicas e privadas competentes em matéria de saúde no trabalho, por intermédio de um dos seguintes meios ou de uma combinação deles: i) a legislação nacional; ii) negociação coletiva; iii) políticas e programas de ação nacionais e do local de trabalho; e iv) estratégias setoriais, com atenção especial a setores nos quais as pessoas amparadas por esta Recomendação se encontrem mais expostas a risco.

assim, sua concretização e alcance de situações antes deixadas ao desamparo, como, por exemplo, os direitos de personalidade (assédio moral e sexual), entre outros, que reclamam tratamento específico, por categoria, para serem melhor compreendidos e combatidos pelos empregados.

Ensina Pedro Paulo Teixeira Manus[248] que a autonomia privada coletiva, no âmbito do direito coletivo do trabalho, é o poder das entidades sindicais de auto-organização e auto-regulamentação dos litígios coletivos de trabalho, produzindo normas que regulam as condições individuais e coletivas de trabalho entre trabalhadores e empregadores.

Trata-se de um instrumento que possui significativa importância no âmbito do direito do trabalho, ramo do Direito que sofre alterações constantes por motivações econômicas e encontraria, nas normas autônomas, uma forma de se atualizar e se adequar a tais mudanças, já que são formuladas com periodicidade anual, normalmente, com ampla divulgação e discussão no seio da categoria profissional.

Miriam Cipriani Gomes[249], ao apresentar pesquisa sobre a negociação coletiva ressaltou o poder que possuem as entidades sindicais, devendo, por isso, a negociação servir para concretizar valores e princípios constitucionais, com vistas a uma sociedade mais justa e igualitária.

Também ressaltando a grande repercussão que têm as normas coletivas, José Claudio Monteiro de Brito Filho[250] lembra sua característica de flexibilidade de normas existentes, sendo a fonte formal mais importante do Direito Sindical, porém, muito pouco explorada.

A esse respeito, o Tribunal Superior do Trabalho, por sua Seção de dissídios coletivos, já pronunciou a valorização que deve ser reconhecida à autonomia privada coletiva para fixar normas que se amoldarão às relações de trabalho, cuja dinâmica torna impossível ao Poder Legislativo editar leis que atendam à multiplicidade das situações delas decorrentes[251].

---

(248) MANUS, Pedro Paulo Teixeira. *Negociação coletiva e contrato individual*. São Paulo: Atlas, 2001.

(249) "Assim, ao longo do exercício da autonomia privada coletiva na negociação, as entidades sindicais, como centros de poder, vinculam-se de forma direta e imediata aos direitos fundamentais. A negociação coletiva deve ser instrumento de concretização dos valores e princípios constitucionais, voltada para o alcance de uma sociedade mais justa e com menos desigualdade." (GOMES, Miriam Cipriani. *Violação de Direitos Fundamentais na negociação coletiva de trabalho*. São Paulo: LTr, 2012. p. 142).

(250) "Neste momento do estudo, pode-se, desde logo, observar que, pela característica de flexibilidade que é própria dos acordos de vontade, as convenções e o acordos coletivos de trabalho devem ser considerados como a fonte formal mais rica do Direito Sindical, que pode e deve ser mais explorada". (BRITO FILHO, José Cláudio Monteiro de. *Direito Sindical*. 2. ed. São Paulo: LTr, 2007. p. 43).

(251) "Os princípios da flexibilização e da autonomia privada coletiva consagrados pela Constituição da República (art. 7º, incisos VI, XIII e XXVI) conferem aos Sindicatos maior liberdade para negociar com as entidades patronais, valorizando, assim, a atuação dos segmentos econômicos e profissionais na elaboração das normas que regerão as respectivas relações, cuja dinâmica torna impossível ao Poder Legislativo editar leis que atendam à multiplicidade das situações delas decorrentes.". (RO-DC 464.241/98-6, Antônio Fábio Ribeiro, Ac. SDC/99).

A flexibilização retira a posição reguladora do Estado, passando aos partícipes das relações sociais o poder de auto-regulamentar seus interesses, sendo conhecidos vários exemplos de normas nacionais, constitucionais e infraconstitucionais, que abrem a possibilidade de alteração de direitos por meio da negociação coletiva, como a alteração da jornada e do salário, instituição do banco de horas e, até mesmo, no caso das comissões de conciliação prévia.

Diante das várias lacunas legislativas existentes no campo dos direitos sociais, é que Guilherme Guimarães Feliciano destaca ser este componente constitucional o mais pródigo em inércia legislativa, juntamente com alguns direitos previdenciários, e exemplifica seu ponto de vista, citando as previsões do art. 7º, I, que trata da garantia social contra a despedida arbitrária ou sem justa causa; a do art. 7º, X, tipificação para o crime de retenção dolosa de salários; a do art. 7º, XX, que dispõe sobre incentivos legais específicos para a proteção do mercado de trabalho da mulher, entre outros, todos remetendo à regulamentação de uma lei[252]. A estes exemplos ainda acrescentamos, no mesmo art. 7º, o inciso XIX, sobre licença paternidade nos termos fixados em lei.

É certo que o modelo sindical brasileiro atualmente em vigor, não facilita o amadurecimento do movimento, na medida em que impõe, legalmente, a sindicalização em entidades nacionais, regionais e municipais, e em categorias econômicas e profissionais obsoletas, o que serve de obstáculo para a existência de negociações coletivas transnacionais.

Além disso, muitos dirigentes sindicais, tanto profissionais quanto patronais, carecem de capacitação para ampliarem suas visões sobre as potencialidades da negociação coletiva, limitando suas atenções para interesses econômicos imediatos, sem priorizar mudanças de base para uma maior qualidade do ambiente de trabalho. Entendemos, inclusive, que tal qualificação para negociar poderia ser financiada, obrigatoriamente, pela contribuição sindical compulsória, em especial do percentual que foi destinado às Centrais Sindicais pela Lei n. 11.648/08 e da "Conta Especial Emprego e Salário", também referida no mesmo diploma legal que alterou o art. 589 da CLT.

Esse financiamento da capacitação das entidades sindicais para negociar e, até mesmo a redigir cláusulas, funcionaria como uma política pública capaz de desafogar pautas legislativas e judiciais atuais e futuras, na medida em que incrementaria a resolução autônoma de conflitos coletivos trabalhistas e o exercício efetivo da criatividade normativa sindical.

Sabe-se que iniciativas como estas já existem no âmbito das organizações governamentais (DIEESE- Departamento Intersindical de Estatística e Estudos Socioeconômicos), como, por exemplo, o Convênio MTE/SSPE/CODEFAT n. 163/2004 — DIEESE, que elaborou metodologia para capacitação de dirigentes

---

(252) FELICIANO, Guilherme Guimarães. A cidadania social no Brasil e no mundo: o que ficou e o que virá. *Revista LTr, Legislação do Trabalho:* Publicação Mensal de Legislação, Doutrina e Jurisprudência, São Paulo, v. 78, n. 2. p. 150-155., fev. 2014.

sindicais para atuação nos fóruns de competitividade[253], além de outros eventos realizados pelas centrais sindicais em parceria com outros órgãos.

Sobre a organização do capital em redes mundiais, esta vem a ensejar um movimento sindical mundial e um transnacionalismo dos acordos e convenções coletivas, como nos dá notícia Dorothée Susanne Rüdiger[254]. Além disso, no final de 2006, foi feita a fusão de duas centrais mundiais de sindicatos, a Confederação Internacional de Organizações Sindicais Livres e a Confederação Mundial do Trabalho.

Foram formados sindicatos mundiais que, embora seguindo a organização por setor econômico, têm realizado muitos acordos que servem de referência, com algumas empresas mundiais, como a Danone, a Faber Castell, o Carrefour[255]. Tais normas autônomas são declarações políticas que, na maioria das vezes, afirmam o respeito da empresa às Convenções da Organização Internacional do Trabalho e à Declaração Universal dos Direitos Humanos.

Poderíamos questionar sobre a validade desses acordos, celebrados de forma global, ampliando a possibilidade do sindicato produzir normas autônomas para fora dos limites do Estado brasileiro, criando, consequentemente, um direito específico paralelo ao ordenamento nacional e internacional.

Contudo, tal realidade, deve ser vista com cautela, tendo as entidades sindicais que ficar atreladas às normas mínimas que protegem o ser humano trabalhador, dispostas no direito estatal, para que a autonomia privada coletiva não se desvie para uma dominação econômica, com imposição de cláusulas às partes que se encontrarem em posição mais fraca no mercado, como um contrato de adesão. As leis de mercado não podem atropelar os direitos humanos, e o sindicato adquire uma nova função de administrador de dificuldades empresariais e consolidador da legislação internacional protetora dos direitos humanos.

Na seara da proteção internacional dos direitos humanos, os entes sindicais possuem importante papel, que deve ser observado e praticado nas relações de trabalho, enquanto detentor da prerrogativa de instituir normas autônomas específicas para cada segmento profissional.

Como efeito da função normativa sindical, em sendo utilizada de forma correta, teríamos um incremento do diálogo social, pois, como as cláusulas coletivas são, obrigatoriamente, apreciadas e discutidas em assembleia da categoria, o

---

(253) Disponível em: <projetos.dieese.org.br/projetos/MTE/sub5Metodologia.pdf>.

(254) RÜDIGER, Dorothée Susanne. *Constitucionalismo Social*. Porto Alegre: Verbo Jurídico, 2008. p. 31. "Vale lembrar, nesse contexto, do acordo coletivo transnacional entre a Volkswagen e os sindicatos dos metalúrgicos de Córdoba, na Argentina e do ABC, no Brasil, celebrado em 2000, pela sua importância jurídica trabalhista. Ao menos, durante sua vigência, o acordo garantiu, de maneira uniforme, estabilidade aos trabalhadores. Além disso, regulamentou a representação dos trabalhadores no local de trabalho em seus estabelecimentos na Argentina e no Brasil".

(255) LEAL, Mônia Clarissa Hennig; CECATO, Maria Aurea Baroni; RÜDIGER, Dorothée Susanne (Org.). *Constitucionalismo social: o papel dos sindicatos e da jurisdição na realização dos direitos sociais em tempos de globalização*. Porto Alegre: Verbo Jurídico, 2008. p. 31.

conteúdo das normas internacionais passaria a ser manejado costumeiramente e disseminado entre os trabalhadores e a sociedade de um modo geral, facilitando a concretização das mesmas na realidade factual, e não ficariam apenas como mero protocolo de boas intenções, sem aplicação nas relações de trabalho, e desconhecido da maioria dos trabalhadores e empregadores.

Com a disseminação do conhecimento a respeito da proteção internacional à igualdade, por meio das normas coletivas, haveria uma democratização do conhecimento e da participação dos trabalhadores, para quem tais proteções foram elaboradas, o que é essencial ao pleno desenvolvimento do País,

Em tempos de globalização e internacionalização de normas, é hora dos sindicatos passarem a exercer a função de realização dos direitos sociais da forma mais plena possível, face à sua proximidade com a pessoa do trabalhador e de suas necessidades, podendo, ainda, gerenciar crises empresariais, sempre tendo como meta o respeito aos direitos mínimos dos seres humanos que representam, e não ficarem somente como expectadores da atuação de outros órgãos estatais, como, por exemplo, do Ministério do Trabalho e Emprego e do Ministério Público do Trabalho, limitando-se à condição de denunciantes.

A Organização Internacional do Trabalho, por sua representação no Brasil, elaborou e fez publicar, em 2005, esclarecedor estudo sobre a negociação coletiva e a igualdade de gênero na América Latina, penetrando na seara dos acordos e convenções coletivas de vários países e observando os temas que mais têm constado em seu conteúdo, como igualdade salarial, assédio sexual, aplicação da não discriminação na qualificação e na promoção, entre outros que busquem o respeito à diversidade[256].

Nesse ínterim, a pesquisa da direção do OIT no Brasil demonstrou que, nos seis países analisados (Argentina, Brasil, Chile, Paraguai, Uruguai e Venezuela), o número médio de cláusulas por convênio analisado, no período de 1996 a 2001, relativas à temática de gênero varia de 0,4 no Uruguai a 8,1 na Venezuela. Em três países (Brasil, Chile e Paraguai), essa média varia de 4,5 a aproximadamente 6. O número foi considerado relevante pela OIT[257].

As cláusulas mais comuns se referem a maternidade/paternidade e responsabilidades familiares, chegando no Brasil a significar o número de 2,7 e 0,8, por instrumento coletivo, respectivamente. E entre os principais avanços

---

(256) ABRAMO, Laís; RANGEL, Marta. *Negociação coletiva e igualdade de gênero na América Latina*, Brasília: OIT, 2005. p. 12. (Cadernos GRPE n. 1). "Neste primeiro número, o tema abordado é a negociação coletiva, entendida como um direito fundamental no trabalho — tal como definido na Declaração dos direitos e Princípios Fundamentais no Trabalho da OIT — e um instrumento muito relevante para a promoção da igualdade de oportunidades no trabalho. O presente trabalho é fruto de uma ampla pesquisa realizada em seis países da América Latina: Argentina, Brasil, Chile, Paraguai, Uruguai e Venezuela. O objetivo é registrar e analisar como se dá a inclusão dos temas de gênero e igualdade de oportunidades nos processos de negociação coletiva. Os resultados mostram que, ao contrário do que muitas vezes se imagina, esses temas estão presentes, de forma significativa, nas negociações entre trabalhadores e empregadores, embora com diferentes intensidades e características, de acordo com cada país estudado".

(257) *Idem.*

percebidos houve: a adoção de planos de igualdade de oportunidades; afirmação do princípio da não discriminação por vários fatores(raça, gênero, AIDS, etc.); afirmação do princípio de igualdade de remuneração para trabalho de igual valor, além de outros relacionados à maternidade[258].

A maioria das cláusulas negociadas no conjunto dos seis países avaliados referem-se ao tema maternidade/paternidade (54%). Em segundo lugar, estão os temas relativos às responsabilidades familiares (36,4%); em terceiro lugar, aqueles relacionados às condições de trabalho (5,3%) e, finalmente, os relativos a não discriminação e à promoção da igualdade de oportunidades (3,7%), no Brasil estes últimos ficaram em 3,9%, no período pesquisado pela OIT[259].

Há que se evidenciar a criação da mesa temática de igualdade de oportunidades, por negociação coletiva da categoria dos bancários, com caráter bipartite e estabelecida pela Convenção Coletiva de 2001, repetindo-se nas Convenções seguintes, estando presente até mesmo na atual 2013/2014 (cláusula 48ª). A referida comissão bipartite, com reuniões trimestrais, deve desenvolver propostas de orientação a empregados, empregadores e gestores no sentido de prevenir distorções que possam desencadear atos e posturas discriminatórias nos ambientes de trabalho e na sociedade de forma geral.

Como efeito da cláusula da diversidade acima, é feito periodicamente recenseamento na categoria dos bancários para verificação do respeito à diversidade dentro do quadro funcional, como já realizado em 2008, quando foi encontrado um aumento do índice de negros como empregados (aumento de 14%), havendo previsão para realização de outro em 2014.

Quanto ao trabalhador com deficiência, por exemplo, o DIEESE realizou levantamento, apresentado em novembro de 2012, sobre as cláusulas de negociações coletivas acompanhadas, anualmente, pelo Sistema de Acompanhamento de Contratações Coletivas (SACC-DIEESE), revelando que houve um crescimento do número de unidades de negociação com contratos que incluem cláusulas sobre trabalhadores com deficiência. Em 2004-2005, eram 38 acordos, o que representa 20% de todos os acordos analisados. Entretanto, em 2011-2012, foram 45 acordos, ou 24% do total analisado. Apesar deste aumento, da ordem de 5%, o órgão considerou o número de negociações sobre o tema

---

(258) ABRAMO, Laís; RANGEL, Marta. *Negociação Coletiva e igualdade de gênero na América Latina*, Brasília: OIT, 2005. p. 12. (Cadernos GRPE n. 1). "Neste primeiro número, o tema abordado é a negociação coletiva, entendida como um direito fundamental no trabalho — tal como definido na Declaração dos direitos e Princípios Fundamentais no Trabalho da OIT — e um instrumento muito relevante para a promoção da igualdade de oportunidades no trabalho. O presente trabalho é fruto de uma ampla pesquisa realizada em seis países da América Latina: Argentina, Brasil, Chile, Paraguai, Uruguai e Venezuela. O objetivo é registrar e analisar como se dá a inclusão dos temas de gênero e igualdade de oportunidades nos processos de negociação coletiva. Os resultados mostram que, ao contrário do que muitas vezes se imagina, esses temas estão presentes, de forma significativa, nas negociações entre trabalhadores e empregadores, embora com diferentes intensidades e características, de acordo com cada país estudado."

(259) *Idem*.

ainda baixo, pois menos de um quarto dos instrumentos de negociação analisados possuem alguma garantia a respeito[260].

Foram observadas cláusulas sobre a igualdade de oportunidades na contratação de pessoas com deficiência; contratação para função compatível à deficiência; empenho das empresas em contratar trabalhadores com deficiência e; ações sindicais de apoio e fiscalização da contratação de trabalhadores com deficiência.

Verifica-se que a temática das referidas cláusulas é de extrema importância e necessidade para quem busca a inclusão desses cidadãos, servindo para dar mais efetividade ao postulado da isonomia e à própria lei de cotas (8.213/91), bem como ao postulado constitucional do art. 7º, inciso XXXI, da CF/88, que apesar de há muito tempo presentes em nosso ordenamento jurídico estatal, esbarram em descumprimento e desinteresse por parte das empresas, o que pode ser evitado nas normas autônomas, onde é prevista multa para casos de descumprimento de seus termos negociados[261].

Com efeito, as vantagens com a criação de cláusulas que contemplem o princípio da não discriminação são, segundo a própria OIT, com a qual concordamos: 1) a criação de um instrumento adicional, de índole coletiva, facilitador da promoção e da fiscalização da legislação nacional; 2) para evitar a flexibilização da legislação; 3) para ampliar a duração e cobertura dos direitos e benefícios, como, por exemplo, no caso da licença-maternidade com período superior ao regular e a sua extensão às mães adotivas; 4) para instituir novos direitos, melhorando as condições de trabalho, no exercício real da função criativa de normas jurídicas[262].

Além dessas, acrescentamos que a negociação coletiva contendo cláusulas que fixem situações específicas de igualdade, estará ampliando e estendendo o elenco dos direitos constitucionais, bem como complementando-os e integrando-

---

(260) Disponível em: <http://www.cnmcut.org.br/midias/arquivo/-notatrabalhadoresdeficiencianegociacao.pdf>.

(261) Como observado por Amartya Sen: "A relevância das deficiências e das incapacidades para compreensão do fenômeno da privação no mundo é frequentemente subestimada, e podemos ver aí um dos mais importantes argumentos para que se preste a devida atenção à perspectiva da capacidade. As pessoas que padecem de deficiências ou incapacitações físicas ou mentais, não só estão entre os seres humanos que mais privações sofrem, como são também, e muito amiúde, as mais esquecidas e as mais preteridas." (*A ideia de justiça*. São Paulo: Almedina, 2011. p. 351).

(262) ABRAMO, Laís; RANGEL, Marta. *Negociação Coletiva e igualdade de gênero na América Latina*, Brasília: OIT, 2005. p. 31-32. (Cadernos GRPE n. 1). "Neste primeiro número, o tema abordado é a negociação coletiva, entendida como um direito fundamental no trabalho — tal como definido na Declaração dos direitos e Princípios Fundamentais no Trabalho da OIT — e um instrumento muito relevante para a promoção da igualdade de oportunidades no trabalho. O presente trabalho é fruto de uma ampla pesquisa realizada em seis países da América Latina: Argentina, Brasil, Chile, Paraguai, Uruguai e Venezuela. O objetivo é registrar e analisar como se dá a inclusão dos temas de gênero e igualdade de oportunidades nos processos de negociação coletiva. Os resultados mostram que, ao contrário do que muitas vezes se imagina, esses temas estão presentes, de forma significativa, nas negociações entre trabalhadores e empregadores, embora com diferentes intensidades e características, de acordo com cada país estudado."

-os para atender a necessidades existentes em cada categoria profissional e/ou empresa.

Com efeito, por meio da negociação coletiva e os instrumentos assim advindos, existe a possibilidade de criação de um Direito específico e flexível no seio das necessidades de cada categoria profissional ou dentro da organização empresarial, melhorando e qualificando as relações de trabalho ali existentes[263].

Há quem possa afirmar, como Arion Sayão Romita, que seriam desnecessárias previsões normativas em negociação coletiva, se existe a proteção legal ampla e genérica, que poderia ser aplicada em qualquer situação de violação[264].

Contudo, consideramos importante a especificação pela norma coletiva, como ressalta Friedrich Müller, a função explicativa e estabilizadora do texto literal da norma é insubstituível no Estado Democrático de Direito. Ao passo que a sociologia jurídica vê a influência da norma textual sobre a sociedade jurídica, sobretudo a partir da perspectiva da eficácia psicológica e sugestiva da pretensão programática e própria da autoridade, sendo que, com isso, enfatiza sua função de ponto de referência fixo dos tipos legais concretos[265].

E continua o mesmo autor, afirmando que a forma linguística do texto normativo fornece indicações preciosas sobre as ideias normativas fundamentais da disposição, e consequentemente, dos questionamentos sob os quais o âmbito normativo deve ser observado. O papel fundamental das formulações para o direito escrito é revelado pela grande dificuldade de concretizar normas não escritas, reconhecida pela Corte Constitucional Alemã, em função de suas variedades, que não estão expressas em norma textual imposta pela autoridade.

Como exemplo de situação onde não houve reconhecimento de direito básico, por inexistência de uma norma específica a obrigar o fornecimento, temos caso ocorrido no Estado do Rio Grande do Norte, citado na introdução desta pesquisa, sobre os Garis da Urbana (sociedade de economia mista responsável pela limpeza pública), que ingressaram com reclamações trabalhistas pretendendo a disponibilização de banheiros públicos para suas necessidades fisiológicas ao longo da jornada de trabalho, obtendo algumas decisões judiciais com o seguinte teor:

---

(263) Sobre a finalidade do direito, ensina Ronald Dworkin: "A atitude do direito é construtiva: sua finalidade, no espírito interpretativo, é colocar o princípio acima da prática para mostrar o melhor caminho para um futuro melhor, mantendo a boa-fé em relação ao passado. É, por último, uma atitude fraterna, uma expressão de como somos unidos pela comunidade apesar de divididos por nossos projetos, interesses e convicções. Isto é, de qualquer forma, o que o direito representa para nós: para as pessoas que queremos ser e para a comunidade que pretendemos ter." (*O império do direito*. 2 ed., 2. tir. São Paulo: Martins Fontes, 2010. p. 492).

(264) ROMITA, Arion Sayão. Perspectivas da reforma trabalhista. *Revista LTr*, São Paulo, v. 71, n. 9, p. 1.054, set. 2007.

(265) MÜLLER, Friedrich. *Teoria Estruturante do Direito*. São Paulo: Revista dos Tribunais, 2008. p. 192-269.

**Trabalho degradante indenização por danos morais obrigação de fazer trabalho externo — banheiros e local para repouso/alimentação razoabilidade impossibilidade de atendimento pela empresa.** Os reclamantes trabalham na limpeza urbana, portanto, nas vias públicas durante a jornada reduzida de 6 horas, com intervalo de 15 minutos, na forma da Lei. Em relação aos locais para refeições, é razoável admitir que quando iniciam a jornada às 15 horas já almoçaram, e quando encerram o expediente às 21 horas, podem fazer a refeição em suas residências. No que se refere aos banheiros públicos, a situação retratada nos autos não se apresenta degradante ou vexatória para os reclamantes, pois se insere na realidade vivenciada por milhares de pessoas, empregados ou não, como também não configura afronta a qualquer norma de proteção aos trabalhadores. É possível a evolução da pretensão dos autores, principalmente em face do avanço da tecnologia e da existência atual de banheiros móveis, **geralmente instalados pelo poder público** quando há grande concentração de pessoas. **Mas a instituição de obrigação pelo empregador nessa direção poderá ser prevista em cláusulas em Acordo ou Convenção Coletiva,** ou por intermédio de legislação específica, em observância ao princípio insculpido no art. 5º, II, da Constituição Federal. Recurso ordinário não provido. (RO 161100-50.2011.5.21.0007. TRT 21ª Região. 1ª Turma. Ac. 115.179. Data de Publicação no DEJT 02.03.2012) (grifo nosso).

Verificou-se, no citado processo, que em deferência ao princípio da legalidade, não caberia exigir-se do empregador o fornecimento de banheiros para que os trabalhadores fizessem suas necessidades fisiológicas ao longo da jornada, ante a inexistência de legislação a respeito. Na sentença de primeiro grau, que foi mantida, como visto, o magistrado afirmou: "Pois bem. A deficiência ou a ausência de sanitários e de refeitórios nos mais diversos locais por onde passam, em trabalho, os empregados da reclamada não pode ensejar o entendimento da existência de dano moral passível de indenização, haja vista que tal circunstância está intrinsecamente ligada à atividade de gari. As pretensões dos reclamantes, em princípio, são legítimas. Todavia, no ordenamento jurídico, não existe norma, no sentido de impor ao empregador o de prover a instalação de refeitórios ou de sanitários nos de trabalho, capaz de caracterizar o descumprimento de legislação trabalhista, quando se trata de labor externo, mormente desenvolvido nas vias públicas, como é o caso da função de gari."[266].

As novas formas de organização e regulação do trabalho, exigidas pela mundialização dos comércios e, também, dos direitos humanos e fundamentais, com a incessante busca pela inclusão de todos, perpassa, inevitavelmente, pela negociação coletiva, apta a produzir efeitos pedagógico, preventivo e repressivo, conforme o teor das cláusulas avençadas, sendo o primeiro oriundo das discussões nas assembleias da categoria profissional e econômica, a disseminar conhecimento e informações; o segundo, a prevenção da conduta proibida, ante o temor da multa prevista na convenção ou acordo coletivos, e a indignação da categoria consciente a gerar redução da produtividade; e o terceiro, a aplicação das penalidades estabelecidas autonomamente, além das previstas em lei para penalizar a atitude discriminatória.

---

(266) Disponível em: <http://www.trt21.jus.br/asp/jurisprudencia/mostradoc.asp?codigodoc=119886&TipoFonte=Acordaos&MimeType=>.

O instrumento da negociação coletiva, e o resultado advindo dele, qual seja o acordo ou a convenção coletiva, apresentam-se como medida de concretização dos direitos fundamentais, essenciais a vida social do ser humano e adequados às circunstâncias que os tempos exigem, pois quando analisamos os termos *regime* e *princípios*, constantes do art. 5º, § 2º, da CF/88, percebemos que a lei estatal não é a única fonte do direito, sendo possíveis outras desde que adequadas a forma de associação política (democracia social) e aos princípios da república federal presidencialista, estando plenamente aberto o espaço para geração e conformação de direitos e passível a ser preenchido pela negociação coletiva de trabalho[267].

Por fim, a negociação coletiva é um instrumento fundamental para a promoção da igualdade de oportunidades no trabalho. Por meio dela, é possível assegurar algumas das condições básicas para a igualdade, tais como a adoção e implementação de planos e procedimentos que contribuam para tornar efetivo o princípio da não discriminação, com a igualdade de oportunidades de acesso a postos de trabalho mais qualificados e melhor remunerados, a eliminação de mecanismos discriminatórios nos processos de seleção e promoção, a elaboração e implementação de planos de igualdade de oportunidades no interior das empresas, e a garantia e ampliação da proteção legal aos grupos vulneráveis.

## 4.1 CASOS CONCRETOS DE NORMAS AUTÔNOMAS EXISTENTES

No Brasil, verificando os registros de instrumentos coletivos disponíveis no sistema mediador do Ministério do Trabalho e Emprego[268], encontramos várias cláusulas de acordos e convenções coletivos inseridas na temática de impulsionamento e efetividade da igualdade, apesar de ainda não configurar o número e o teor ideal das previsões autônomas, porém podemos afirmar que há uma utilização significativa do respeito à diversidade e construção da igualdade por meio das negociações coletivas.

Destaca-se que o sistema mediador do MTE é onde é realizado o registro eletrônico obrigatório dos acordos e convenções coletivos celebrados, conforme exigido pelo art. 614 da CLT, com a finalidade de verificação dos requisitos formais necessários e para dar publicidade ao ato, sem intromissão quanto ao conteúdo de suas cláusulas, em respeito à liberdade sindical consagrada na Ordem Constitucional.

Entre as cláusulas registradas no sistema mediador sobre discriminação e, portanto, de promoção do princípio da igualdade, inclusive no combate ao assédio moral e sexual (que possuem na maioria dos casos, um viés discriminatório), destacamos as seguintes:

---

(267) AGUIAR, Antonio Carlos. *Negociação coletiva de Trabalho*. São Paulo: Saraiva, 2011. p. 76.
(268) Disponível em: <http://www3.mte.gov.br/sistemas/mediador/ConsultarInstColetivo>. Acesso em: 20 maio 2014.

— Acordo Coletivo de Trabalho sob o seguinte número de registro do MTE: MG000119/2014. Celebrado entre o Sindicato dos trabalhadores nas indústrias siderúrgicas, metalúrgicas, mecânicas, materiais elétricos, materiais eletrônicos de Ouro Branco e base e a empresa Kampmann do Brasil Ltda. **CLÁUSULA QUADRAGÉSIMA PRIMEIRA — GARANTIA CONTRA DISCRIMINAÇÃO** — *A diferença de sexos, de raça e de crenças, não poderá constituir motivo para diferença salarial e promoções.*

A cláusula poderia ter incluído outros grupos vulneráveis, como, por exemplo, os acidentados do trabalho, além de se ressentir de uma penalidade para descumprimento mais específica, diversa da multa geral estabelecida normalmente, em relação a todas as demais cláusulas.

— Convenção Coletiva de Trabalho sob o seguinte número de registro do MTE: MG000143/2014. Celebrada entre o Sindicato dos Práticos de Farmácia e dos Empregados no Com. de Drogas, Medicamentos e Produtos Farmacêuticos do Estado de MG e o Sindicato do Comércio de Uberlândia. **CLÁUSULA VIGÉSIMA TERCEIRA — DISCRIMINAÇÃO** *Recomenda-se às empresas especial atenção para que não haja qualquer espécie de discriminação, concernente a sexo, cor, raça ou credo, quando do processo de seleção e admissão de pessoal.*

Aqui se trata de previsão genérica que acaba por deixar de referir outros grupos também excluídos em processos seletivos, além de não estabelecer penalidade.

— Convenção Coletiva de Trabalho sob o seguinte número de registro do MTE: SP001569/2013. Celebrada entre o Sindicato dos Trabalhadores nas Indústrias da Construção e do Mobiliário de São José dos Campos e o Sindicato da Indústria da Construção Civil de Grandes Estruturas no Estado de São Paulo. **CLÁUSULA DÉCIMA SEXTA — PRINCÍPIO DA NÃO DISCRIMINAÇÃO E IGUALDADE DE OPORTUNIDADES** — *As partes se comprometem a estimular trabalhadores e empregadores a envidarem esforços para o efetivo combate de qualquer forma de discriminação na atividade da construção civil, seja direta ou indiretamente em razão do grau de instrução, etnia, idade, sexo, orientação sexual, religião, limitação física, doença ou qualquer característica pessoal que diferencie a pessoa do trabalhador de maneira menos favorável em relação a qualquer outro.*

Neste caso, mostra-se bem interessante a previsão normativa, principalmente por incluir vários grupos excluídos, com citação até mesmo do grau de instrução, conforme a especificidade setor da construção civil, onde é muito comum trabalhadores com pouca escolaridade.

— Convenção Coletiva de Trabalho sob o seguinte número de registro do MTE: SE000032/2014. Celebrada entre Sindicatos de Trabalhadores

Rurais de vários Municípios do Estado de Sergipe, mais a Federação dos Trabalhadores na Agricultura do Estado de Sergipe e o Sindicato das Indústrias do Açúcar e do Álcool do Estado de Sergipe. **CLÁUSULA VIGÉSIMA SEGUNDA — PROIBIÇÃO DE DISCRIMINAÇÃO** — *Fica proibida qualquer discriminação em razão de idade, sexo, raça ou religião, oferecendo-se igual oportunidade de trabalho a todos e a todas, nos moldes da atual Constituição Federal Brasileira.* **PARÁGRAFO ÚNICO** — *De igual modo fica vedado qualquer tipo de discriminação ou comportamento abusivo contra o trabalho da mulher e do homem, proibindo-se a prática de assédio sexual ou moral, violência moral ou psicológica no local de trabalho, bem como o comportamento abusivo contra o trabalho da mulher, tais como a exigência de esterilização para a obtenção ou permanência no emprego, com tais práticas se configurando em rescisão indireta, nos termos do Art. 483 da CLT.*

Trata-se de previsão de prática igualitária que incluiu o assédio moral e sexual e, ainda, há consequências ao descumprimento, que é a rescisão indireta, significando utilização criativa do instrumento coletivo, já que o assédio moral não está previsto, expressamente, em legislação nacional.

— Acordo Coletivo de Trabalho sob o seguinte número de registro do MTE: MG001268/2014. Celebrado entre o Sindicato dos Empregados em Empresas de Assessoramento Pericias e Pesquisas de MG e Elba Equipamentos e Serviços S/A. **CLÁUSULA TRIGÉSIMA SEXTA — DEFICIENTE FÍSICO ADMISSÃO — PROIBIÇÃO DE DISCRIMINAÇÃO** — *Proíbe-se qualquer discriminação no tocante a salários e critérios de admissão ao trabalhador portador de deficiência, de acordo com o previsto na Constituição vigente, Art. 7º, inciso XXXI e na Lei n. 7.853, de 24/10/89.*

Trata-se de cláusula de repetição da redação existente na Constituição Federal/88, em nada inovando de específico, colaborando no sentido de ampliar a fiscalização do cumprimento da lei e publicizar o que está garantido na CF/88, para aqueles que desconhecem[269].

---

(269) "Como se pode observar na tabela 2, a presença das *cláusulas legais* (aquelas que basicamente reafirmam o que já está estabelecido na lei) se concentra em três dos cinco países analisados (Argentina, Brasil e Paraguai) e nos temas relativos à maternidade/paternidade e à não discriminação. No Chile e no Uruguai, esse tipo de cláusula é menos frequente porque os atores sindicais, em geral, consideram que não é necessário reafirmar nos convênios coletivos, o que já está estabelecido na lei. Nos outros três países, considera-se a reafirmação muitas vezes é importante para criar um instrumento que tenha como objetivo fortalecer e fiscalizar o cumprimento da lei". ABRAMO, Laís; RANGEL, Marta. *Negociação coletiva e igualdade de gênero na América Latina*, Brasília: OIT, 2005. p. 27. (Cadernos GRPE n. 1). "Neste primeiro número, o tema abordado é a negociação coletiva, entendida como um direito fundamental no trabalho — tal como definido na Declaração dos direitos e Princípios Fundamentais no Trabalho da OIT — e um instrumento muito relevante para a promoção da igualdade de oportunidades no trabalho. O presente trabalho é fruto de uma ampla pesquisa realizada em seis países da América Latina: Argentina, Brasil, Chile, Paraguai, Uruguai e Venezuela. O objetivo é registrar e analisar como se dá a inclusão dos temas de gênero e igualdade de oportunidades nos processos de negociação coletiva. Os resultados mostram que, ao contrário do que muitas vezes se imagina, esses temas estão presentes, de forma significativa, nas negociações entre trabalhadores e empregadores, embora com diferentes intensidades e características, de acordo com cada país estudado.".

— **Convenção Coletiva de Trabalho sob o seguinte número de registro do MTE: AM000106/2013. Celebrada entre o Sindicato dos Empregados em Empresas de Vigilância e Segurança de Manaus e Sindicato das Empresas de Vigilantes, Segurança e Transportes e Cursos de Formação do Estado do Amazonas. CLÁUSULA QUINQUAGÉSIMA TERCEIRA — DA CONTRATAÇÃO SEM DISCRIMINAÇÃO —** *As empresas nos momentos de contratação não poderão fazer qualquer tipo de discriminação de sexo, cor, raça, religião, orientação sexual etc., desde que os candidatos preencham os requisitos exigidos por lei, devendo envidar esforços no sentido de buscar a ampliação da demanda por postos de trabalho para vigilante feminino, objetivando atingir a meta de 30% (trinta por cento) do seu efetivo.*

Refere-se de uma ação afirmativa dentro de uma categoria profissional onde não se costuma empregar muitas mulheres, demonstrando preocupação com a diversidade.

— **Acordo Coletivo de Trabalho registrado no MTE: SP008202/2013. Celebrado entre o Sindicato dos Empregados no Setor Bancário de São Paulo e 07 (sete) Cooperativas de Economia e Crédito Mútuo, que atuam no mesmo Estado. Igualdade de Oportunidades — CLÁUSULA TRIGÉSIMA QUINTA — PROMOÇÃO DA IGUALDADE DE OPORTUNIDADE DE TRATAMENTO PARA TODOS E TODAS —** *As Cooperativas abrangidas por este Acordo Coletivo se comprometem a desconstituir o quadro de desigualdades entre seus empregados, de modo que a proporção de negros, mulheres e pessoas com deficiência, nas empresas, em até 02 (dois) anos, seja semelhante à proporção desses grupos na PEA de cada Estado.* **PARÁGRAFO PRIMEIRO**: *A implementação dessa política de Promoção da Igualdade será acompanhada pelo Sindicato dos Empregados.* **PARÁGRAFO SEGUNDO:** *Todas as medidas serão tomadas para o cumprimento das disposições das Convenções 100 e 111 da Organização Internacional do Trabalho.*

Também neste instrumento, houve previsão de ação afirmativa para negros, mulheres e pessoas com deficiência, em busca do respeito à diversidade, proporcionalmente à população economicamente ativa do Estado onde foi celebrada. Neste caso, foi estabelecido prazo para cumprimento da meta e o acompanhamento pelo Sindicato profissional.

Além disso, interessante a menção às Convenções da OIT, ratificadas pelo Brasil, que tratam da igualdade de tratamento nas relações de trabalho, para dar conhecimento de sua existência e eficácia aos trabalhadores desavisados.

— **Acordo Coletivo de Trabalho sob o seguinte número de registro do MTE: RJ000466/2014. Celebrado entre o Sindicato dos Trabalhadores em Empresas de Telecomunicações, Operadores de Sistemas de Tv por Assinatura, Transmissão de Dados e Correio Eletrônico, Telefonia Móvel Celular, Serviços Troncalizados de Comunicação e Radiochamadas e a empresa America Net LTDA. CLÁUSULA QUADRAGÉSIMA SEGUNDA —**

**ASSÉDIO MORAL/ASSÉDIO SEXUAL** — *A EMPRESA se obriga a informar seus TRABALHADORES que não será admitida nenhuma prática de assédio moral e/ou assédio sexual, sob pena de multa diária no importe de 1 (um) salário nominal do TRABALHADOR submetido ao ato, sem prejuízo de outras cominações legais que o caso requer.*

Aqui, mais uma vez, a busca pela proibição do assédio moral, mediante penalidade por descumprimento da norma negociada.

— **Acordo Coletivo de Trabalho sob o seguinte número de registro do MTE: MG000207/2014. Celebrado entre o Sindicato dos Trabalhadores nas Indústrias Químicas e Farmacêuticas de Varginha e de outros Municípios do Sul de Minas e a empresa Jofadel Indústria Farmacêutica S/A. CLÁUSULA VIGÉSIMA PRIMEIRA — ASSÉDIO MORAL** — *A Empresa Acordante compromete-se a agir dentro do decoro, da moral e do respeito, tratando seus Colaboradores com a devida dignidade inerente à todas as pessoas, bem como assegura que abomina a pratica do assédio, seja ele moral ou sexual, promovendo entre a Empresa Acordante, Colaboradores e Sindicato uma convivência harmoniosa e garantindo a segurança e o bem estar geral.* **CLÁUSULA VIGÉSIMA SEGUNDA — IGUALDADE DE OPORTUNIDADES — GARANTIA CONTRA DISCRIMINAÇÃO** — *Fica expressamente determinado que a diferença de sexo, orientação sexual, religião, raça e nível social não seja (sic) motivo para diferença salarial.*

Diz respeito às cláusulas que visam combater o assédio, comportamento comum atualmente nos ambientes de trabalho, e garantir o pagamento do valor salarial sem discriminação por motivo arbitrário baseado nas diferenças existentes entre as pessoas.

— **Acordo Coletivo de Trabalho sob o seguinte número de registro do MTE: PI000015/2014. Celebrado entre o Sindicato dos Instrutores e Funcionários de Auto Escola do Estado do Piauí e as empresas Centro de Formação de Condutores Picoense Ltda. — ME; Roberta Santana Cruz Batista — ME; Centro de Formação de Condutores Cazuza Ltda. — ME; A.R. Leal — ME; C. Monteiro Ltda.; J P Matias — ME. CLÁUSULA DÉCIMA OITAVA — ASSÉDIO MORAL E GÊNERO** — *As empresas não adotarão qualquer prática gerenciais e de organização de trabalho que possam caracterizar assédio moral aos seus empregados, atendidas como tais todas as formas de constrangimento, intimidação, humilhação e discriminação perpetrada em face dos seus empregados, desde que decorrentes da relação de trabalho, e de que possa resultar sofrimento psicológico para os mesmos com reflexos na saúde física mental e moral.*

*As empresas ratificam seus compromissos em cumprimento da legislação relativa a quaisquer discriminações relativas a sexo, idade, cor, estado civil, etnia, numero de filhos, tanto para admissão como para preenchimentos de cargos.*

**CLÁUSULA VIGÉSIMA — ASSÉDIO MORAL E GENERO —** *Sendo idêntica a função, a todo trabalho de igual valor, prestado ao mesmo empregador, correspondera igual salário, sem distinção de sexo, raça, nacionalidade ou idade, conforme previsto no Artigo 461 da CLT, e nas Convenções 100 e 111 da OIT.*

A cláusula busca a prevenção da prática do assédio moral, desta feita, com previsão de condutas que possam configurá-lo, o que já demonstra especificidade. Ademais, também ressalta as Convenções da OIT sobre o tema, contribuindo para publicizá-las.

**— Acordo Coletivo de Trabalho sob o seguinte número de registro do MTE: PE000084/2014. Celebrado entre o Sindicato dos Servidores nos Conselhos e Ordens de Fiscalização Profissional e Entidades Coligadas e Afins do Estado de Pernambuco e o Conselho Regional de Fonoaudiologia da 4ª Região. CLÁUSULA DÉCIMA SÉTIMA — ASSÉDIO MORAL E/OU SEXUAL** — *O Crefono 4, se compromete a coibir esta prática no ambiente de trabalho e a abrir processo de inquérito administrativo, para apurar Assédio Moral/Sexual sofrido por servidor(a) da categoria.*

Trata-se de combate ao assédio moral, com previsão de penalidade administrativa, facilitando sua efetividade.

**— Acordo Coletivo de Trabalho sob o seguinte número de registro do MTE: MG000172/2014. Celebrado entre o Sindicato dos Trabalhadores nas Indústrias Químicas e Farmacêuticas de Varginha e de outros Municípios do Sul de Minas e a empresa PP Print Embalagens S/A. CLÁUSULA VIGÉSIMA SEXTA — ASSÉDIO MORAL —** *Ficou acordado entre Sindicato e empresa, que, de acordo com as letras A e B do Art. 483 da CLT, manterá o resguardo, contra o assédio moral (tratamento com rigor excessivo), de superiores hierárquicos sobre os trabalhadores subordinados. Implantando-se desta forma, a paz social entre empregador, empregado e sindicato.* **IGUALDADE DE OPORTUNIDADES — CLÁUSULA VIGÉSIMA SÉTIMA — DIREITO AO TRABALHO —** *A empresa dará igualdade de oportunidades a qualquer trabalhador (a) sem distinção de sexo, raça, religião, idade e deficiência física.*

Refere-se a uma regra autônoma com a previsão da consequência da rescisão indireta, ou seja, penalidade, além de também especificar conduta de assédio moral vertical descendente, provavelmente a mais comum na categoria (rigor excessivo).

**— Acordo Coletivo de Trabalho sob o seguinte número de registro do MTE: MG000306/2014. Celebrado entre o Sindicato dos Trabalhadores nas Indústrias Siderúrgicas, Metalúrgicas, Mecânicas e de Material Elétrico de Barbacena e a empresa Vale Manganês S.A. CLÁUSULA VIGÉSIMA NONA — RESPEITO E VALORIZAÇÃO DO EMPREGADO: PREVENÇÃO AO ASSEDIO MORAL —** *O respeito aos empregados no ambiente de trabalho é uma prioridade para a Vale Manganês.*

*Questões relativas a violação do Código de Ética, assédio moral e sexual ou questões de qualquer outra natureza que representem ações impróprias ou prejudiciais aos empregados poderão ser encaminhadas à Ouvidoria, através do Canal de Denuncias.*

Trata-se, novamente, de impedir a prática do assédio moral, porém com a utilização da função de ouvidoria da negociação coletiva de trabalho, impulsionando a concreção da previsão normativa.

— Convenção Coletiva de Trabalho sob o seguinte número de registro do MTE: CE000035/2014. **Celebrada entre o Sindicato dos Empregados no Comércio de Fortaleza e Federação do Comércio do Estado do Ceará, Sindicato do Comércio Atacadista de Materiais de Construção, Carvão Vegetal, Lenha de Fortaleza, Sindicato do Comércio Atacadista de Medicamentos, Perfumarias, Cosméticos, Higiene Pessoal e Correlatos do Estado do Ceará — SINCAMECE, Sindicato do Comércio Varejista de Livros do Estado do Ceará e Sindicato do Comércio Varejista de Material Ótico, Fotográfico e Cinematográfico do Estado do Ceará. CLÁUSULA TRIGÉSIMA QUINTA — ASSÉDIO MORAL/SEXUAL —** *Em decorrência da relevância deste assunto, as empresas e as partes que assinam este instrumento buscarão desenvolver programas educativos para coibir o assedio moral e sexual.* **IGUALDADE DE OPORTUNIDADES — CLÁUSULA TRIGÉSIMA SEXTA — ISONOMIA ENTRE HOMENS E MULHERES —** *As empresas, no estrito cumprimento das normas que regulamentam a matéria, praticarão isonomia de tratamento e igualdade remuneratória entre a mão-de-obra masculina e feminina.*

Da análise das cláusulas transcritas, encontradas no sistema mediador, referentes aos anos 2013/2014, denota-se que a preocupação com a promoção da igualdade e os direitos de personalidade está presente em convenções e acordos coletivos, inclusive alguns já trazendo previsões de penalidade (rescisão indireta, instauração de processo administrativo, "multa diária no importe de 1 (um) salário nominal do TRABALHADOR submetido ao ato, sem prejuízo de outras cominações legais que o caso requer") para a prática do assédio psicológico, comumente ligado à exclusão de pessoas do ambiente de trabalho, e que não possui legislação estatal específica a respeito, havendo, assim, um vasto espaço à criatividade normativa sindical, que, pelo visto, vem sendo utilizado.

Verificou-se existir a previsão de ações afirmativas, tal como as estabelecidas na Convenção Coletiva do Sindicato dos Vigilantes do Amazonas e no Acordo Coletivo do Sindicato dos Bancários de SP, onde há a obrigação das empresas de "envidar esforços no sentido de buscar a ampliação da demanda por postos de trabalho para vigilante feminino, objetivando atingir a meta de 30% (trinta por cento) do seu efetivo", e de adequação dos quadros de empregados à PEA estadual, demonstrando, assim, a preocupação com a diversidade de gênero no ambiente de trabalho, além da especificação da proteção do mercado de trabalho da mulher, prevista constitucionalmente de forma geral.

No mesmo sentido, sobre diversidade, a categoria dos Bancários vem produzindo normas autônomas, repetidas em várias convenções (com a FENABAN) e acordos coletivos, desde 2008, com a finalidade de inserir, no quadro funcional dos Bancos, pessoas que representem os diversos grupos que compõem a população brasileira, com ênfase nos segmentos de pessoas com deficiência e afrodescendentes. Atualmente, a cláusula encontra-se assim redigida, na Convenção 2013/2014:

**DIVERSIDADE**
**CLÁUSULA 48ª IGUALDADE DE OPORTUNIDADES**

*As partes ajustam entre si a manutenção da Comissão Bipartite que desenvolverá propostas de orientação a empregados, gestores e empregadores no sentido de prevenir eventuais distorções que levem a atos e posturas discriminatórias nos ambientes de trabalho e na sociedade de forma geral.*

*Parágrafo Primeiro*

*O Programa FEBRABAN de Valorização da Diversidade no Setor Bancário e o Programa FEBRABAN de Capacitação Profissional e Inclusão Social de Pessoas com Deficiência do Setor Bancário servirão de premissa para orientação dos bancos na implementação de suas ações, de acordo com as diretrizes e planos de ação definidos ou que vierem a ser definidos no Programa.*

*Parágrafo Segundo*

*A Comissão Bipartite de Igualdade de Oportunidades realizará reuniões trimestrais para acompanhamento do Programa de Valorização da Diversidade.*

*Parágrafo Terceiro*

*À semelhança do Censo da Diversidade realizado no setor bancário durante o ano de 2008, a FENABAN, com a comissão a que se refere o "caput" desta cláusula, planejará um novo levantamento do perfil dos bancários ao longo do ano de 2013, de forma a efetivá-lo em 2014.*

Como efeito da referida previsão normativa, na categoria dos bancários, consoante relatado em ofício FEBRABAN — Federação Brasileira dos Bancos (FB 1781/2012), encaminhado por cópia a várias instituições, entre elas o Ministério Público do Trabalho, houve a elaboração de 06 (seis) cartilhas sobre pessoas com deficiência, compartilhadas com toda a sociedade, para orientação sobre a inclusão desse grupo. Além disso, foi criado no âmbito bancário, o programa FEBRABAN de capacitação profissional e inclusão de pessoas com deficiência no setor bancário, para preparação dessas pessoas que são rapidamente contratadas pelos bancos, e também é feito um trabalho de sensibilização e orientação das pessoas que integram os recursos humanos, com vistas à recepção das PCD's admitidas.

Ressalte-se que, conforme o mesmo expediente em referência, a primeira turma das pcd's foi realizada em 2009 em São Paulo e teve a participação de 497 alunos, dos quais 469 finalizaram a capacitação e assumiram suas funções nos 07 (sete) bancos contratantes, o mesmo programa, em 2011, capacitou mais 444 participantes, sendo 31 deficientes intelectuais. Terminaram o curso e assumiram suas funções nos 11(onze) bancos, 414 PCD's. Ainda foi noticiado que, conforme dados de 13 (treze) dos maiores bancos públicos e privados, até setembro de 2012, havia um quadro de 11.334 pessoas com deficiência, dos quais 2.847 negros.

Além disso, o número de empregados afrodescendentes teve um crescimento de 40,9%, no período entre 2007 e 2011, atingindo até setembro de 2012, um contingente de 91.525 pessoas. Assim também como é significativa a participação desse grupo nos programas de capacitação profissional, chegando a atingir mais de 40% dos participantes.

Mais uma cláusula da Convenção Coletiva 2013/2014 da FENABAN demonstra especial importância para o presente trabalho, a de n. 56, assim redigida:

**CLÁUSULA 56ª PROTOCOLO PARA PREVENÇÃO DE CONFLITOS NO AMBIENTE DE TRABALHO (ADESÃO VOLUNTÁRIA)**

*Fica instituída, por adesão voluntária, Protocolo para Prevenção de Conflitos no Ambiente de Trabalho, que observará os seguintes princípios:*

*a) Valorização de todos os empregados, promovendo o respeito à diversidade, à cooperação e ao trabalho em equipe;*

*b) Conscientização dos empregados sobre a necessidade de construção de um ambiente de trabalho saudável; e*

*c) Promoção de valores éticos, morais e legais.*

*Parágrafo Primeiro*

*O objetivo do Protocolo para Prevenção de Conflitos no Ambiente de Trabalho, por Adesão Voluntária, é promover a prática de ações e comportamentos adequados dos empregados dos bancos aderentes, que possam prevenir conflitos indesejáveis no ambiente de trabalho.*

*Parágrafo Segundo*

*A adesão ao Protocolo para Prevenção de Conflitos no Ambiente de Trabalho é voluntária e será formalizada por parte dos bancos e sindicatos profissionais aderentes, por meio de ACORDO ADITIVO.*

A presente cláusula tem gerado acordos coletivos de adesão ao protocolo, firmados anualmente pelos bancos com os sindicatos profissionais locais, servindo como instrumento de combate ao assédio moral e sexual. Contudo, há que se verificar a eficácia da atitude preventiva dos bancos, pois a categoria dos bancários tem sido identificada como uma das maiores vítimas do assédio moral pela cobrança de metas e por perseguições. De acordo com pesquisa apresentada na UNB, por pesquisador que também é funcionário de Banco, sob o título "Patologia da Solidão: o suicídio de bancários no contexto da nova organização do trabalho", 181 bancários acabaram com a própria vida no Brasil entre 1996 e 2005, uma média de um suicídio a cada 20 dias.

Em âmbito nacional, estatísticas revelam que o problema do assédio atinge 66% dos bancários, segundo consulta feita pela Contraf (Confederação Nacional dos Trabalhadores do Ramo Financeiro) em 2011. Portanto, há que ser efetivada a prevenção buscada na cláusula, tendo-se em conta, todavia, que a simples existência desta contribui para melhoria do ambiente de trabalho, evitando-se exclusão de empregados por meio da violência psicológica praticada e facilitando a fiscalização e cobrança dos órgãos competentes, ampliando o campo para a ação judicial.

Em cartilha elaborada para orientação sobre negociação coletiva a dirigentes sindicais, com vistas à promoção da igualdade, mais direcionada à igualdade racial, a Central Única dos Trabalhadores (CUT), também destacou cláusulas sobre igualdade de oportunidades de um modo geral, de 2007 à 2010, pesquisadas junto ao sistema SAAC/DIEESE (Sistema de Acompanhamento de Convenções Coletivas do DIEESE), entre as quais citamos as seguintes:

1 — **Purificação e Distribuição de Água COPASA / Sudeste|MG / 2010 / INDÚSTRIA. DA GARANTIA DE EMPREGO E DA PROMOÇÃO DE IGUALDADE DE OPORTUNIDADES, POR MEIO DA AÇÃO AFIRMATIVA E DA DISCRIMINAÇÃO POSITIVA**
*— A COPASA MG ressalta seu firme propósito de manter sua política permanente de valorização do emprego, não praticando qualquer forma de demissão em massa, visando, acima de tudo, a manutenção da tranquilidade e melhoria das condições de trabalho dos empregados.*

*Parágrafo único. Por mútuo acordo entre as partes, a COPASA MG concederá, em caso de empate no Processo Seletivo Interno para Cargos de Confiança, às candidatas do sexo feminino e candidato(a)s ou negro(a)s, nesta ordem.*

A cláusula, além de obstar a demissão em massa, estabelece situação de ação afirmativa para mulheres e afrodescendentes em processo de seleção para cargos de confiança.

2 — **Eletricitários ITAIPU — ISONOMIA** *— Atendida a binacionalidade da Entidade, vigora o princípio da isonomia que significa a igualdade de tratamento entre os empregados da ITAIPU, sem distinção de nacionalidade, sexo, raça, religião, estado civil, nem preferências políticas ou sindicais, salvo a diferença de salário derivada da existência de um quadro de carreira, sendo, que os benefícios outorgados aos trabalhadores contratados no Paraguai, serão estendidos aos empregados contratados no Brasil, de forma binacional.*

*Parágrafo único. A política de recursos humanos aplicada aos empregados contratados pela ITAIPU no Brasil deverá buscar a igualdade de tratamento com relação aos empregados contratados no Paraguai, observando o disposto nos arts. 2º, 5º e 6º do Protocolo Sobre Relações do Trabalho e Previdência Social.*

O diferencial desta consiste em vedar a diferença de tratamento por origem nacional, com efeitos em dois Países, Brasil e Paraguai.

3 — **Purificação e Distribuição de Água CEDAE / Sudeste|RJ / 2010 / INDÚSTRIA COIBIÇÃO DE PRÁTICAS DISCRIMINATÓRIAS**
*A CEDAE, por meio de sua área de recursos humanos compromete-se a desenvolver campanhas de conscientização e orientação destinadas aos empregados e aos gerentes*

*sobre temas como o Assédio Moral, o Assédio Sexual e outras formas de discriminação de sexo, raça, religião ou ideologia política, com o objetivo de prevenir a ocorrência de tais distorções e coibir atos e posturas discriminatórias nos ambientes de trabalho e na sociedade de forma geral.*

*Parágrafo Primeiro: As Empresas signatárias deste acordo concordam em realizar seminário, na vigência desta norma coletiva, sobre temas como assédio moral, assédio sexual e formas de discriminação de sexo, raça, religião ou ideologia.*

*Parágrafo Segundo: O conteúdo da programação do seminário citado no parágrafo anterior, será definido por uma comissão constituída por 4 (quatro) representantes das Empresas e 4 (quatro) representantes dos Sindicatos.*

Trata-se de cláusula genérica, por não especificar os atos discriminatórios mais comuns na categoria, porém não deixa de ter valor pedagógico, principalmente se for cobrada e cumprida pelos signatários em relação à conscientização e aos seminários. Não houve previsão de multa por descumprimento.

Assim, verificamos que o tema da busca pela concretização da igualdade, com a utilização da negociação coletiva, não tem ficado distante da realidade brasileira, como também internacional, como visto pelos documentos da OIT citados anteriormente, sendo variadas as cláusulas com conteúdo de respeito às diferenças e ao ser humano de modo geral, apesar de, a nosso ver, ser necessária uma maior especificidade dos problemas existentes na categoria, com previsão de penalidades específicas às empresas descumpridoras dos preceitos autônomos.

Igualmente, Simone Aparecida Barbosa Mastrantonio, após verificar cláusulas registradas no sistema mediador do MTE, sobre igualdade de oportunidades, no ano de 2010, concluiu que as regras autônomas demonstram boas intenções, mesmo que não englobem todos os males sociais, mas significam um importante passo rumo à inclusão dos grupos em situação de vulnerabilidade[270].

Além disso, o fato de que, em muitas das cláusulas citadas e negociadas não há o estabelecimento de consequência ou multa por descumprimento, não retira sua importância e eficácia, pois constitui princípio básico da negociação coletiva a boa-fé empresarial, significando que a parte patronal da avença deve ter uma conduta ética e responsável de cumprimento espontâneo do convencionado, sob pena de prejudicar e provocar outros momentos de conflituosidade na categoria.

Com efeito, podemos afirmar haver, atualmente no Brasil, a utilização da negociação coletiva e dos instrumentos dela resultantes para promoção e implementação do princípio e regra da igualdade no ambiente de trabalho e, com maior razão ainda quando verificamos, no sistema mediador do MTE[271], o registro de 109 (cento e nove) instrumentos coletivos, em um universo de mais de vinte mil convenções e acordos coletivos registrados, no período de 01.01.2013

---

(270) MASTRANTONIO, Simone Aparecida Barbosa. *Ações afirmativas:* promoção da cidadania empresarial. 1. ed. Curitiba: Juruá, 2012. p. 287.

(271) Disponível em: <http://www3.mte.gov.br/sistemas/mediador/ConsultarInstColetivo>.

à 20.05.2014, contendo cláusulas com o tema igualdade de oportunidades, em seus mais variados conteúdos, em grande parte dos Estados da Federação, incluindo: ações afirmativas, para todos os grupos vulneráveis; assédio moral e sexual; conscientização de trabalhadores; igualdade salarial para trabalho igual, igualdade de tratamento na admissão e promoção de trabalhadores, entre outras.

Verificou-se, na consulta ao sistema mediador, a inexistência deste tipo de cláusula em alguns Estados do nordeste, como na Paraíba e no Rio Grande do Norte, onde não houve registro no sistema, dentro do período pesquisado.

# Conclusões

1. Com a finalização do presente trabalho, chegamos às seguintes conclusões: O Constituinte de 1988 elegeu como princípio fundamental do ordenamento jurídico pátrio a *dignidade da pessoa humana* (art. 1º, III) e, como um dos objetivos fundamentais da República Federativa do Brasil, a promoção do bem de todos, sem preconceitos de origem, raça, sexo, cor, idade e quaisquer outras formas de discriminação (art. 3º, IV), para, logo em seguida, declarar a igualdade de todos perante a lei (art. 5º, *caput*) e dispor que "a lei punirá qualquer discriminação atentatória dos direitos e liberdades fundamentais" (art. 5º, XLI). Determina, ainda, a proibição de diferença de salários, de exercício de funções e de critério de admissão por motivo de sexo, idade, cor ou estado civil (art. 7º, inciso XXX); e a proibição de qualquer discriminação no tocante a salário e critérios de admissão do trabalhador portador de deficiência (art. 7º, inciso XXI).

2. A dignidade inerente a todas as pessoas serve de fundamento normativo para os direitos humanos e fundamentais, entre os quais situa-se a igualdade, cujo enunciado geral encontra-se no art. 5º, *caput,* da CF/88, que pode ser considerada em seu aspecto formal e material.

3. A igualdade formal consiste no tratamento isonômico na lei e perante a lei, sem observância da realidade fática. Entretanto, a igualdade material, que deve ser buscada e promovida pelo Estado e sociedade de um modo geral, traduz-se em isonomia real, no mundo do ser, com respeito às diferenças pessoais e valorização das capacidades de cada ser humano, sem que haja discriminações arbitrárias e injustificadas, dentro de critérios de razoabilidade, sendo possível, inclusive, a utilização de ações afirmativas, ou discriminações positivas, no intuito de ver a igualdade passar para o mundo real.

4. Houve uma evolução do conceito de isonomia, e passou a despontar, no mundo social, o sujeito de direito concreto, com especificidades e particularidades, e historicamente situado, substituindo o ser abstrato, genérico, destituído de cor, sexo, idade, classe social, entre outros critérios. A partir disso, identificar-se não mais o indivíduo genérica e abstratamente considerado, mas o ente especificado,

em categorias relativas ao gênero, idade, etnia, raça, idade, estado de saúde, entre outros fatores.

5. Nos anos posteriores ao segundo pós-guerra, e como reação às atrocidades cometidas, foram elaborados e instituídos vários Tratados e Convenções Internacionais protetores dos direitos humanos, oriundos de praticamente todos os organismos internacionais, entre os quais citamos a ONU, a OEA e a OIT, tendo o Brasil acompanhado o movimento global de ratificação daquelas normas internacionais, fazendo-as vigorar no Direito Interno, como mais um instrumento de proteção do ser humano, sendo, em muitas delas, incluído o direito à igualdade e não discriminação.

6. Além da Declaração Universal dos Direitos Humanos, da ONU, de 1948, que serve como compromisso vinculante assumido por todos os Estados-membros para proteção e promoção dos direitos humanos, os principais Tratados Internacionais ratificados pelo Estado Brasileiro, e que se referem a igualdade, são os seguintes: os Pactos Internacionais, um sobre Direitos Civis e Políticos e outro sobre Direitos Econômicos, Sociais e Culturais, todos fazendo parte do sistema de proteção global do ser humano; a Convenção Americana de Direitos Humanos (Pacto de San José da Costa Rica) e seu Pacto adicional (Protocolo de San Salvador); a Convenção sobre a Eliminação de todas as formas de Discriminação contra a Mulher(CEDAW); Convenção Interamericana para Prevenir, Punir e Erradicar a Violência contra a Mulher (Convenção de Belém do Pará); Convenção Interamericana para Eliminação de Todas as Formas de Discriminação contra Pessoas Portadoras de Deficiência e Convenção sobre os Direitos das Pessoas com Deficiência e seu Protocolo Facultativo.

7. Na seara especificamente relacionada às condições de trabalho, ou seja, na Organização Internacional do Trabalho, há a Convenção n. 111, incorporada ao direito doméstico, por meio do Decreto Legislativo n. 104, de 24.11.1964, sendo ratificada em 26.11.1965, promulgada pelo Decreto n. 2.150, de 19.01.1968, e vigente desde 26.11.1966, como o principal instrumento normativo internacional que versa sobre o tema da discriminação no trabalho, inserido em nosso sistema jurídico, estando em pleno vigor, equiparando-se, na hierarquia, a uma disposição supralegal.

8. Há, também, a Convenção n. 100 da OIT, que determina a igualdade de remuneração para a mão de obra masculina e feminina por um trabalho de igual valor, adotada em 1951, e ratificada pelo Brasil em 1957 (Decreto Legislativo n. 41.721/57), além da Declaração de Princípios e Direitos Fundamentais do Trabalho, entre os quais está o compromisso com a eliminação da discriminação em matéria de emprego e ocupação, adotada pela OIT em 1998, e que obriga todos os países membros, independente de ratificação.

9. É a própria Convenção n. 111 que nos dá o conceito de discriminação, ao dispor, em seu art. 1º, que compreende: "distinção, exclusão ou preferência fundada em raça, cor, sexo, religião, opinião política, ascendência nacional, origem social ou outra distinção, exclusão ou preferência especificada pelo Estado-

-membro interessado, qualquer que seja sua origem jurídica ou prática e que tenha por fim anular ou alterar a igualdade de oportunidades ou de tratamento no emprego ou profissão".

10. No Direito Infraconstitucional Brasileiro, algumas leis esparsas em vigor buscam combater a discriminação no trabalho, dentre as quais, a Lei n. 9.029/1995, em seu art. 1º, proíbe "a adoção de qualquer prática discriminatória e limitativa para efeito de acesso à relação de emprego, **ou sua manutenção**, por motivo de sexo, origem, raça, cor, estado civil, situação familiar ou idade (...)". E, no art. 4º, estabelece, expressamente, indenização em dobro da remuneração do período de afastamento ou a readmissão com ressarcimento integral de todo o período de afastamento, por opção do empregado, caso o rompimento da relação de trabalho tenha sido motivado por ato discriminatório.

11. Como resta patente, há uma preocupação de ordem internacional e nacional no sentido de impedir condutas discriminatórias no âmbito do trabalho, sendo extenso o aparato de normas gerais e abertas, que poderiam amparar a punição de quaisquer atos de exclusão de pessoas, fazendo-se necessário trazer para junto dos trabalhadores e da sociedade em geral a discussão sobre o problema da existência das mais diversas facetas das discriminações no ambiente laboral, com vistas a possibilitar uma melhor efetividade dos termos da Norma constitucional, da Convenção n. 111 da OIT e das leis infraconstitucionais, bem alertar a todos sobre a importância da inserção de cláusulas antidiscriminatórias em negociações coletivas.

12. Muito embora seja um tema afeto a todas as regiões do país, cumpre atentar-se para o fato de que, assim como as diferenças de ordem cultural e econômica passíveis de existir entre cidades, estados e regiões diversas do Brasil, as discriminações no ambiente de trabalho podem manifestar-se de formas variadas, a depender da realidade sociocultural e econômica do lugar onde se estabelecem.

13. Com a existência de normas antidiscriminatórias específicas, em acordos e convenções coletivas, resta facilitada a aplicação dos princípios e regras constitucionais genéricos aos casos específicos recorrentes em cada categoria profissional, pelas partes da relação de emprego e pelo Poder Judiciário, em caso de litigiosidade, concretizando-as.

14. Apesar de todo esse arcabouço jurídico nacional e internacional, as práticas discriminatórias ainda são uma constante na estruturação do ambiente de trabalho comumente estabelecido no Brasil e, na maior parte das vezes, colocam-se de forma sutil e disfarçada, dificultando ainda mais seus diagnósticos e, consequentemente, suas repressões e vedação pelo judiciário.

15. O Constitucionalismo contemporâneo, ou Neoconstitucionalismo, tem como uma de suas características a normatividade dos princípios, como espécies do gênero norma, entre os quais está o da igualdade, e funda-se no movimento do constitucionalismo da efetividade, que impulsionou a teoria dos direitos fundamentais. A perspectiva da efetividade das normas constitucionais

inspirou-se na visão positivista, ou seja, direito constitucional é norma e deve ser cumprida, não se conformando apenas com sua existência formal, mas exigindo materialidade, sendo mister, diante da doutrina iniciada no século XX, que sejam utilizados todos os recursos legalmente possíveis, para atingir esse desiderato.

16. As relações coletivas de trabalho, especialmente no que pertine aos métodos de solução dos conflitos coletivos, constituem campo fértil para concretização e especificação do princípio e regra da igualdade, tendo em vista a prerrogativa que possuem as entidades sindicais de trabalhadores e de empregadores, bem como as próprias empresas, de criar normas jurídicas para regulação das relações de trabalho, dentro de cada categoria representada.

17. É o plurinormativismo existente no direito do trabalho, onde as fontes formais não são apenas heterônomas (provenientes do Estado ou de Organismos Internacionais), mas também negociais, advindas do poder da vontade humana para pactuar. É a autonomia da vontade, como fonte geradora de normas jurídicas, reconhecidas pelo ordenamento constitucional e capazes de se ajustar às especificidades de cada grupo de trabalhadores e/ou de empresas em conflito.

18. Diante desse poder-dever sindical, há a possibilidade de aplicação do tratamento isonômico em inúmeras situações específicas recorrentes no desenvolvimento do trabalho, em cada categoria profissional e econômica, disseminando, entre os obreiros, o conhecimento sobre o enunciado geral de igualdade, constante na Constituição Federal e nas Normas Internacionais, vigentes no País, e passíveis de fundamentar direitos subjetivos, mas muitas vezes desconhecidas por parte de alguns destinatários.

19. Por exemplo, casos de violação dos direitos de personalidade nos relacionamentos humanos que se desenvolvem em cada jornada de trabalho, como no assédio moral, onde não existe legislação específica a respeito de sua identificação, devem estar amparados em estipulações negociadas, com previsão de penalidades, para facilitar sua erradicação e fundamentar ações judiciais com maior certeza de sucesso.

20. A Constituição Federal e os Tratados Internacionais de Direitos Humanos ratificados pelo Brasil preveem normas gerais e abstratas, contemplando direitos mínimos dos seres humanos, especialmente do homem trabalhador, abrindo espaço para que atitudes normativas melhores, mais específicas e benéficas, venham a ser estabelecidas como dispõe expressamente a nossa Carta Constitucional, mais de uma vez, no Título II Dos Direitos e Garantias Fundamentais, art. 5º, § 2º, e art. 7º, *caput*, o que encontra nos acordos e convenções coletivas terreno fértil e flexível para seu desenvolvimento e amplitude, acompanhando as mudanças mercadológicas de cada época contratual.

21. A responsabilidade social da empresa que, cada vez mais, vem sendo considerada pelo mercado de consumo, também é consequência de instrumentos coletivos subscritos com conteúdo inovador e engajados aos anseios e

necessidades da classe trabalhadora, colaborando para a concretização de direitos fundamentais, como os relativos a não discriminação, à saúde, ao bem estar e qualidade de vida dos empregados, ou seja, direitos que interessam a toda a sociedade.

22. A Organização Internacional do Trabalho há muito incentiva a negociação coletiva de trabalho, fazendo menção à organização de trabalhadores e empregadores e ao diálogo social em quase todas suas convenções e recomendações, conforme citado no capítulo sobre a proteção internacional, dedicando a Convenção n. 98, ratificada pelo Brasil em 18.11.1952, especificamente, ao direito de sindicalização e negociação coletiva e a Convenção n.154, mais moderna, ratificada pelo Brasil em 10.7.1992, com o tema fomento à negociação coletiva.

23. O terceiro Relatório Global da OIT sobre promoção da igualdade e combate à discriminação, lançado em 2011, salienta que o local de trabalho é um ponto de partida estratégico para libertar a sociedade da discriminação. Enfatiza também os elevados custos econômicos, sociais e políticos causados pela tolerância à discriminação no trabalho, e explica que os benefícios resultantes de locais de trabalho mais inclusivos ultrapassavam o custo da reparação da discriminação.

24. De acordo com documento de referência para a I CONFERÊNCIA NACIONAL DE EMPREGO E TRABALHO DECENTE, produzido pelo Ministério do Trabalho e Emprego, em 2011, é relatado que um indicador de progresso da negociação coletiva nos últimos anos pode ser deduzido do comportamento --- número e conteúdo — dos instrumentos coletivos pactuados por empregadores e trabalhadores. Segundo estatísticas do MTE/SRT, os instrumentos coletivos depositados em suas unidades regionais (SRTEs, antigas DRTs) passaram de 9.782, em 1997, a 32.662, em 2008, um notável aumento de mais de 333.

25. A ultratividade relativa da norma coletiva, adotada com a nova redação da Súmula n.277, do TST, trará maior responsabilidade na construção e elaboração das regras jurídicas autônomas em razão de que estas integrarão, de forma definitiva, os contratos individuais até serem revogadas por outras, bem como não afastará os empregadores que também têm interesses na preservação de algumas normas negociadas, e, se for o caso, de pretenderem a revogação de outras; tal fato os apressará a negociar, visto que somente com a assinatura de outro instrumento alcançarão seus desideratos.

26. Em relação aos principais atores da negociação coletiva, quer dizer, os sindicatos, apesar de alguns avanços em capacitação, ainda precisam de maturidade e preparo para negociação coletiva, com maior poder de barganha, que não decorre tão somente do poder econômico, mas no interesse em satisfazer os seus filiados e, com isso, aumentar sua representatividade. Tal interesse em qualificar a negociação decorreria, naturalmente, de um regime de liberdade sindical plena, onde houvesse concorrência entre entes sindicais dentro de uma mesma base territorial, e o trabalhador pudesse optar pelo sindicato que buscasse melhorias em sua condição de trabalho.

27. No Brasil, apesar da Constituição Federal declarar a liberdade sindical, persistem resquícios do regime corporativista, com o controle da unicidade sindical e a manutenção da contribuição sindical compulsória, o que obstou, até hoje, a ratificação da Convenção n. 87 da OIT, que ampara a liberdade plena. A PEC da reforma sindical (369/2005) traz uma normativa direcionada ao reconhecimento da pluralidade sindical e, com isso, maior liberdade ao trabalhador para optar a qual entidade filiar-se, com a noção de representatividade, contudo, a possível legislação, existente como anteprojeto de lei, demonstra não estar tão consentânea com a liberdade sindical defendida pela OIT, ao fazer remissão a âmbito territorial mínimo correspondente ao Município.

28. Sem uma liberdade sindical real, avança-se pouco em maturação e fortalecimento das funções sindicais, entre as quais se insere a criatividade normativa, devendo o Estado Brasileiro ratificar, com brevidade, a Convenção n. 87 da OIT com o quórum previsto no § 3º, do art. 5º, da CF, para que ingresse em nosso ordenamento jurídico com equivalência a emenda constitucional e possa sucumbir ao desuso a unicidade e a contribuição sindical obrigatória.

29. Da pesquisa realizada nos registros de instrumentos coletivos disponíveis no sistema mediador do Ministério do Trabalho e Emprego 2013/2014, e no sistema SAAC/DIEESE (Sistema de Acompanhamento de Convenções Coletivas do DIEESE), no período de 2007 a 2010, disponíveis em cartilha da CUT (Central Única dos Trabalhadores), encontramos várias cláusulas de acordos e convenções coletivos inseridas na temática de impulsionamento e efetividade da igualdade, apesar de ainda não configurar o número e o teor ideal das previsões autônomas; contudo, podemos afirmar que há uma utilização significativa do respeito à diversidade e construção da igualdade por meio das negociações coletivas.

30. As previsões normativas encontradas referem-se a vários temas sobre isonomia, específicos de cada categoria subscritora, incluindo: ações afirmativas; combate à prática do assédio moral e sexual; proibição de discriminação na admissão e promoção, por motivos diversos, inclusive procedência nacional, entre outros, com previsão de penalidades em casos de descumprimento, tais como: rescisão indireta, instauração de processo administrativo, e multa diária no importe de um salário do trabalhador, o que vem a corroborar com nossa pesquisa, demonstrando a possibilidade e a prática da existência dessas cláusulas.

31. Em termos de efeitos práticos, tivemos notícia, por exemplo que, em razão da cláusula sobre diversidade da Convenção Coletiva 2013/2014 da FEBRABAN, foi criado no âmbito bancário, o programa FEBRABAN de capacitação profissional e inclusão de pessoas com deficiência no setor bancário (para prepará-las) que são rapidamente contratadas pelos bancos e também é feito um trabalho de sensibilização e orientação das pessoas que integram os recursos humanos, com vistas à recepção das PCD's admitidas. A primeira turma das pcd's foi realizada em 2009 em São Paulo e teve a participação de 497 alunos, dos quais 469 finalizaram a capacitação e assumiram suas funções

nos 07 (sete) bancos contratantes. O mesmo programa, em 2011, capacitou mais 444 participantes, sendo 31 deficientes intelectuais. Terminaram o curso e assumiram suas funções nos 11(onze) bancos, 414 PCD's. Além disso, 13 (treze) dos maiores bancos públicos e privados, até setembro de 2012, havia um quadro de 11.334 pessoas com deficiência, dos quais 2.847 negros[272].

32. O número de empregados afrodescendentes teve um crescimento de 40,9% no setor bancário, no período entre 2007 e 2011, atingindo até setembro de 2012 um contingente de 91.525 pessoas. Assim também é significativa a participação desse grupo nos programas de capacitação profissional, chegando a atingir mais de 40% dos participantes[273].

Com isso, certamente há maior efetividade à igualdade, principalmente a material, quando se faz presente no exercício da autonomia privada coletiva dos entes sindicais que, com suas prerrogativas de criação de normas impulsionam a inclusão e a justiça sociais, trazendo avanços para uma das maiores chagas que as relações de trabalho enfrenta nos últimos tempos: a violência psicológica existente nos mais variados atos de assédio moral diariamente praticados, sem legislação estatal específica a respeito.

---

(272) Consoante ofício Federação Brasileira dos Bancos (FEBRABAN), (FB 1781/2012), encaminhado a várias instituições, entre elas o Ministério Público do Trabalho.
(273) *Idem.*

# Referências Bibliográficas

ABRAMO, Laís; RANGEL, Marta. *Negociação coletiva e igualdade de gênero na América Latina.* Brasília: OIT, 2005.

AGUIAR, Antonio Carlos. *Negociação coletiva de trabalho.* São Paulo: Saraiva, 2011.

ALEXY, Robert. *Conceito e validade do direito.* São Paulo: Martins Fontes, 2011. (Biblioteca jurídica WMF).

ALEXY, Robert. *Teoria dos Direitos Fundamentais.* Trad. Virgílio Afonso da Silva. São Paulo: Malheiros, 2008.

ALMEIDA, Renato Rua de. Conflito coletivo de trabalho. *LTr Suplemento Trabalhista,* São Paulo, v. 50, n. 025, p. 113-116, mar. 2014.

ALVES, José Augusto Lindgren. *Os Direitos Humanos como tema global.* São Paulo: Perspectiva, 2011.

ALVES, Leonardo Barreto Moreira; BERCLAZ, Márcio Soares. *Ministério público em ação:* atuação prática jurisdicional e extrajurisdicional. 2. ed. Salvador: JusPodivm, 2011. (Coleção carreiras em ação).

ANDRADE, José Carlos Vieira de. *Os Direitos Fundamentais na Constituição Portuguesa de 1976.* 3. ed. Coimbra: Almedina, 2006.

ARENDT, Hannah. *A condição humana.* 11. ed. rev. Rio de Janeiro: Forense Universitária, 2010.

_____. *As origens do totalitarismo.* São Paulo: Companhia das Letras, 1989.

AROUCA, José Carlos. *Curso básico de Direito Sindical.* 3. ed. São Paulo: LTr, 2012.

_____. As perspectivas do Direito Coletivo do Trabalho. *Revista LTr Legislação do Trabalho:* Publicação Mensal de Legislação, Doutrina e Jurisprudência, São Paulo, v. 78, n. 2, p. 135-143, fev. 2014.

BARROSO, Luís Roberto. *Curso de Direito Constitucional contemporâneo:* os conceitos fundamentais e a construção do novo modelo. São Paulo: Saraiva, 2010.

_____. *O novo Direito Constitucional brasileiro:* contribuições para a construção teórica e prática da jurisdição constitucional no Brasil. 2. reimp. Belo Horizonte: Fórum, 2013.

_____. *A dignidade da pessoa humana no direito constitucional contemporâneo:* a construção de um conceito jurídico à luz da jurisprudência mundial. Belo Horizonte: Fórum, 2013.

BOBBIO, Norberto. *A era dos Direitos.* Trad. Carlos Nelson Coutinho. Rio de Janeiro: Campus, 1992.

BONAVIDES, Paulo. *Teoria constitucional da democracia participativa:* por um direito constitucional de luta e resistência, por uma nova hermenêutica, por uma repolitização da legitimidade. São Paulo: Malheiros, 2008.

_____. *Curso de Direito Constitucional.* São Paulo: Malheiros, 2005.

BOTIJA, Eugenio Perez. *Curso de Derecho del Trabajo.* Madrid: Tecnos S.A., 1948.

BRITO FILHO, José Claudio Monteiro de. *Ações afirmativas.* São Paulo: LTr, 2012.

_____. *Direito sindical:* análise do modelo brasileiro de relações coletivas de trabalho à luz do direito comparado e da doutrina da OIT (proposta de inserção da comissão de empresa). 4. ed. São Paulo: LTr, 2012.

_____. *Trabalho decente:* análise jurídica da exploração do trabalho (trabalho forçado e outras formas de trabalho indigno). São Paulo: LTr, 2004.

BULOS, Uadi Lammêgo. *Constituição Federal anotada.* 10. ed., rev. e atual. São Paulo: Saraiva, 2012.

_____. *Curso de Direito Constitucional.* 6. ed. rev. e atual. São Paulo: Saraiva, 2011.

CAMBI, EDUARDO. *Neoconstitucionalismo e neoprocessualismo:* Direitos Fundamentais, políticas públicas e protagonismo judiciário. São Paulo: Revista dos Tribunais, 2009.

CANÇADO TRINDADE, Antônio Augusto. A interação entre o Direito Internacional e do Direito Interno na proteção dos Direitos Humanos. *Arquivos do Ministério da Justiça,* Brasília, v. 46, n. 182, p. 31, jul./dez. 1993.

CANOTILHO, J. J. Gomes. *Direito Constitucional:* e teoria da Constituição. 7. ed. 9. reimp. Coimbra: Almedina, 2011.

_____; CORREIA, Marcus Orione Gonçalves; CORREIA, Érica Paula Barcha (Coord.). *Direitos Fundamentais sociais.* São Paulo: Saraiva, 2010.

CARLOS, Vera Lúcia. *Discriminação nas relações de trabalho.* São Paulo: Método, 2004.

CARRION, Valentin. *Comentários à CLT.* Saraiva: São Paulo, 2012.

CARVALHO, Augusto César Leite de; ARRUDA, Kátia Magalhães; DELGADO, Mauricio Godinho. A Súmula n. 277 e a defesa da constituição. *Revista do Tribunal Superior do Trabalho,* Rio de Janeiro, v. 78, n. 4, p. 33-52. out. 2012.

CAVALCANTE, Jouberto de Quadros Pessoa. *Mercosul*: a integração, o Direito e os conflitos coletivos de trabalho. Rio de Janeiro: Lumen Juris, 2006.

_____; JORGE NETO, Francisco Ferreira. A construção dos Direitos Fundamentais no trabalho no cenário internacional. *Revista LTr, Legislação do Trabalho:* Publicação Mensal de Legislação, Doutrina e Jurisprudência, São Paulo, v. 78, n. 3, p. 290-298, mar. 2014.

CESARINO JÚNIOR, A. F.; CARDONE, Marly A. *Direito Social.* 2. ed. São Paulo: LTr, 1993. v. I.

COMPARATO, Fábio Konder. *A afirmação histórica dos Direitos Humanos.* 6. ed. rev. e atual. São Paulo: Saraiva, 2008.

_____. *Rumo à justiça.* São Paulo: Saraiva, 2010.

_____. *Para viver a democracia.* São Paulo: Brasiliense, 1989.

_____. Fundamentos dos Direitos Humanos. *Revista Jurídica Consulex,* Brasília, ano IV, v. I, n. 48, p. 52-61, 2001.

COSTA, Igor Sporch; MIRANDA, João Irineu de Resende (Org.). *Direito e movimentos sociais*: a busca da efetivação da igualdade. Curitiba: Juruá, 2012.

DE LA CUEVA, Mario. *Derecho Mexicano del Trabajo.* 2. ed. México: Libreria de Porrua Hnos. Y Cia., 1943.

DELGADO, Mauricio Godinho. *Direito coletivo do Trabalho.* 3. ed. São Paulo: LTr, 2008.

_____. *Curso de Direito do Trabalho.* 8. ed. São Paulo: LTr, 2009.

_____; DELGADO, Gabriela Neves. *Constituição da República e Direitos Fundamentais*: dignidade da pessoa humana, justiça social e direito do trabalho. São Paulo: LTr, 2012.

_____. *Tratado jurisprudencial de Direito Constitucional do Trabalho.* São Paulo: Revista dos Tribunais, 2013. 3 v. (Coleção Tratado Jurisprudencial).

DIMOULIS, Dimitri; MARTINS, Leonardo. *Teoria geral dos Direitos Fundamentais.* 4. ed. rev., atual. e ampl. São Paulo: Revista dos Tribunais, 2012.

DWORKIN, R. M. *A justiça de toga.* São Paulo: WMF Martins Fontes, 2010 (2ª tiragem).

_____. *Levando os Direitos a sério.* 3. ed. São Paulo: WMF Martins Fontes, 2010.

_____. *A virtude soberana:* a teoria e a prática da igualdade. São Paulo: WMF Martins Fontes, 2011. (Biblioteca jurídica WMF).

_____. *O império do Direito.* 2. ed. São Paulo: Martins Fontes, 2010 (2ª tiragem).

FARIAS, Cristiano Chaves de; ALVES, Leonardo Barreto Moreira; ROSENVALD, Nelson (Coord.). *Temas atuais do Ministério Público:* a atuação do Parquet nos 20 anos da Constituição Federal. 2. ed. Rio de Janeiro: Lumen Juris, 2010.

FAVA, Marcos Neves; CHAVES, Luciano Athayde (Org.). *Ações coletivas no processo do trabalho.* Curso de Processo do Trabalho. São Paulo: LTr, 2012.

FELICIANO, Guilherme Guimarães. A cidadania social no Brasil e no mundo: o que ficou e o que virá. *Revista LTr, Legislação do Trabalho:* Publicação Mensal de Legislação, Doutrina e Jurisprudência, São Paulo, v. 78, n. 2, p. 150-155, fev. 2014.

FERNANDES, Bernardo Gonçalves. *Curso de Direito Constitucional.* 3. ed. Rio de Janeiro: Lumen Juris, 2011.

FILETI, Narbal Antônio Mendonça. *A fundamentalidade dos Direitos Sociais e o princípio da proibição de retrocesso social.* Florianópolis: Conceito, 2009.

FRANCO FILHO, Georgenor de Sousa. Direitos trabalhistas constitucionalizados: de 1824 a 1988 e 25 anos depois. *Revista LTr, Legislação do Trabalho.* São Paulo, v. 78, n. 2, p. 179-182, fev. 2014.

FREITAS, Manoel Mendes de. *Comentários aos precedentes normativos e à orientação jurisprudencial da SDC do TST:* um estudo de direito coletivo do trabalho, com reflexões a propósito dos temas: negociação coletiva, acordo coletivo, convenção coletiva e dissídio coletivo. São Paulo: LTr, 2001.

_____. Convenção e acordo coletivos. In: FRANCO FILHO, Georgenor de Souza (Coord.). *Curso de Direito Coletivo do Trabalho.* Estudos em Homenagem ao Ministro Orlando Teixeira da Costa. São Paulo: LTr, 1998.

GARCIA, Gustavo Filipe Barbosa. *Direitos Fundamentais e relação de emprego*: trabalho, constituição, processo. São Paulo: Método, 2008.

_____. Os direitos dos trabalhadores devem ser garantidos pelo Estado, pelos sindicatos ou por ambos? *LTr suplemento trabalhista*, São Paulo, v. 43, n. 156, p. 665-667, 2007.

GIORDANI, Francisco Alberto da Motta Peixoto. A eficácia dos direitos fundamentais nas relações de emprego. *LTr Suplemento Trabalhista,* São Paulo, v. 50, n. 018, p. 71-80, fev. 2014.

GOMES, Orlando; GOTTSCHALK, Elson. *Curso de Direito do Trabalho.* Rio de Janeiro: Forense, 1998.

GOMES, Miriam Cipriani. *Violação de Direitos Fundamentais na negociação coletiva de trabalho.* São Paulo: LTr, 2012.

GOSDAL, Thereza Cristina. *Discriminação da mulher no emprego:* relações de gênero no Direito do Trabalho. Curitiba: Genesis, 2003.

GUIMARÃES, José Ribeiro Soares. *Perfil do trabalho decente no Brasil:* um olhar sobre as Unidades da Federação durante a segunda metade da década de 2000.

Organização Internacional do Trabalho; Escritório da OIT no Brasil. Brasília: OIT, 2012.

GURGEL, Yara Maria Pereira. *Direitos Humanos, princípio da igualdade e não discriminação:* sua aplicação às relações de trabalho. São Paulo: LTr, 2010.

HABERMAS, Jürgen. *Direito e democracia:* entre facticidade e validade. 2. ed. rev. Rio de Janeiro: Tempo Brasileiro, 2011.

HAZAN, Bruno Ferraz. *A aderência contratual das normas coletivas.* São Paulo: LTr, 2012.

HINZ, Henrique Macedo. *Direito coletivo do Trabalho.* São Paulo: Saraiva, 2012.

KREIN, José Dari *et al.* (Org.). *As transformações no mundo do trabalho e os direitos dos trabalhadores.* São Paulo: LTr, 2006.

LAFER, Celso. *A Reconstrução dos Direitos Humanos:* um diálogo com o pensamento de Hannah Arendt. São Paulo: Companhia das Letras, 1998.

LASSALLE, Ferdinand. *A essência da Constituição.* Rio de Janeiro: Lumen Juris, 2001.

LEAL, Mônia Clarissa Hennig; CECATO, Maria Aurea Baroni; RÜDIGER, Dorothée Suzanne (Org.). *Constitucionalismo social:* o papel do sindicato e da jurisdição na realização dos direitos sociais em tempos de globalização. Porto Alegre: Verbo Jurídico, 2008.

LEITE, Carlos Henrique Bezerra. *Curso de Direito Processual do Trabalho.* São Paulo: LTr, 2011.

LENZA, Pedro. *Direito Constitucional esquematizado.* 15. ed. rev. atual. e ampl. São Paulo: Saraiva, 2011.

LINDGREN, José Augusto. *Direitos Humanos como tema global.* São Paulo: Perspectiva, 2011.

LUCA, Carlos Moreira de. *Convenção coletiva do trabalho:* um estudo comparativo. São Paulo: LTr, 1991.

_____. Os fundamentos constitucionais do Direito Coletivo do Trabalho Brasileiro. *Revista LTr,* São Paulo, v. 57, n. 7, p. 809-815, jul. 1993.

LUHMANN, Niklas. *Introdução à teoria dos sistemas.* Trad. Ana Cristina Arantes Nasser. 2. ed. Rio de Janeiro: Vozes, 2010.

MAGANO, Octavio Bueno. *Manual de Direito do Trabalho.* Direito coletivo do Trabalho e Direito Tutelar do Trabalho. São Paulo: LTr, 1993. v. III-IV.

MAIOR, Jorge Luiz Souto; CORREIA, Marcus Orione Gonçalves (Org.). *Curso de Direito do Trabalho:* direito coletivo do trabalho. São Paulo: LTr, 2008. v. 3.

MAISTRO JUNIOR, Gilberto Carlos. *O princípio da boa-fé objetiva na negociação coletiva.* São Paulo: LTr, 2012.

MANNRICH, Nelson et al. Academia Nacional de Direito do Trabalho. In: Congresso Internacional Novos Temas e Desafios no Mundo do Trabalho, 1, 2012, São Paulo. *Anais da Academia Nacional de Direito do Trabalho.* São Paulo: LTr, 2013.

MANUS, Pedro Paulo Teixeira. *Negociação coletiva e contrato individual.* São Paulo: Atlas, 2001.

MASTRANTONIO, Simone Aparecida Barbosa. *Ações afirmativas:* promoção da cidadania empresarial. 1. ed. Curitiba: Juruá, 2012 (2ª reimpressão).

MEIRELES, Edilton. Funções do sindicato (das entidades sindicais). *Revista LTr, Legislação do Trabalho,* São Paulo, v. 65, n. 3, p. 299-307, mar. 2001.

MEIRELES, Ana Cristina Costa; MEIRELES, Edilton. *A intangibilidade dos direitos trabalhistas.* São Paulo: LTr, 2009.

MELLO, Celso Antonio Bandeira de. *O conteúdo jurídico do princípio da igualdade.* São Paulo: Malheiros, 2013.

_____. *Conteúdo jurídico do princípio da igualdade.* São Paulo: Malheiros Editores, 2003.

MERCANTE, Carolina Vieira. *A responsabilidade social empresarial como meio propulsor da efetivação de direitos trabalhistas.* São Paulo: LTr, 2012.

MIRANDA, Jorge. *Manual de Direito Constitucional.* Coimbra: Coimbra, 1988. v. 4.

MORAES, Evaristo de. *Apontamentos de Direito Operário.* 4. ed. São Paulo: LTr, 1998.

MORAES, Maria Celina Bodin de. O conceito de dignidade humana: substrato axiológico e conteúdo normativo. In: SARLET, Ingo Wolfgang (Org.). *Constituição, Direitos Fundamentais e Direito Privado.* Porto Alegre: Livraria do Advogado, 2010.

MORESO, José Juan. Conflictos entre principios constitucionales. In: CARBONELL, Miguel (Org.). *Neoconstitucionalismo(s).* Madrid: Trotta, 2003. p. 99-121.

MÜLLER, Friedrich. *Teoria estruturante do Direito.* São Paulo: Revista dos Tribunais, 2008.

NASCIMENTO, Amauri Mascaro. *Compêndio de direito sindical.* 4. ed. São Paulo: LTr, 2005.

_____. Crise econômica, despedimentos e alternativas para a manutenção dos Empregos. *Revista LTr*, São Paulo, v. 73, n. 01, jan. 2009.

_____. *Negociações coletivas.* Organização Internacional do Trabalho (OIT). Brasília: LTr, 1994.

NEVES, Marcelo. *A constitucionalização simbólica.* São Paulo: WMF Martins Fontes, 2011.

NOVAIS, Denise Pasello Valente. *Discriminação da mulher e direito do trabalho:* da proteção à promoção da igualdade. São Paulo: LTr, 2005.

OLIVEIRA, Roberto Véras de. *Sindicalismo e democracia no Brasil:* do novo sindicalismo ao sindicato cidadão. São Paulo: AnnaBlume, 2011.

OLMOS, Cristina Paranhos. *Discriminação na relação de emprego e proteção contra a dispensa discriminatória.* São Paulo: LTr, 2008.

PAMPLONA FILHO, Rodolfo; LIMA FILHO, Cláudio Dias. *Pluralidade sindical e democracia.* 2. ed. rev. e ampl. São Paulo: LTr, 2013.

PENIDO, Laís Oliveira (Coord.). *A igualdade dos gêneros nas relações de trabalho.* Brasília: Escola Superior do Ministério Público da União, 2006.

PEREIRA, José de Lima Ramos. Direito tutelar do trabalho: aspectos gerais. *Revista do Ministério Público do Trabalho do Rio Grande do Norte,* n. 08, p. 69, nov. 2008.

_____. O constitucionalismo social e a crise na efetividade das normas constitucionais. *Revista do Ministério Público do Trabalho do Rio Grande do Norte,* n. 07, p. 45, jul. 2007.

PEREIRA, Ricardo José Macedo de Brito. A reforma da organização sindical na Constituição. In: ARAÚJO, Adriane Reis de. (Coord.). *As perspectivas da relação de trabalho no Brasil.* Brasília: ESMPU, 2006.

PINTO, José Augusto Rodrigues. *Direito sindical e coletivo do trabalho.* São Paulo. LTr, 1998.

PIOVESAN, Flávia. *Direitos Humanos e o Direito Constitucional Internacional.* 13. ed. rev. e atual. São Paulo: Saraiva, 2012.

_____. *Temas de Direitos Humanos.* 6. ed. São Paulo: Saraiva, 2013.

_____. Igualdade, diferença e direitos humanos: Perspectiva global e regional. In: SARMENTO, Daniel; IKAWA, Daniela; PIOVESAN, Flávia (Coords.). *Igualdade, diferença e direitos humanos.* Rio de Janeiro: Lumen Juris, 2008. p. 47-76.

_____; CARVALHO, Luciana Paula Vaz de (Coord.). *Direitos Humanos e Direito do Trabalho.* São Paulo: Atlas, 2010.

RAMOS, André de Carvalho. *Teoria geral dos Direitos Humanos na ordem internacional.* 4. ed. São Paulo: Saraiva, 2014.

REIS, Daniela Muradas. *O princípio da vedação do retrocesso no Direito do Trabalho.* São Paulo: LTr, 2010.

RENAULT, Luiz Otávio Linhares; VIANA, Márcio Túlio; CANTELLI, Paula Oliveira (Coord.). *Discriminação.* 2. ed. São Paulo: LTr, 2010.

ROBORTELLA, Luiz Carlos Amorim; PERES, Antonio Galvão. *O Direito do Trabalho na empresa e na sociedade contemporâneas*. São Paulo: LTr, 2010.

_____. Discriminação- Ações Afirmativas e Sistema de Cotas. *Revista do TRT 8ª Região,* Belém, v. 43, n. 85, p. 169/195, jul./dez. 2010.

RODRIGUES, Américo Plá. *Princípios de Direito do Trabalho.* Trad. Wagner D. Giglio. São Paulo: LTr, 2000.

ROMITA, Arion Sayão. *Direitos Fundamentais nas relações de trabalho.* 4. ed. rev. e ampl. São Paulo: LTr, 2012.

_____. Perspectivas da reforma trabalhista. *Revista LTr*, São Paulo, v. 71, n. 9, set. 2007.

SABINO, João Filipe Moreira Lacerda; PORTO, Lorena Vasconcelos (Org.). *Direitos Fundamentais do trabalho na visão de procuradores do trabalho.* São Paulo: LTr, 2012.

SANCHES, Vanessa K. C. *A discriminação por orientação sexual no contrato de trabalho.* São Paulo: LTr, 2009.

SANTOS, Enoque Ribeiro dos. *Direitos Humanos na negociação coletiva.* São Paulo: LTr, 2004.

SANTOS, Jonabio Barbosa dos. *Liberdade sindical e negociação coletiva como direitos fundamentais do trabalhador:* princípios da declaração de 1998 da OIT. São Paulo: LTr, 2008.

SANTOS, Ronaldo Lima dos. *Teoria das normas coletivas.* São Paulo: LTr, 2007.

SARLET, Ingo Wolfgang. *A eficácia dos direitos fundamentais:* uma teoria geral dos direitos fundamentais na perspectiva constitucional. 10. ed. rev. atual. e ampl. Porto Alegre: Livraria do Advogado, 2010. (2ª tiragem).

_____. *Dignidade da pessoa humana e Direitos Fundamentais na Constituição Federal de 1988.* 9. ed. rev. e atual. Porto Alegre: Livraria do Advogado, 2011.

_____ (Org.). *Constituição, Direitos Fundamentais e Direito Privado.* 3. ed. rev. e ampl. Porto Alegre: Livraria do Advogado, 2010.

SARLET, Ingo Wolfgang. MARINONI, Luiz Guilherme; MITIDIERO, Daniel. *Curso de Direito Constitucional.* São Paulo: Revista dos Tribunais, 2012.

SEN, Amartya Kunar. *A ideia de justiça.* Coimbra: Almedina, 2009.

SILVA, Homero Batista Mateus da. *Curso de Direito do Trabalho aplicado:* direito coletivo do trabalho. 2. ed. Rio de Janeiro: Elsevier, 2012.

SIQUEIRA NETO, José Francisco. Participação dos sindicatos na negociação coletiva. *Revista LTr, Legislação do Trabalho,* São Paulo, v. 54, n. 4, p. 396-398, abr. 1990.

SUPIOT, Alain. (Coord.). *Transformações do trabalho e futuro do Direito do Trabalho na Europa*. Coimbra: Coimbra, 2003.

SÜSSEKIND, Arnaldo Lopes. *Direito Constitucional do Trabalho*. Rio de Janeiro: Renovar, 2010.

TEIXEIRA FILHO, João de Lima. Considerações sobre a ultra-eficácia de condições coletivas de trabalho e a alteração da Súmula n. 277 do TST. *Revista LTr, Legislação do Trabalho,* São Paulo, v. 77, n. 12, p. 1422-1428, dez. 2013.

TEIXEIRA FILHO, João de Lima; PINTO, Almir Pazzianotto *et al. A modernização da legislação do trabalho*. São Paulo: LTr, 1994.

VEIGA, Maurício de Figueiredo Corrêa da. A morte da negociação coletiva provocada pela nova redação da Súmula n. 277 do TST. *Revista LTr, Legislação do Trabalho,* São Paulo, v. 76, n. 10, p. 1172-1176, out. 2012.

### Sites utilizados

ABRAMO, Laís. *Discriminação:* atentado aos direitos humanos e custo para a sociedade. Disponível em: <http://www.oitbrasil.org.br/content/discriminacao--atentado-aos-direitos-humanos-e-custo-para-sociedade>.

COMPARATO, Fábio Konder. *Direitos e deveres fundamentais em matéria de propriedade*. Disponível em: <https://ead.ufrgs.br/rooda/biblioteca/abrirArquivo.php/.../5005.doc>.

CONSULTOR JURÍDICO. Situação excepcional: *TST admite acordo que prevê pagamento de salário no dia 16*. Disponível em: <http://www.conjur.com.br/2014--mar-25/tst-valida-acordo-coletivo-autoriza-pagamento-salarial-16-dia-mes>.

CONFERÊNCIA NACIONAL DE EMPREGO E TRABALHO DECENTE. Ministério do Trabalho e Emprego, 2011. Disponível em: <http://www.oitbrasil.org.br/sites/default/files/topic/decent_work/doc/textosubsidio.pdf>.

CONVENÇÃO AMERICANA DE DIREITOS HUMANOS. Disponível em: <www.cidh.oas.org/basicos/portugues/d.Convencao_Americana_Ratif..htm>; <http://www.pge.sp.gov.br/centrodeestudos/bibliotecavirtual/instrumentos/sanjose.htm>.

CONVÊNIO MTE/SSPE/CODEFAT n. 163/2004 — DIEESE. Disponível em: <projetos.dieese.org.br/projetos/MTE/sub5Metodologia.pdf>.

DECLARAÇÃO DE PRINCÍPIOS E DIREITOS FUNDAMENTAIS DA OIT. Disponível em: <http://www.ilo.org/public/english/standards/declaration/declaration_portuguese.pdf>.

GASMAN, Nadine. *ONU mulheres no Brasil*. Disponível em: <http://www1.folha.uol.com.br/mundo/2014/03/1422376-opiniao-dia-da-mulher-nao-e-momento--para-reforcar-estereotipos.shtml>.

GIRARD, Bibiano. *O sindicalismo e o peleguismo desde sempre.* Disponível em: <http://www.revistaovies.com/reportagens/2011/01/o-sindicalismo-e-o-peleguismo-desde-sempre/>.

JORNAL O GLOBO. *Notícia sobre quantidade de sindicatos no Brasil.* Disponível em: <http://oglobo.globo.com/economia/com-mais-de-250-novos-sindicatos-por--ano-brasil-ja-tem-mais-de-15-mil-entidades-8237463>.

MINISTÉRIO DO TRABALHO E EMPREGO. *Sistema Mediador.* Disponível em: <http://www3.mte.gov.br/sistemas/mediador/ConsultarInstColetivo>.

ORGANIZAÇÃO INTERNACIONAL DO TRABALHO. *Terceiro Relatório Global sobre Igualdade e Combate à Discriminação, 2011.* Disponível em: <http://www.ilo.org/wcmsp5/groups/public/@ed_norm/@relconf/documents/meetingdocument/wcms_155394.pdf> e em: <http://www.oitbrasil.org.br/content/relat%C3%B3rio-global-%E2%80%9Cigualdade-no-trabalho-um-desafio-cont%C3%ADnuo%E2%80%9D>.

ORGANIZAÇÃO INTERNACIONAL DO TRABALHO. *Relatório Global 2008.* Disponível em: <http://www.oitbrasil.org.br/sites/default/files/topic/union_freedom/doc/resumo_relatorio_global_2008_171.pdf>.

PIOVESAN, Flávia. *Tratados internacionais de proteção dos direitos humanos:* jurisprudência do STF. Disponível em: <http://www.dhnet.org.br/direitos/militantes/flaviapiovesan/piovesan_tratados_sip_stf.pdf>.

PROGRAMA DE FORTALECIMENTO INSTITUCIONAL PARA A IGUALDADE DE GÊNERO E RAÇA, ERRADICAÇÃO DA POBREZA E GERAÇÃO DE EMPREGO (GRPE). Disponível em: <http://www.cadernos_grpe_1_273.pdf>.

PROTOCOLO DE SAN SALVADOR. Disponível em: <https://www.cidh.oas.org/Basicos/Portugues/e.Protocolo_de_San_Salvador.htm>.

RELATÓRIO DE MONITORAMENTO 2008-2010 DO CUMPRIMENTO DA CONVENÇÃO DOS DIREITOS DAS PESSOAS COM DEFICIÊNCIA E PLANO NACIONAL DE DIREITOS HUMANOS. Disponível em: <http://portal.mj.gov.br/sedh/corde/relatorio.pdf>.

ROSSI, AMÉLIA SAMPAIO. Neoconstitucionalismo e Direitos Fundamentais. Disponível em: <http://www.conpedi.org.br/manaus/arquivos/anais/salvador/amelia_do_carmo_sampaio_rossi.pdf>.

SARMENTO, DANIEL. *O neoconstitucionalismo no Brasil:* riscos e possibilidades. Disponível em: <http://direitoesubjetividade.files.wordpress.com/2010/08/daniel--sarmento-o-neoconstitucionalismo-no-brasil1.doc>.

SISTEMA DE ACOMPANHAMENTO DE CONTRATAÇÕES COLETIVAS (SACC--DIEESE). Disponível em: <http://www.cnmcut.org.br/midias/arquivo/-nota trabalhadoresdeficiencianegociacao.pdf>.

SINDICATOS APRESENTAM RECLAMAÇÃO CONTRA O BRASIL NA OIT. Disponível em: <http://www.migalhas.com.br/Quentes/17,MI202873,101048-Sindicatos+apresentam+reclamacao+contra+o+Brasil+na+OIT>.

TRIBUNAL REGIONAL DO TRABALHO DA 21ª REGIÃO. Consulta de Jurisprudência. Ac. RO 161100-50.2011.5.21.0007. TRT 21ª Região. 1ª Turma. Ac. 115.179. Data de Publicação no DEJT 02.03.2012. Disponível em: <http://www.trt21.jus.br/asp/jurisprudencia/mostradoc.asp?codigodoc=119886&TipoFonte=Acordaos&MimeType=>.

TRIBUNAL SUPERIOR DO TRABALHO. *Notícias do TST*: Ministros lançam artigo sobre a nova Súmula 277 do TST. Disponível em: <http://www.tst.jus.br/web/guest/noticias/-/asset_publisher/89Dk/content/id/3370329>.

SINDICATOS APRESENTAM RECLAMAÇÃO CONTRA O BRASIL NA OIT. Disponível em: <http://www.migalhas.com.br/Quentes/17,MI202873,61046-Sindicatos+apresentam+reclamacao+contra+o+Brasil+na+OIT>.

TRIBUNAL REGIONAL DO TRABALHO DA 2ª REGIÃO. Consulta de Jurisprudência. Ac. RO 10410050.2011.5.27.0007. TRT2ª Região. 18 Turma. Ac. n8.179. Data de Publicação 08.11.02.2012. Disponível em: <http://www.trt21.jus.br/aspjurisprudencia/mostradados.asp?codigodoc=19985XTipoFonte=Acordao&MimeType=>.

TRIBUNAL SUPERIOR DO TRABALHO. Notícias do TST. Ministros lançam artigo sobre a nova Súmula 277 do TST. Disponível em: <http://www.tst.jus.br/web/guest/noticias/-/asset_publisher/89Dk/content/id/3370525>.

Produção Gráfica e Editoração Eletrônica: GRAPHIEN DIAGRAMAÇÃO E ARTE
Projeto de Capa: R. P. TIEZZI
Impressão: GRAPHIUM GRÁFICA E EDITORA